# 삼척 간첩단
# 조작 사건

# 삼척 간첩단 조작 사건

황병주 ◆ 정무용 ◆ 이정은 ◆ 홍정완

책과
함께

# 다시, 삼척 사건을 떠올리며

삼척 간첩단 조작 사건과 함께 떠오르는 몇 가지가 있다. 노무현 전 대통령은 군을 제대하고 삼척 장호해수욕장에 와서 삶의 계획을 세우다가 사법고시에 도전할 결심을 했다고 한다. 삼척을 지나가는 7번국도의 아름다운 경관과 정겨운 사람들도 떠오른다. 1960년대 말에 있었던 삼척·울진 무장공비 침투 사건과 이승복 어린이 사건은 북한을 적으로 삼기에 충분한 것이었다. 삼척 화전민 흙집에서 용맹정진 수행하던 스님도 생각난다.

1979년 삼척 간첩단 조작 사건이 생겨날 즈음 남조선민족해방전선 준비위원회(남민전) 사건도 일어났다. 사형 판결을 받은 사람의 숫자는 두 사건이 동일했지만 수사·재판과정을 거쳐 살아남은 사람들의 삶은 정반대였다. 이 책은 그 차이가 어디에서 비롯되었는지 문제를 제기하고 있다. 꼭 확인되고 해결되어야 할 문제이다. 사회에서 가장 힘들게 살아온 삼척 간첩단 조작 사건의 살아 있는 피해자들은 재심을 통한 무죄, 손해배상 판결이 있었음에도 여전히 사회의 가장 아래에서 고통에 시달리며 살아가고 있다.

대한민국이라는 국가는 분단되고 동족 간의 전쟁이 있었던 극단적인 사회로서 국가 이념에 반하는 국민들을 억압하는 구조가 정말 튼튼하다. 진짜 가해자, 불법행위자인 대한민국은 사건의 발생과 처리·복귀과정에서 철저히 빠져나갔다. 주권이론이 신의 영역을 인간사회에 적용하면서 생겨났다는 역사적 배경을 감안하더라도 대한민국은 정말 아무런 책임도 없이 이 사건을 조작하고 유죄, 무죄 판결을 내렸다. 이 사건 피해자들은 국가에게 한마디 변명도 못 하고 그 정당성에 굴복했던 것이다.

이 사건의 특징 중 하나가 사형을 당한 두 분 배우자들도 아들들과 함께 유죄판결을 받았다는 것이다. 국가가 자신이 가한 폭력을 부부간, 모자간의 이간질로 변질시켰던 것이다. 국가의 사건 조작으로 인해 진씨 집안과 김씨 집안은 가까운 친척이면서 서로에게 고통을 주는 원인이 되었고 그 결과 파멸에 빠지게 되었다. 여기서 진정한 가해자인 국가는 빠져 있다. 사건을 수사하면서 누군가는 죽어야 한다는 분위기를 만들어 사형당할 사람으로 남편을 선택할래, 아들을 선택할래 하고 강요했다. 연약한 우리 어머니들은 아들을 선택하고, 남편이 사형당하는 것을 힘없이 감내해야 했다. 이 엄청난 폭력이 진씨 집안과 김씨 집안 간의 원망으로 바뀌고, 피해자 개인 간의 앙금으로 바뀌고, 남아 있는 가족들 간의 고통으로 바뀌었지만 대한민국이란 국가의 진정한 정체는 밝혀지기 어려웠다. 재심과정에서 이미 대한민국이

삼척 간첩단 조작 사건

불법구금, 고문, 가혹행위로 사건을 조작했다는 점이 판결로 인정되었음에도 불구하고, 다른 피고인 사건에서 대한민국 검사는 50명이 넘는 증인을 신청하기도 했고, 피고 대한민국은 손해배상 재판에서도 반성이 없었다.

지금도 삼척은 아름답고 피해자들은 대한민국의 사과도 못 받은 채 고통에 신음하고 있다. 이 책이 40여 년 전 삼척에서 일어난 이 사건을 다시 떠올리게 하고 비슷한 사건이 다시는 일어나지 않게 하길 바란다.

이 책은 황병주(서론, 결론, 제1~3장), 정무용(제4장), 이정은(제5장), 홍정완(제6장) 등 네 필자가 집필했다. 이 책이 나올 수 있도록 애써준 필자들께 감사드린다.

재단법인 들꽃 이사장 이명춘

**차례**

# 1979년, 비극의 시작

## '삼척가족간첩단 사건'의 얼개는 어떻게 그려졌나?

1979년 6월 14일 오후 3시 50분경 강원도 삼척군 원덕면 갈남리 들판에 낯선 사내들이 들이닥쳤다. 농약을 치던 진항식이 그들에게 끌려갔고, 같은 시간 진항식의 부인 윤정자도 보리를 베다가 연행되었다. 다음 날인 15일 아침 8시 진항식의 고종사촌 형 김상회가 강원도 정선군 사북읍 고한리 들판에서 모내기하던 중 낯선 사내들에게 영문도 모른 채 잡혀갔다. 바지에 묻은 논흙을 털어낼 새도 없었다. 그로부터 6월 21일까지 1주일 사이에 총 19명이 체포되어 삼척경찰서를 거쳐 치안본부 남영동 대공분실과 강원도 대공분실에서 최장 38일간 잔혹한 조사를 받게 된다.[1] 이들 중 진항식, 김상회 등 12명은 7월 21일 구속되어 8월 9일 춘천지검으로 송치되었고 8월 28일 춘천 지방법원에 기소되었다.[2] 나머지 7명은 불구속되었다.

구속된 사람은 진항식과 부인 윤정자, 진항식의 동생 창식과 윤식, 진항식의 아들 진형대, 김상회와 부인 김경옥, 동생 건회와 달회 그리고 김상회의 아들 태룡, 태일과 딸 순자 등 총 12명이었다. 연행된 사람들은 모두 가족이나 친인척 관계였다. 불구속된 사람들 역시 진항식의 누나 진순남, 동생 진원식, 아들 진형수, 조카 진복자, 김달회의 부인 박옥출, 김건회의 부인 김경분, 김건회의 사위 김숙명 등 모두 가족과 친인척이었다.

연행된 사람들이 검찰에 송치되던 1979년 8월 9일 치안본부는 대규모 간첩단 사건을 발표한다. 이른바 '삼척가족간첩단 사건'이 세상에 알려지는 순간이었다. 치안본부는 "삼척 지역을 거점으로 북괴 지하당을 조직하고 각종 기밀을 탐지 보고하며 불온선동과 민심교란 등의 방법으로 민중봉기를 획책해오던 무장 고정간첩 9명과 관련자 15명 등 일당 24명을 일망타진"했다고 발표했다.[3]

치안본부가 발표한 간첩활동은 지하당 조직, 해안 경비상황 및 군사기밀 탐지 보고, 불온 삐라(전단) 제작과 학생 선동, 유언비어 날조 유포, 노사분규 조장 등이었다. 특히 "유신체제 철폐, 인권탄압 중지, 미군철수 등 반미 반정부 투쟁을 내용으로 하는 불온 삐라를 살포, 학원소요를 배후선동"했다고 발표했는데 무엇보다 이러한 활동이 "북괴에서 지령된" 것임을 강조했다. 유신체제 철폐, 인권탄압 중지 등은 당시 야당이나 재야, 학생운동권의 주요 요구사항이었음이 눈에 띤다. 반유신 민주화 운동과 간첩의 활동이 정확하게 겹쳐지는 모양새를 취했다.

삼척 간첩단 조작 사건

이 사건에 대해 잘 모르는 독자가 많을 것이다. 사건의 대체적 얼개를 소개하면 다음과 같다. 비극의 시작은 한국전쟁이었다. 전쟁 당시 인민군 점령하에 강원도 삼척 지역에서 부역행위를 한 것으로 알려진 진충식, 진현식 형제가 인민군을 따라 월북한다. 그중 진현식이 1965년과 1968년 남파되어 모친을 모시고 있던 동생 진항식을 찾아왔고, 이에 모친과 동생 그리고 가족들이 여러 우여곡절을 겪으면서 돌아온 피붙이를 보호한다. 그런데 북한으로 복귀하던 중 부상을 당한 진현식이 인근에 살고 있던 고종사촌 형 김상회를 찾아가 도움을 요청하여 그의 가족들까지 연루되면서 이 사건의 얼개가 그려진다.

공안당국은 북한이 벌인 '연고선 공작'의 일환으로 남파되어 가족들에게 몸을 의탁한 진현식과 그 친인척들을 간첩단 사건으로 몰아갔다. 연고선 공작은 1960년대까지 북한의 핵심적인 대남전략이었고 1980년대 초반까지도 부분적으로 활용된 것으로 보이는데, 한마디로 혈연관계나 기타 연고를 활용한 남파 전술이었다.

진현식의 친인척들이 그를 가족의 일원으로 대했고 사지로 내몰 수 없어 숨겨주고 여러 편의를 제공해준 것은 사실이다. 그러나 이들이 공안당국의 수사 내용처럼 지하당을 조직하여 적극적으로 간첩행위를 했다고 볼 근거는 매우 희박하다. 이는 치안본부의 엉성한 발표에서도 확인된다. 불온 삐라 제작과 살포를 중요 간첩활동으로 적시했으면서도 그 제작 과정을 알 수 있는 설명도 없고 이와 관련된 압수물품도 전혀 없었다. 수사기록에 나와 있는 압수물품으로는 무전기, 암호 문건, 권총, 카빈 소총, 실탄, 작전 지도, 공산 서적 등 49종 375점이었는데, 이상한 것도 많았다. 양초와 선글라스 심지어 돋보기안경조차 간첩활동 물품으로 압수당했다. 그럼에도 정작 핵심 장비라 할 인쇄와 등사 장비는 없었다.

치안본부의 발표는 수사기록과도 일치하지 않는 부분이 나올 정도로 허술했다. 특히 수사기록은 간첩행위를 시작한 시점이 1965년 진현식의 남파로부터 시작되었음을 명기했음에도 치안본부의 발표에는 1974년 7월부터 시작된 것으로 되어 있다. 여러 정황상 진현식은 이미 1973년 가을 무렵 육상 복귀 도중 사망한 것으로 추정된다. 함께 남파되어 조장 역할을 맡았던 김홍로도 1970년 4월 23일 새벽 사살된 것으로 보도되었다.[4]

무엇보다 24명이나 관련된 대규모 무장 간첩단 사건으로 발표되었음에도 그 활동내용이라는 것은 빈약하기 짝이 없었다. 수사기록에 따르면 1965년부터 무려 14년간이나 암약한 셈이지만 활동내용은 별게 없었다. 탐지했다는 군사기밀은 동해안 해안선의 경비 상황이나 해안 초소처럼 누구나 버스 한 번 타고 돌아보면 알 수 있는 것, 또는 군 복무 시절 알게 된 통상적 사실들에 불과했다. 포섭공작은 계모임이나 동네 사람들에게 술과 음식을 사준 게 전부였고 그나마 포섭에 성공한 사람은 가족과 친인척 외에 단 한 명도 없었다.

학원소요의 배후 운운은 더욱 믿기 힘들다. 주변에 대학조차 찾기 힘든 삼척이라는 강원도 시골 마을에서 학원소요를 선동한다는 것은 상상하기 힘들다. 관련자 대부분은 대학과 거의 무관한 삶을 살고 있는 사람들이었고 이념과 논리에 충실한 대학생들과 교류하기에는 학력과 지적 수준이 너무 달랐다. 실제로 관련자들이 대학생을 만나거나 접촉한 흔적은 방대한 수사기록 어디에도 없다. 수사발표가 사실이라면 강원도 삼척의 시골 마을에 살던 사람들이 대학생을 한 명도 만나보지 않고 서울의 대학가 시위를 배후조종한 신묘한 술수를 부린 셈이었다.

과거 반공교육 중 북한에서는 자식이 부모를 반당 분자로 신고하여 천륜이라 일컬어지는 부모자식 관계조차 저버린다는 내용이 있었다. 삼척 사건을 보면 북한 공산주의 체제를 비판하기 위해 동원된 논리가 남한 반공주의 체제에서도 유사하게 반복된 것으로 보인다. 간첩은 남과 북 모두에게 천륜을 저버리면서까지 신고해야 될 최악의 체제 위협 요소로 여겨졌다. 인간이 경험할 수 있는 가장 친밀한 관계로 인정되는 부모자식 관계를 끊어낼 수 있다면 모든 인간관계를 뛰어넘는 통치의 지극한 경지가 가능할 것이라 생각한 것은 아닐까?

재판은 일사천리였다. 1979년 12월 20일 1심 재판부인 춘천 지방법원은 진항식과 김상회에게 사형을, 나머지 피고인들에게는 무기와 유기 징역형을 선고했다. 1980년 5월 1일 항소심을 맡은 서울 고등법원은 김순자, 윤정자, 김경옥만 감형하고 나머지 사람들은 모두 원심을 따랐다. 1980년 9월 9일 대법원은 2심 판결을 그대로 인정하여 최종적으로 형이 확정되었다. 최종심 결과는 진항식과 김상회 사형, 김태룡과 진창식 무기징역, 진형대 징역 10년, 김건회와 김달회 그리고 김태일 징역 7년, 진윤식과 김순자 징역 5년, 윤정자와 김경옥 징역 3년 6개월 등이었다. 체포에서 대법원 최종심까지 걸린 시간은 불과 1년 3개월이 채 못 되었다. 사형 선고를 받은 진항식과 김상회는 결국 1983년 7월 9일 형이 집행되어 회복 불가능한 사법처리가 종결되었다. 유기징역을 선고받은 피해자들은 형기를 채우고 하나둘 석방되었고 무기징역형을 받은 두 사람이 19년 2개월을 복역하고 1999년 마지막으로 석방되면서 이 사건의 사법처리는 일단락되었다.

〈표 0-1〉 삼척가족간첩단 사건 피해자 관계

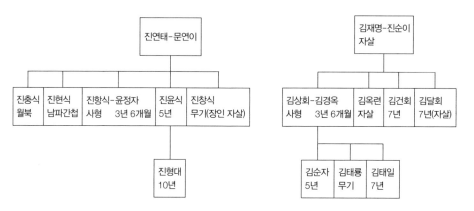

* 이 표에는 가족 모두가 아니라 사건에 관련된 사람들만 포함되었다.

이들의 비극은 사법처리로 끝나지 않았다. 사형당한 두 사람은 물론이고 나머지 피해자들도 수감생활과 간첩이라는 사회적 낙인으로 말미암아 삶 전체가 거의 완전히 파괴되었다. 이에 사형당한 김상회의 딸 김순자는 2006년과 2009년 두 차례에 걸쳐 진실·화해를위한과거사정리위원회(이하 진실화해위원회)에 사건 조사를 신청했으나 절차상 문제 등으로 정식 조사 대상에 포함되지는 못했다. 그러나 진실화해위원회 인권조사국은 자체 조사를 거쳐 2010년 5월 비공식 보고서를 작성했다. 보고서는 '수사기록상 불법구금한 사실이 인정되고 고문을 통한 허위자백을 강요'한 사실을 확인하면서 "위법한 공권력 행사로 인한 중대한 인권침해"가 발생했다고 결론지었다.[5] 이를 계기로 사건 관련자들은 2013년 재심을 청구했고 2016년 대법원은 전원 무죄라는 최종 판결을 내렸다.

## 정권의 명운이 걸린 간첩사건

사건 발생 37년 만에 재심법원은 원심과 정반대의 판결을 내렸다. 이미 사형된 두 명은 불귀의 객으로 재심 결과를 알 수도 없었고 김상회의 부친 김재명도 부인의 산소에서 농약을 마시고 자살했으며 이 소식을 들은 딸 김옥련도 장례를 치르고 농약으로 생을 마감했다. 7년 형을 받고 만기출소한 김달회 역시 그 뒤를 따랐다. 진창식의 장인도 사위와 딸의 고초를 보다 못해 자살을 선택했다. 사건 관련자와 그 주변에서 무려 네 명이 자살했다. 살아남은 사람들의 삶 역시 더 이상 이전과 같을 수 없었다. 사회적으로 배제되고 가까운 이들로부터도 배척되어 온전한 삶이 불가능했다. 수십 명의 삶을 하루아침에 풍비박산 나게 한 간첩이란 도대체 무엇인가? 이들을 간첩으로 규정했다가 다시 무죄를 선고한 사법기구를 비롯한 국가란 무엇인가?

근대 이후 문명과 발전, 평화와 인권을 위한 명목으로 모든 조직적 폭력은 국가로 집중되었다. 사회적 갈등과 모순을 국가 공권력의 이름으로 조절하여 사회적 평화를 이룩하겠다는 것이 근대국가의 이상이었다. 공동체 최고의 두뇌와 지적 능력을 집약한 국가 이성이야말로 효율적이고 합리적인 관료제를 운용하여 공동체가 직면한 문제를 해결할 수 있을 것으로 기대되었다. 이를 위해 국가는 공동체의 물적,

인적 자원을 징발하고 집적하여 거대한 국가권력을 만들어냈다. 최고의 지적 능력과 최대의 물리력을 장악한 국가에 필적할 존재는 거의 없다.

공동체 내 절대권력이 된 국가의 판단과 행위를 제어할 아무것도 없는 상황에서 권력자의 자의적 판단이 국가 이성이 되고 거대한 관료제에 의해 방대한 수사결과물이 생산된다. 홉스가 말한 리바이어던은 곧 괴물이다. 공포의 힘으로 공동체 구성원을 지배하고자 하는 그들에게는 공포를 실감 나게 보여주기 위한 대상이 늘 필요하다. 괴물로서의 국가가 움직이는 방식은 어쩌면 남과 북이 비슷했다. 간첩을 매개로 남북의 국가는 뫼비우스의 띠처럼 연결된다. 북이 촉발하고 남이 반응하여 만들어진 간첩은 어떤 사람들인가. 삼척 사건 관련자들을 살펴보자.

이 사건의 피해자 중 대학 문턱을 밟아본 사람은 한 명에 불과했다. 그나마 중퇴였다. 나머지 사람들은 고등교육 이수는커녕 학교 문턱도 밟아보지 못한 경우가 많았다. 특히 여성들은 모두 초등교육조차 끝내지 못했다. 직업 역시 농업, 어업, 행상, 식모, 보험 외판원 등등으로 상류층은 고사하고 중산층으로 볼 수도 없는 상황이었다. 남자들은 대부분 병역을 이수했으며 특히 진항식은 학도병으로 지원해 무려 6년이나 복무했다. 이들은 국가가 요구한 병역의 의무를 이행하고 녹록치 않은 생업을 영위했던 지극히 평범한 사람들이었다.

사건의 주모자로 사형당한 진항식에 대한 경찰 조사기록을 봐도 그는 마음 좋은 시골양반이었다. 경찰은 그가 온순하고 침착한 편이라고 기록하면서 주변 세평도 마음씨 착한 사람으로 통하는 중류 생

〈표 0-2〉 삼척가족간첩단 사건 피해자 목록

| 이름 | 주요 이력 |
|---|---|
| 진항식 | 1929년 삼척군 원덕면 갈남리 출생. 임원공립보통학교 6년 졸업 후 1945년 삼척공업중학교에 입학, 6년 재학 시 1950년 9월 7일 학도병으로 삼척 주둔 제6유격대에 현지 입대. 1956년 1등중사(현 하사)로 제대하고 같은 해 3월경 윤정자와 결혼. |
| 김상회 | 1922년 삼척군 근덕면 궁촌리 구마부락 출생. 1939년 근덕보통학교 6년 졸업 후 외삼촌 진연태의 잡화상 종업원으로 근무. 1942년 김경옥과 결혼. 1944년 삼척군 장성읍 철암탄광에서 노무대원 동원. 한국전쟁 당시 리 인민위원회 서기장. 1974년 서울로 이주하여 무허가 롤러스케이트장 운영. 1975년 정선군 사북읍 고한1리로 이주해 부식 행상 및 약초 채취. |
| 진창식 | 1946년 삼척군 갈남리 출생. 1959년 장호국민학교 졸업 후 장호고등공민학교에 진학. 1965~1969년 잠수선 선원. 1969년 육군 입대 후 1970~1971년 베트남 파병. 1973년 이후 동양시멘트 삼척공장 생산부 직원. |
| 진윤식 | 1932년 삼척군 갈남리 출생. 1946년 장호국민학교 졸업. 1951년 삼척중학교 졸업. 1954년 삼척공업고등학교 졸업. 1954~1958년 육군 입대. 1959년 동양시멘트공업주식회사 사원으로 입사. 1963년 10월~1973년 8월 전국화학노동조합 동양시멘트 지부 지부장. 1977년 7월 동양종합상사 강릉영업소 부소장. |
| 김태룡 | 1949년 삼척군 근덕면 궁촌리 출생. 1961년 양지국민학교 졸업. 1967년 재건중학교 2년 수료. 1971년 북평고등학교 졸업하고 국민대학 행정학과 입학 후 방위 소집. 1972년 대학 중퇴 후 전기밥솥 행상. 1974년 미륭건설주식회사 임시직원. 1977년 미륭건설 사원으로 입사. |
| 진형대 | 1957년 진항식의 장남으로 출생. 1970년 장호국민학교, 1973년 삼척중학교 졸업. 1976~1977년 선원 근무. 1978년 방위 복무. 1979년부터 동리 어촌계 소속 채취선 선원. |
| 김건회 | 1924년 삼척군 근덕면 궁촌리 출생. 1938년 궁촌간이학교 2년 수료 후 농업. 1943년 김경분과 결혼. 한국전쟁 당시 리 자위대 부대장. 1954~1956년 육군 입대. 제대 후 농업. |
| 김달회 | 1926년 삼척군 근덕면 궁촌리 출생. 미취학. 1948년 박옥출과 결혼. 1952~1955년 육군 입대. 제대 후 농업 종사. |
| 김순자 | 1945년 삼척군 근덕면 궁촌리 출생. 1954년 궁촌국민학교 양지분교 2년 중퇴. 1964년 결혼. 1975년 합의이혼 후 상경하여 행상 및 식모 생활. 1977년부터 대한교육보험 외무사원. |
| 윤정자 | 1934년 삼척군 노곡면 하군천리 출생. 1945년 노곡국민학교 2년 중퇴. 1957년 진항식과 결혼. |
| 김경옥 | 1923년 삼척군 원덕면 옥원리 출생. 미취학. 1942년 김상회와 결혼. |
| 김태일 | 1972년 북평중학교 졸업, 1977년 군 입대. |

활자라고 했다.[6] 진형대는 부친이 좀 깨어 있는 사람이어서 여느 사람들과 달리 책도 많이 보고 일본어에도 능해 통역까지 했다고 기억한다. 진항식은 영어도 상당한 정도로 구사했다.[7] 군 시절 익힌 의학지식으로 마을 사람들과 인근 주민들을 돕기도 했다.

한국현대사는 이렇게 평범한 사람들이 어느 날 갑자기 사회에서 증발하듯 사라졌다가 방대한 분량의 수사기록과 함께 간첩이 되어 나타나는 경험들을 수없이 반복해왔다. 방송과 신문은 하나같이 공안기구의 보도문을 앵무새처럼 반복했고 나열된 증거물품을 실감 나게 사진과 영상으로 실어 날랐다. 간첩사건 언론 발표장은 잘 꾸며진 무대처럼 보인다. 조직 그림표와 인물사진을 포함한 깔끔한 차트가 내걸리고 그 앞에는 각종 증거물품이 전리품처럼 전시된다. 발표를 맡은 공안기구 담당자는 긴장되고 근엄한 표정으로 사건의 중차대한 위험성을 강조하면서 자신들의 업적을 과시한다.

이 무대에 간첩이 설 자리는 없다. 간첩으로 지목된 사람들은 어느 지하 취조실에서 모진 고통 끝에 내지르는 마지막 비명 속에 은폐되어야 한다. 이 무대는 간첩을 위한 것이 아니라 간첩을 만든 자들의 것이다. 삼척 사건의 발표자는 무려 치안본부장이었다. 당시 전국 치안의 총책임자인 손달용 치안본부장이 직접 무대에 올라 사건을 발표했다. 그만큼 간첩은 경찰의 총아였다. 강원도 시골 마을의 어부와 농부 들을 때려잡아 간첩단을 일망타진했다는 경찰 총수의 득의만만한 모습은 이 무대가 왜 필요했는가를 웅변해준다.

국가 치안의 총책임자가 직접 마이크를 잡고 전 국민을 대상으로 간첩단 사건을 발표했다면, 이 발표 내용은 국가 전체의 움직일 수 없는 진실이 되어야 했다. 간첩으로 지목된 사람들의 말은 전혀 들리지 않아야 한다. 궐석재판처럼 피고인들이 완전히 배제된 무대에서 치안본부장은 전 경찰을 대표하여 국가 수사력의 위력과 그 결과의 진실성을 실감 나게 연기해야만 한다. 이 무대의 성공 여부에 정권의 명운이 걸려 있었다. 그를 무대에 올린 정권의 욕망이 곧 그의 욕망이 되어야 했다.

## 유신체제 위기를 돌파할 호재

한국현대사에서 간첩사건은 드문 일이 아니다. 정부 수립 직후 발생한 국회 프락치 사건을 비롯해 1958년에는 진보당 사건으로 조봉암이 사형당했는가 하면 박정희 정권 성립 후에도 간첩사건이 끊이지 않았다. 특히 1960년대 중반을 넘기면서 굵직굵직한 간첩사건이 자주 일어났다. 1967년에 동백림 사건이 발표되었고 1968년에는 1월의 1·21 청와대 기습 사건을 위시해 8월에 통일혁명당(통혁당) 사건이 중앙정보부에 의해 발표되었으며 이어 11월에는 울진·삼척의 무장 게릴라 남파 사건이 발생해 전국을 뒤흔들어놓았다.

분단과 전쟁을 거치면서 남과 북은 최악의 체제 대결을 거듭했고 간첩사건은 그 최전선의 전투였다. 간첩사건 중에는 실체가 분명한 것도 있지만 거의 조작에 가까운 사건도 많았다. 실체가 있지만 부풀려진 사건도 있고 사소한 실정법 위반 사례를 간첩사건으로 과대 포장하는 일도 비일비재했다. 1961년 중앙정보부가 당시 법무부 검찰국장 위청룡을 간첩으로 본 사건은 완벽한 조작이었다. 위청룡은 조사 도중 숨진 채 발견되었고 당시 수사당국은 간첩혐의가 드러나자 자살했다고 발표했다. 그러나 2007년 진실화해위원회는 위청룡을 간첩으로 볼 근거가 없다고 판단했으며 2013년에는 법원의 재심을 통해 무죄판결이 났다.

1967년 귀순했다가 1969년 위장간첩으로 몰려 사형당한 이수근 사건 역시 중앙정보부(중정)의 관리 실패를 은폐하기 위한 조작 사건이었다. 중정의 감시와 폭행을 견디다 못한 이수근은 해외로 도피해 자신의 삶을 책으로 쓰고자 했을 뿐이었다. 심지어 그는 출국하기 전 중정부장 앞으로 편지까지 남겼다. 결국 이 사건도 2018년 법원의 재심을 통해 간첩죄에 대해 무죄판결이 나왔다.

쿠데타 세력이라는 치명적 약점을 안고 출발한 박정희 정권은 점점 증대되는 반대세력의 등장에 매우 신경질적인 반응을 보였다. 이에 내부적 위기를 외부적 위기와 연결해 예외상태의 통치술을 구사하고자 했다. 쿠데타 권력의 약점을 강점으로 만든 것이 곧 공안통치였다. 공안통치 논리에 따라 외부 위협을 내부 위협과 연결해 위기담론을 구성해내는 데 있어 간첩만큼 적절한 소재도 찾기 힘들다. 이런 맥락에서 간첩이 북과 직접 연계되어 남의 체제를 전복하려 한다는 논리에 실증적 증거로 활용되었다. 간첩은 외부 위협의 내부화의 명백한 증거였으며 동시에 내부 위협의 외재성을 보여주는 소재였다. 이는 내부 위기의 기원을 외부로 돌려 그 위기를 은폐하려는 전략이다. 요컨대 간첩은 전쟁이 여전히 계속되고 있음을 보여주는 명백한 증거로 여겨진다.

특히 경제개발의 성과가 뚜렷하게 나타나기 시작한 1970년대는 새로운 사회적 갈등과 모순이 격화되는 시대이기도 했다. 1970년 전태일의 분신과 1971년 광주 대단지 사건은 개발의 결과가 사람들의 삶을 더욱 힘들게 하는 역설이기도 함을 명백하게 보여주었다.[8] 발전의 결과 사회적 불평등이 더욱 심화되었고, 가난보다 더 무서운 것이 고르지 못한 세상이었다. 이른바 빈익빈 부익부 현상이 광범위하게 확산되면서 일부에서는 개발정책 덕에 벼락부자가 나타나기도 했지만 압도적인 다수의 민중은 달동네와 판자촌을 벗어날 수 없었다.

박정희 정권은 고미가高米價 정책이나 의료보험 등 일부 당근 정책을 쓰기도 했지만 채찍이 훨씬 더 매서웠다.[9] 유신체제는 사회적 갈등과 적대를 고도의 폭압 질서로 돌파하고 장기집권을 획책했다. 이를 위해 전가의 보도처럼 활용된 것이 반공 반북 이데올로기와 이를 뒷받침할 각종 공안사건이었다. 간첩사건은 북한의 위협을 빌미로 정치적 반대파를 제압하고 대중을 위협하는 대표적 수단이었다. 삼척 간첩단 사건 보도 바로 다음 날인 8월 10일 조선일보는 〈심상찮은 북괴 대남 책동〉이란 제목의 사설로 "평양집단의 변함없는 소위 혁명주의에 입각한 대남 침투 책동은 해방 34년 그대로 지속되고 있다"고 강조했다.[10]

삼척 간첩단 사건이 발생한 1979년은 유신의 심장 박정희가 암살된 10·26 사건으로 대표된다. 10·26은 갑자기 일어난 사건이 아니다. 10·26 직전에는 유독 잔혹한 사건들이 연쇄적으로 일어났다. 8월 11일 YH무역 노조의 신민당사 점거농성 진압과정에서 김경숙 열사가 사망했고 9월 29일에는 김영삼 신민당 총재의 국회의원 제명조치가 취해졌다. 이어 10월 7일에는 전 중앙정보부장 김형욱이 파리에서 실종되었다. 바로 다음다음 날인 10월 9일 남조선민족해방전선준비위원회 사건(남민전 사건) 수사결과가 발표되었다. 마침내 10월 16일부터 20일까지 부산과 마산에서 유신체제하 최대 규모의 대중항쟁이 시작되었고 불과 1주일 만에 10·26 사건이 일어났다. 유신체제의 마지막 몇 달은 유혈과 폭력의 아수라장이었다.

그런데 김경숙 열사 사망 이틀 전이자 YH무역 노동조합의 신민당사 농성 돌입 날인 8월 9일 삼척 간첩단 사건이 발표된다. 발표된 사건 내용이 매우 허술한 것으로 보아 무언가에 쫓기듯 상당히 급하게 진행되었다는 인상이 짙었다. 당시 광범위한 사찰망을 가동하고 있던 중앙정보부를 위시한 정보당국에게 이미 4월 13일부터 폐업 반대 활동에 들어간 YH노조의 행보는 상당한 관심 대상이었다. 특히 YH노조의 신민당사 농성은 초유의 사태였다.

당시까지만 해도 노동조합이 야당 당사에서 농성을 한다는 것은 누구도 상상하기 힘든 일이었다. 그만큼 제도 정치권과 노동운동을 위시한 사회운동 사이의 거리가 멀었다고도 할 수 있을 텐데, 다른 한편으로는 YH노조의 투쟁이 막다른 골목에 몰렸다고도 할 수 있었다. YH노조는 할 수 있는 모든 노력을 기울였고 찾아갈 만한 데는 모두 찾았지만 아무런 소득이 없자 급기야 마지막이라는 심정으로 신민당사를 농성 장소로 결정했다고 한다. 어쨌든 공안당국으로서는 새로운 사태 전개이자 처음 접하는 상황이었다. YH노조 신민당사 농성사건은 결과적으로 정권의 숨통을 끊는 일련의 사건들의 출발점 역할을 한 셈이었고 삼척 간첩단 사건은 이 위기를 돌파할 호재처럼 나타났다.

삼척 간첩단 조작 사건

이는 남영동 분실의 삼척 간첩단 사건 조사과정에서 수사관들이 나눈 대화를 통해서도 확인된다. 한 수사관이 "이놈이 한 게 아무것도 없는데도 시나리오를 작성하라고 하네. 이거 골치 아프게 생겼는데?"라고 하자 다른 수사관은 "그럼 올 여름휴가는 틀린 것 아닙니까?"라고 응대했다.[11] 조사를 받던 진창식이 잠깐 자는 것처럼 보이던 상황에서 벌어진 수사관들의 대화는 이 사건이 이미 결론이 난 채 수사가 시작되었음을 잘 보여준다. 이렇게 무리한 수사였기에 사건 발표 내용이 허술할 수밖에 없었을 것이다.

이 사건의 수사를 담당한 공안기구는 경찰이었고 구체적으로 삼척경찰서, 치안본부 대공분실 그리고 강원도경 대공분실 등이 주무 기관이었다. 군인 신분이었던 김태일의 조사는 보안사가 주도했다. 당시 최고의 정보기구로 악명을 떨치던 중정이 이 사건과 관련해서는 뚜렷한 족적이 없다. 다만 법적으로 중정이 공안기구 간 조정 역할을 맡고 있었기에 이 사건에 대해서도 일정 정도 관여했을 것으로 추정된다. 실제 중정은 공안사건의 구속과 기소 등 신병처리 조정권한을 갖고 있었고 이 사건에서도 강원도 지부장이 그 역할을 수행한 것이 확인된다.

그러나 이 사건 수사의 중추는 치안본부 대공분실이다. 삼척경찰서가 시작한 사건이 강원도경이 아니라 치안본부로 이첩되었다가 다시 강원도경으로 넘어온 것이다. 즉 강원도경에도 대공분실이 있고 또 실제 한 달가량 이 사건을 수사한 후 춘천지검에 이송까지 했다. 그럼에도 체포 다음 날 바로 치안본부 대공분실로 넘어간 것은 최소한 경찰 고위층 더 나아가 공안기구들 사이에 모종의 협의가 진행되었을 가능성을 암시해준다. 공안기구들 사이의 경쟁과 알력도 상당했기에 경찰이 인지한 사건이 경찰 밖으로 이관될 가능성은 적었지만 어쨌든 경찰 최고의 공안 수사기구인 치안본부 대공분실이 전면에 나섰다는 것은 이 사건을 가볍게 보지 않았음을 말해준다.

결국 치안본부 남영동 대공분실에서 1주일에서 10일간 조사한 것이 사건의 대체적 얼개를 형성했고 강원도경 대공분실은 이를 보완하는 역할을 떠맡았다. 삼척경찰서는 체포만 담당했고 실질적 조사를 한 것은 아니었음에도 일부 가혹행위가 있었다. 진항식은 체포되자마자 삼척경찰서에서 거꾸로 매달린 채 구타를 당했으며 윤정자도 갖은 협박에 시달렸다. 그러나 남영동 치안본부 대공분실은 완전히 다른 곳이었다. 훗날 1987년 박종철 열사의 고문치사 사건으로 널리 알려지게 된 남영동 대공분실은 이미 1970년대부터 고문과 폭력의 지옥도를 그려내고 있었다. 현대 한국의 대표적 건축가인 김수근의 설계로 1976년 만들어진 남영동 대공분실은 숱한 인권유린과 고문, 폭력으로 점철된 어둠의 역사를 상징한다.

권력과 공안기구들에게 호재일 수 있는 이 사건은 피해 당사자들에게 엄청난 비극의 시작이었다. 간첩사건은 정권에게는 공안몰이를 할 수 있는 수단이 되었고 공안기구 담당자들에게는 승진과 포상의 훌륭한 먹잇감이었다. 그러나 피해자들은 재심을 통해 무죄판결을 받았고 국가를 상대로 한 손해배상 소송을 통해 보상도 이루어지기는 했지만, 이미 돌아가신 분들을 위시해 고문과 수형생활, 간첩이라는 사회적 낙인을 통해 몸과 마음이 망가진 그 고통을 회복할 길은 없어 보인다. 갈남리에서 남영동까지는 천당에서 지옥까지였다.

## 민중의 삶을 파고든 간첩의 정치학

도대체 이 사건의 실체는 무엇인가? 한국의 최고 법원이라고 하는 대법원은 정확하게 36년의 시차를 두고 정반대의 판결을 내렸다. 한 번은 유죄, 또 한 번은 무죄. 현대사 속의 숱한 간첩이나 공안사건들 중에는 수십 년이 지나 재심을 통해 무죄로 판명되는 사건들이 하나둘이 아니었다. 이 사건 역시 재심을 통해 명백하게 무죄로 판결되어 사법처리는 최종적으로 종결된 상황이다. 그러나 역사적 맥락에서 이 사건의 실체가 무엇이었고 또 그 의미는 무엇이었는지를 확인할 필요가 있다. 이와 같은 비극적 사건의 반복을 막기 위해서라도 사건에 대한 역사적 접근이 중요할 것이다.

그럼에도 이 사건은 잊힌 사건처럼 보인다. 통혁당이나 동백림 사건은 물론이고 1970년대의 2차 인민혁명당(인혁당) 사건이나 남민전 사건 등에 비해 삼척 사건은 널리 알려지지 않았다. 여러 이유가 있겠지만 사건 자체가 내용적으로 특별한 게 없다는 점도 중요했다. 앞에서 간략하게 언급한 것처럼 사건 내용 자체가 매우 부실했다. 또 하나 중요한 요인은 관련자들의 사회적 영향력이나 인지도가 높지 않았다는 점이다. 널리 알려진 인물은커녕 강원도 시골의 평범한 주민들로 구성된 간첩단이 세간의 관심을 끌기는 쉽지 않았다. 사회적 위계서열과 불평등은 간첩사건이라고 예외가 아니었다.

일단 간첩사건에 연루되면 거의 모든 외부지원이 끊기는 것이 일반적이다. 양심수를 지원하는 단체들도 간첩사건에는 몸을 사렸다. 남민전 사건 관련자들의 가족 역시 초기에는 '남씨네'로 불리면서 양심수 지원활동에서 소외되는 경험을 했다. 하물며 별로 내세울 것 없는 시골 사람들에게 관심을 기울이는 사람들은 거의 없었다. 삼척 사건 관련자들은 종교계나 재야 운동진영으로부터 철저하게 소외된 채 고립되었다. 심지어 가족이나 친척도 등을 돌리는 게 일반적인 상황에서 운동진영으로부터의 지원도 없었기에 이 사건이 사회적 주목을 끄는 것은 극히 곤란했다.

여기서 삼척 사건 발표 후 꼭 두 달 만에 발표된 남민전 사건과의 비교가 필요해 보인다. 두 달의 시차를 두고 치안본부 대공분실이라는 동일한 공안당국이 수사해 발표한 두 사건은 비슷하면서도 매우 달랐다. 남민전 사건은 한국의 좌파 지하당 사건의 맥을 잇고 있었던 반면 삼척 사건은 그러한 관련성이 거의 없었다. 남민전 관련자들은 멀리 한국전쟁 당시부터 활동한 사람들이 포함될 만큼 그 역사적 뿌리가 깊었다. 삼척 사건도 한국전쟁으로부터 시작된다고 볼 수 있지만 그것은 가족관계로 국한된 것이었고 사상이나 이념 또는 운동의 맥락과는 거리가 멀었다.

삼척 사건은 치안본부장이 발표했지만 남민전 사건은 내무장관이 직접 나섰다. 1979년 10월 9일 구자춘 내무장관은 남민전이 "북괴의 적화통일 기본방침에 따라 정부 전복"을 기도한 조직이며 이에 관련자 74명 중 20명을 체포하고 나머지를 수배했다고 발표했다.[12] 장관이 직접 나설 정도로 이 사건에 대한 박정희 정권의 관심은 지대했다. 수사발표는 2차까지 이어졌다. 10월 16일 다시 구자춘 장관이 직접 나서 추가로 26명을 체포했으며 관련자도 76명으로 늘어났다고 발표했다. 이어 북한의 공작금 수령을 위해 한 명이 일본을 거쳐 입북했음을 밝히고 도시 게릴라와 무장봉기를 기도하는 등 전형적인 공산당 방식의 조직임을 강조했다. 요컨대 "북괴와 연계된 간첩"이라는 것이 남민전에 대한 공안당국의 결론이었다.[13]

2차 수사결과 발표일은 공교롭게도 부마항쟁이 시작된 날이기도 했는데, 박정희 정권은 남민전을 부마항쟁의 배후로 지목하여 수사를 확대하고자 했다. 10·26사태로 이러한 시도는 무산되었지만 아이러니하게도 남민전 사건이 10·26사태의 한 요인이 되었을 가능성도 있다. 남민전을 인지하고 수사한 것은 경찰이었는데, 중앙정보부로서는 뼈아픈 대목이었다. 자칭 타칭 최고의 정보기구였음에도 중정은 삼척 사건에 이어 남민전 사건도 경찰에 선수를 빼앗겼고 박정희는 이 일로 중정과 김재규에 대해 크게 실망했다고 한다.

사실 김재규의 중정은 연이은 정치공작 실패로 코너에 몰리고 있었다. 1978년 총선에서는 신민당이 공화당보다 1퍼센트가량 더 많은 득표율을 기록했다. 집권 여당이 야당에 패한 초유의 사태가 벌어진 것이다. 게다가 신민당을 상대로 한 각종 정치공작은 별다른 효과를 내지 못하고 있었고 김영삼 제명이라는 최악의 상황으로 치달았다. YH사건 역시 주저하는 경찰을 김재규가 압박하여 무리한 진압으로 내몰았고 정권에 큰 부담으로 돌아왔다. 정치공작이 지지부진한 상황에서 공안사건에서마저 한 수 아래로 보던 경찰에 밀리게 된 김재규의 중정은 이래저래 박정희의 신임을 잃게 되었고 차지철과의 권력투쟁에서도 불리한 처지에 놓이게 된다. 10·26은 이러한 상황 속에서 발생한다.

남민전 사건이 엘리트 지식인과 운동진영을 대상으로 한 사건이라면 삼척 사건은 평범한 사람들을 대상으로 했다. 군이 계층적 표현을 쓰자면 전자는 상층 엘리트, 후자는 하층민 또는 민중을 대상으로 했다. 두 사건으로 사회 전체를 대상으로 한 공안통치의 유효적절한 조합이 완성된 것처럼 보인다. 여러 차이에도 두 사건은 모두 간첩의 정치학이 어떻게 사회를 규율했는가를 잘 보여준다.

간첩은 애초 군사적 범주로 출발했지만 전쟁의 양상이 총력전으로 바뀌고 냉전이 장기화하면서 여러 분야로 확산되었다. 냉전 시기 스파이는 정치와 경제는 물론 문화 영역으로까지도 확대된다. 한국의 경우 국가보안법이 제정되고 간접침략이 강조되면서 간첩의 의미 역시 크게 확장된다. 군사적 충돌은 물론 경제적 성장을 둘러싼 대립, 사회적 통합, 문화적 특성 등 남북 간의 대립 구도는 총체적 양상을 띠었다. 이 과정에서 특히 남과 북의 정치적 정당성 확보 방식이 주목된다. 북은 항일투쟁의 역사적 정당성을 근거로 거의 왕조를 방불케 하는 혈연적 지배 방식을 재생산해왔다는 특징이 있다. 외세와 제국주의 침략에 맞선 '민족적 주체'가 북한의 체제적 정체성의 핵심을 이룬다고 할 것이며 일당 지배체제하에서 공개적인 정치 대립은 나타나기 힘들다.

남한의 경우 주기적 선거로 상징되듯이 기본적으로 공개적 정치활동이 권력 재생산의 기본 문법을 이룬다. 이는 곧 정치세력 간 경쟁과 갈등이 권력 재생산 과정에서 극대화될 수 있음을 의미하며 장기집권을 기도하던 박정희 정권으로서는 상당히 부담스러운 조건이 된다. 이것이 북한과의 체제 대결 구도와 정치적 권력 재생산 위기가 맞물리면서 공안통치가 오랫동안 유지된 사정의 한 자락을 설명해줄 것이다.

간첩은 이 구도의 가장 적절한 소재이지 않을 수 없다.

따라서 간첩은 대외적 안보 문제이자 대내적 정치 문제이기도 하다. 정치의 문제는 곧 권력의 문제이며 정치적 주권의 근원적 소재인 인민의 정치적 동원의 문제이다. 그러나 대중의 정치적 활성화는 통치의 안정성과 지속성에 심각한 위협이 된다. 그렇기에 인민의 정치적 동원과 함께 탈동원화가 통치의 딜레마로 등장할 수밖에 없다. 한국에서 인민의 정치적 탈동원화의 유력한 형태는 정치를 공안의 문제로 치환하는 것이었다. 이것이 유력 정치인들이 '빨갱이'로 낙인찍히는 색깔론의 희생자가 되었던 사정을 설명해준다.

더 큰 문제는 공안의 문제설정이 유력 정치인을 넘어 전 국민을 대상으로 확장된다는 점이다. 사실 무서운 것은 간첩이 아니라 '간첩 같은 일체의 행위와 언어'다. 간첩과 간첩 아닌 것 사이의 경계가 흐려지고 일상의 삶 전체가 이러한 모호함 속에 놓여 있다면 대중의 정치적 활성화는 매우 곤란해진다. 여기서 간첩은 더 넓은 범위의 빨갱이 개념과 연루된다. 아이러니하게도 북한에서도 빨갱이란 말은 부정적이고 나쁜 의미로 사용된다고 하니 그것이 꼭 이념적 의미만 가진 것은 아닌 셈이다. 그러나 남한에서 빨갱이는 무엇보다 반공 이데올로기에 의해 규정된다. 좌파적 이념에 입각한 행위와 실천 그리고 언어가 빨갱이의 가장 대표적 지시 대상이다.

그런데 빨갱이 개념은 그 적용 대상이 무궁무진하게 확장된다는 특징이 있다. 공산주의자나 좌파적 인물이 아니더라도 정권에 협조적이지 않은 사람들은 물론이고 뭔가 좀 이상하기만 해도 빨갱이로 몰아갈 수 있다. 급기야 자신의 생각과 조금만 다른 생각을 해도 빨갱이로 규정하기까지 한다. 북한 특수부대의 광주 투입을 부정한 조갑제는 태극기 부대에 의해 빨갱이로 지목되었다. 빨갱이 담론은 어떤 실체를 지칭하지 않는 데 특징이 있다. 김대중은 물론 심지어 조갑제까지 빨갱이로 호명되는 양상을 보라. 즉 빨갱이는 대상의 실제 모습에 부응하는 객관적 용어가 아니라 빨갱이가 필요한 주체들의 주관적 호명에 가깝다. 주관적 호명은 별 근거도 없이 아주 쉽게 발화된다.

더 나아가 어떤 행위나 존재, 언어에 대해 '빨갱이 같은'이라는 낙인은 더 쉽게 발화될 수 있다. 그렇게 한 번 지목되면 그 낙인에서 벗어나는 것은 매우 곤란해진다. 예컨대 낚시꾼을 간첩으로 신고하는 일은 아주 간단하지만 자신이 간첩이 아니라 낚시꾼임을 증명하는 일은 간단치 않다. 더욱이 한국전쟁 당시 빨갱이라는 지목 하나로 변명의 기회도 없이 처형되는 경우가 적지 않았다. 그렇게 처형된 사람들은 사후에도 빨갱이로 고착된다. 처형 자체가 처형된 사람들의 불온성을 역으로 증명한다는 황당한 궤변이 오랫동안 횡행했다.

빨갱이는 오랫동안 죽음과 폭력을 연상시키는 말이었다. '빨갱이는 씨를 말려야 된다'는 섬뜩한 언어가 실제로 구현되는 경험 속에서, 그것을 국가가 보장해주는 상황 속에서 빨갱이라는 호명의 정치는 무한대의 공포를 증식시켰다. 나의 실체와 무관하게 타자의 빨갱이 호명으로 생사가 갈리는 경험이 반복된다면, 다들 호명의 대상 대신 주체가 되고자 할 것이다. 반공주의는 자신이 빨갱이가 아니라는 변명으로는 부족하며 스스로 빨갱이를 지목하여 호명할 수 있는 주체들을 요구한다. 빨갱이를 호명하는 주체가 곧 간첩을 신고하는 국민이다.

남로당원 박정희를 체포해 조사한 김창룡은 그의 전향을 확인한다

삼척 간첩단 조작 사건

는 명분으로 다른 남로당원 체포 현장에 박정희를 10여 차례 동행시켰다고 한다. 그렇게 하면 박정희는 두 번 다시 남로당원으로 돌아갈 수 없다는 것이다. 일종의 배신의 실천이다. 신고하는 국민이란 일종의 배신의 정치를 실천하는 주체가 된다. 형제복지원이나 삼청교육대로 끌려간 사람들 중 다수는 신고로 잡혀간 사람들이었다. 공동체 구성원을 간첩과 부랑자 등 수상한 사람으로 신고함으로써 남과 북, 좌익과 우익, 정상과 비정상, 국민과 비국민 사이에서 자신의 위치를 분명히 한 것이다. 국가의 위력을 빌려 자신의 삶을 도모하는 주체가 만들어진 셈이다.

간첩은 전쟁 이후 가장 대표적인 빨갱이가 된다. 빨갱이 담론의 확산은 간첩의 확산 과정과 밀접하게 관련된다. 어쩌면 간첩으로 오인되는 경우가 실제 간첩보다 더 중요하다. 이러한 맥락에서 무고한 피해자가 당연히 양산될 텐데, 더욱 중요한 것은 지배권력의 입장에서 무고한 피해자가 오히려 더 큰 효과를 낼 수 있다는 점이다. 즉 간첩이 아닌 사람들도 간첩으로 오인 또는 조작되어 회복 불가능한 피해의 대상이 될 수 있다는 것이 경험적으로 널리 확인되어야 한다. 이것이 통치에 유리한 조건이 된다. 간첩사건을 조작한 국가의 책임을 사후에 묻는 일은 수십 년이 걸릴지도 모르지만 그 결과는 피해자를 즉각적으로 규정한다. 이른바 회복적 정의가 이미 사형당한 사람들을 회복할 수는 없다. 설령 오인과 조작이 밝혀진다 해도 무언가 빨갱이 같은 구석이 있었으니 그렇게 당하게 된 것이라는 일각의 시선은 더더욱 끔찍하다.

간첩사건에 연루된다는 것은 이처럼 끔찍한 결과를 예고하므로 권력에 있어서 간첩의 정치학은 매력적인 지배전략이지 않을 수 없다. 그것은 무엇보다 정치를 공안 또는 치안의 문제로 대체하고자 한다는 점에서 위험하다. 한국의 현대정치는 끊임없이 반공 이데올로기를 공연하는 무대처럼 보인다. 거물 정치인일수록 반공 이데올로기를 통한 공격의 대상이기 십상이었고 정치적 전망은 늘 반공주의 회로도를 벗어날 수 없었다. 잘못된 현실을 바꾸자는 주장은 체제 혼란을 불러오는 위험한 것으로 취급되거나 공산당의 사주를 받은 것으로 공격받았다. 사회적 갈등을 해결해야 될 정치가 체제 안전을 해치는 공안과 치안의 문제로 취급됨으로써 기득권 세력을 보호하는 장치로 퇴행하기도 했다.

정치를 공안통치로 대체하는 것은 민중의 생활세계를 치안의 문제로 바라보는 시선으로 연결된다. 평범한 사람들의 여행이나 등산, 낚시조차 간첩으로 오인될 수 있는 상황, 이산가족의 애틋한 정마저 공작과 역공작의 대상이 될 수 있는 상황, 술주정이나 사소한 다툼마저 신고되어 처벌되거나 수용소로 보내질 수 있는 상황 등등은 민중의 일상 전체가 감시와 처벌을 포함한 치안의 대상으로 여겨지게 된 상황을 보여준다. 요컨대 삼척 사건은 이데올로기적 치안의 문제 설정에 따라 민중의 생활세계를 공격한 것이기도 하다. 공안당국은 평범한 사람들의 삶 전체를 이데올로기적 치안의 시각으로 전면 재구성해 간첩사건으로 만들어냈다. 간첩의 정치학은 유명 정치인에 대한 색깔론과 함께 민중의 생활세계를 이데올로기적으로 식민화하는 전략들로 이루어져 있음을 살펴야 할 것이다.

◆ 제1부 ◆

## '삼척가족간첩단 사건'의
## 기원과 실상

제1장

# 한국전쟁, 비극의 기원


## 1. 일제시기와 해방 후 삼척의 사회적 변화와 정치운동

### 1) 식민지 시기 삼척의 사회적 변화와 사회운동

삼척 사건의 이해를 위해 삼척의 역사적 배경부터 살펴보자. 사건의 직접적 배경은 한국전쟁이다. 전쟁 당시 부역혐의를 받던 진충식, 진현식 형제가 월북하게 되었고 1965년 진현식이 처음으로 남파되면서 사건이 시작되었기 때문이다. 사건의 핵심 인물로 상정된 진항식과 김상회 역시 전쟁 경험을 갖고 있다. 진항식은 학도병을 거쳐 국군으로 복무한 반면 김상회는 부역혐의자가 된다. 따라서 한국전쟁 때 삼척과 원덕면 상황을 이해하는 것이 이 사건을 이해하는 데 관건이다.

한국전쟁 당시 삼척의 경험은 식민지 시기 이래의 사회적 변화와 밀접한 관련이 있다. 일제시기인 1930년대 강원도의 모든 군에서 인구가 증가했지만 특히 강릉과 삼척은 각각 40퍼센트의 증가를 보여 타 군을 압도했다.[1] 1910년 4만 5848명이었던 삼척 인구는 1920년 7만 3044명, 1930년 8만 3536명으로 증가했고 1940년에는 12만 5081명 으로 급증했다. 해방 직전인 1944년에는 14만 356명에 달했다.[2] 불과 30년 만에 인구가 세 배 이상 증가하여 가히 인구 폭발이라 할 만한 상황이었다. 삼척의 인구 증가는 자연증가보다 사회적 요인이 훨씬 더 중요했다.

삼척을 포함한 강원도는 광물, 임산자원이 풍부하여 전시체제기 에 공업화가 비교적 빠르게 진행되었다. 이에 도로 개수, 철도 부설이 일찍 착수되었고 연안 항로 및 항만 정비도 진행되었다. 삼척에서는 1920년대 중반 이후 동해안에서 대량으로 잡힌 정어리를 가공하는 공 장이 설립되면서 근대적 공업이 시작되었다. 1930년대에는 일제의 공 업화 정책이 본격화되면서 삼척은 그 영향을 크게 받게 된다. 1936년 도계 지역을 중심으로 탄광개발이 시작되었고 1939년에는 삼척개발주 식회사 북삼화학공업소가 준공되었다. 1942년에는 삼척읍에 오노다 小野田 시멘트 주식회사 삼척공장이 완공되었고 1943년에는 삼화제철 공사가 설립되었다. 이러한 산업시설은 삼척의 급속한 공업화와 인구 증가의 핵심 요인이었다. 이 정도로 공업화가 진행된 지역은 한반도 남단에서 찾기 힘들다.

강원도 영동지역의 중심지는 전통적으로 강릉이었다. 그러나 1930년 대 일제의 공업화 정책에 따른 삼척의 변화는 놀라운 것이었다. 1938년 기준 강릉의 사업체가 14개인 데 비해 삼척의 사업체는 무려 29개에 달했다. 토목이 10개로 제일 많았고 철도공사 7개, 광업 5개 등이었다.

여기에 제재업도 3개소나 되었다.[3] 삼척의 급속한 개발은 강원도 영동지역의 전통적 지역관계조차 흔들 정도였다. 공장이 들어서고 사람들이 몰려들면서 삼척의 사회적 관계도 큰 변화를 보이게 된다.

삼척은 동해안을 끼고 있어 북한의 함경남도 지역과 밀접한 관련을 맺게 된다. 지리적으로 보자면 태백산맥의 영향으로 영서지역과 단절된 반면 흥남, 원산 등 함경도 지역과는 해안선을 따라 연결될 수 있는 지형적 특징이 있다. 주지하듯이 흥남과 원산 등은 일제시기 산업화의 주요한 무대였다. 결국 삼척은 함경도 지역과의 긴밀한 관계 속에 산업화와 사회적 변화를 경험하게 된다. 이러한 사회경제적 변화는 곧 식민 지배질서에 저항하는 각종 운동의 발흥으로 이어진다. 원산과 흥남의 사회주의 운동이 삼척에 직접적 영향을 미치게 된다.

일제시기 삼척의 첫 반일운동은 1914년 9월부터 11월에 걸쳐 일어났던 임원리 항일운동이다. 조선총독부의 토지측량에 반대해 일어났던 이 사건으로 일본인 측량 기사 한 명이 사망했고 일본 헌병의 진압으로 주민 3명이 살해당했다. 모두 27명이 체포되어 재판에 회부되었는데 3명은 무죄선고를 받았지만 나머지는 모두 징역형을 받게 된다.[4] 임원리 항일운동은 그 실체를 둘러싸고 일정한 논란이 있기도 하지만 어쨌든 사회적 변화에 따른 삼척 지역의 운동 분위기가 심상치 않았음을 알려준다.

3·1운동 이후 1920년대 들어 사회주의 사상이 유입되고 신간회, 삼척청년동맹 등이 조직되면서 사회운동이 본격화되었다. 1920년대 사회주의 사상의 유입과 사회운동의 활성화는 전국적인 현상이었지만 특히 함경도 지역과 연계된 강원도 영동지역의 변화는 더욱 강렬

했다. 이를 주도한 정건화, 심부윤 등은 사회주의 사상에 기반한 독립운동을 활발하게 전개한다.[5] 1928년 신간회 삼척지회가 설립되고 사회주의 운동이 확산되는 와중에 1931년 근덕-노곡 간 도로 개수공사에 부역반대운동이 발단이 되어 근덕면사무소를 1천여 명이 습격하게 된다. 이를 주도한 것은 일명 K회로 알려진 사회주의 운동 조직이었다. 원산 지역에서 내려온 김덕환과 삼척의 황운대, 심부윤 등이 결성한 K회는 1930년대 초중반 삼척의 비밀 지하운동을 상징하는 조직이었다.[6]

근덕면사무소 습격 사건으로 체포되어 수감 중이던 심부윤의 출소와 함께 1933년 7월에는 삼척 적색노농조합공작위원회가 결성되어 활동하게 된다. 습격 사건으로 농민들의 인식이 많이 나빠졌기에 좀더 온건하고 농민들의 일상과 결합할 수 있는 활동방침이 채택된다. 이 조직들은 주로 북삼면, 삼척면, 근덕면 등 3개 면에서만 활동한다. 1934년에는 화학 온유비溫油肥 노동조합조직준비위원회를 결성하여 활동한다.[7] 이 조직 역시 근덕과 북삼 그리고 정라 지역에만 지부가 있었기에 원덕과는 일정한 거리가 있었다.

일제하 삼척의 운동은 주로 삼척면과 북삼면이 중심이었고 여기에 근덕면도 일정한 역할을 한 것으로 보인다. 청년동맹이나 신간회, 적색농민조합(적색농조) 운동의 주요 활동가들의 출신지가 이 3개 면에 집중되어 있으며 원덕면 출신은 거의 없는 것으로 보인다.[8] 그러나 원덕면 가곡리 주민 중에서 3명이 불온 언동과 유언비어 유포 혐의로 체포되어 처벌된 사례에서 보이듯이 원덕면의 항일 분위기도 만만치 않았다. 유언비어 내용을 보면 12세 이상 17세 이하 처녀를 징발하여

그 육체를 액화하여 전장의 병사들 신체에 주입하는 기름을 만든다고 하는 엽기적인 내용이었다.[9]

이렇게 좌익이 주도하는 삼척의 사회운동이 활발했기에 일제 역시 삼척에 많은 관심을 기울였다. 예컨대 방공협회나 방공단 수를 보면 강릉이 116개인 반면 삼척은 443개에 달했다. 삼척의 방공협회나 방공단은 주로 온유비 공장이나 광산에 집중적으로 설치되었다. 즉 대규모 산업시설이 밀집해 있고 이를 기반으로 한 저항운동이 활발했기에 일제 역시 이들 지역 중심으로 체제 안정화 대책을 집중했다.

한편 일본군 〈유수명부〉에 따르면 삼척의 징병 인원은 141명으로 강릉의 177명이나 영월의 190명, 울진의 197명에 비해 그리 많지는 않다. 그러나 해군의 경우 삼척은 96명으로 강릉 120명 다음으로 많았다. 비교적 산업시설이 많았기에 징병을 피할 수 있는 기회가 상대적으로 많지 않았나 한다. 또한 독립기념관 소장 강제동원자 명부 중 삼척 출신은 총 472명으로 집계된다.[10] 징병이나 징용으로 동원된 삼척의 인원 중 확인되는 수는 총 709명이다.

징용, 징병자가 중요한 것은 이들이 귀국 이후 사회운동에 중요한 역할을 하는 경우가 많았기 때문이다. 더 나은 세상이었는지는 모르지만 어쨌든 이들은 다른 세계와 삶을 경험했기에 기존 질서에 강한 비판적 의식을 가지는 경우가 많았다. 서울에서는 이들로 조직된 학병동맹이나 응징사 동맹 등이 정치활동의 주요한 자원이 되기도 했다. 지역에서도 징용, 징병 경험자는 경찰의 주요한 사찰 대상이었다. 해방 직전 14만 명이 넘었던 인구와 비교하자면 709명이라는 숫자는 그리 크다고 보기 힘들다. 그러나 이들은 대개 활동력이 왕성한 청년들이었고 군대와 공장 등 근대적 조직생활 경험을 했기에 정치적 비중이 상당히 높았다고 하겠다.

식민지 시기 삼척은 매우 큰 변화에 직면했다. 변화의 핵심은 근대적 산업부문이 대폭 확대되면서 인구가 증가하고 각종 사회운동이 활발하게 진행되었다는 것이다. 여기에 징용, 징병 등으로 외부 사회의 변화를 체험한 청년층이 일정 정도 형성되었다는 점이 주목된다. 특히 사회운동의 주축은 함경남도 원산, 함흥 등과 연계된 좌익 정치활동이었다. 남한 지역에서 이 정도의 공업화와 좌익운동이 활발했던 지역을 찾기는 쉽지 않을 정도였다. 이러한 변화가 해방 이후 삼척의 정치적 상황을 크게 규정했다.

## 2) 해방 이후 삼척의 정치적 변화와 정치활동

해방 이후에도 삼척은 좌익활동이 상당히 활발했다. 양양, 강릉, 삼척, 울진 등 동해안을 끼고 있던 강원도의 모든 군은 해방 이후 인민위원회가 통치기능을 행사했던 지역이었다.[11] 커밍스B. Cummings는 강릉이 남한 전체에서 좌익이 가장 강한 군으로 알려졌다고 평가했다. 미군정 정보보고에 따르면 삼척의 경우도 강릉과 비슷한 정세였고 삼척 인민위원회는 남한 최대의 탄광에서 일하는 노동자들로부터 지지를 받아 절대적으로 우세했다고 한다. 1946년 1월 삼척 인민위원회는 산하단체로 노동조합, 부녀동맹을 갖춘 삼척 지방의 유일한 정치집단이었으며 부녀동맹의 회원은 2000명으로 매우 강력했고 군의 관리들은 대부분 인민위원회 소속이었다.[12]

삼척에서는 건국준비위원회가 일제시기 이래 사회주의 운동을 주도했던 정건화 등에 의해 결성되었고 곧 인민위원회로 개편되었다.[13] 구체적 활동양상을 보면 1945년 11월 삼척개발주식회사 노조는 스스로를 공산주의자로 규정하고 공산주의 정책을 선언했는가 하면 1946년 9월에는 삼화제철소에서 정치폭동이 일어나 제철소 감독권을 둘러싸고 좌우익 단체 간의 투쟁이 격화되기도 했다.[14] 앞서 살펴본 것처럼 일제시기 이래 활발하게 진행된 공업화로 인해 들어선 내규모 공장들이 좌익활동의 중요한 기반이 되었음을 알 수 있다.

이에 맞서 우익진영은 삼척 우국동지회를 만들어 반탁운동을 전개했고 이어 대한독립촉성국민회(독촉 국민회)와 우익 청년단으로 확대되었다. 우익 세력은 북평 삼화제철의 좌익 인사를 살해한 '쇄운리' 사건을 일으켰는가 하면 1946년 3월 15일 삼척읍의 삼척극장에서 개최된 민주주의민족전선 대회장을 습격해 아수라장을 만들기도 했다.[15] 해방 공간에서 우익 세력이 새롭게 집결되어 정치활동을 본격화한 중요한 계기는 반탁운동이었다. 식민지 시기인 1930년대 이후 좌익이 독립운동을 주도했기에 해방 직후 우익진영은 세가 크게 약화된 상황이었다. 반탁운동을 계기로 우익진영이 전열을 재정비하고 민족주의 담론에 근거해 좌익을 공격하게 됨으로써 좌우대립 구도가 본격화된다. 독촉 국민회는 이러한 우익진영의 최대 결집체였다. 삼척 지역은 이러한 정치적 동향을 비슷하게 반복한 것으로 보인다.

1946년 5월 제1차 미소공동위원회 휴회를 기점으로 미군정은 본격적으로 좌익 탄압에 착수했다. 그 신호탄이 된 것이 5월의 조선 정판사 위폐사건이다. 이후 좌익계열 3개 신문 정간조치, 박헌영과 이강국에 대한 체포령 등을 통해 미군정의 좌익 탄압은 정점에 달했다. 결국 좌익은 이른바 '신전술'을 통해 반격에 나섰고 이것이 9월총파업과 10월항쟁으로 이어진다. 이 흐름 속에 강릉과 삼척에서도 1946년 가을 광범위한 농민봉기가 발발했고 실패 후에는 태백산으로 들어가 게릴라 활동을 전개했다.[16] 봉기를 진압한 후 우익집단은 체포된 좌익 인사의 집을 공격하고 약탈하는 등의 보복행위를 저지르기도 했다.[17]

10월 봉기 후 좌익의 지방조직은 크게 약화되었고 대부분의 인민위원회와 농민조합은 공개적 활동이 힘들어졌다. 주요한 좌익조직들의 지도자들은 죽거나 감옥에 갇히거나 지하로 잠적했다. 그들을 따르던 수많은 사람들은 정치를 그만두거나 아니면 더욱 과격해졌다.[18] 미군정과 우익진영은 봉기의 원인이 북한과 소련의 사주라고 강력하게 주장했다. 그러나 봉기에 참여했다가 체포된 수천 명의 사람들 중에서 남한 이외의 거주자들은 한 명도 없었다고 한다.[19]

한국전쟁 이전부터 강릉과 삼척 지역에서는 이미 좌익과 우익 사이의 공격과 보복의 악순환이 발생했던 셈이다. 상당수 사람들은 정치에서 손을 떼고 일상으로 돌아갔지만 소수의 활동가들은 적극적인 무장투쟁에 돌입했다. 게다가 38선과 가깝고 산악지대와 연계되어 있던 삼척 지역은 북한의 강동정치학원 유격대의 주요한 활동무대이기도 했다. 북한의 유격대는 무장투쟁을 동반한 5·10 단독선거 저지 투쟁을 치열하게 전개했다.[20] 예컨대 1948년 5월 3일에는 원덕면 옥원리 선거사무소에 남로당원 이갑출 등이 사제 수류탄을 던져 체포되는 사건이 발생하기도 했다.[21]

정부 수립 이후에도 삼척은 이호제 부대가 태백산 쪽으로 침투하여 게릴라전을 펼쳤는가 하면 삼척공업학교의 시위 사건, 삼척경찰서

습격 사건 등이 발생했다. 특히 1948년 11월 4일 삼척 미로리 경찰 지서에 구금된 인사들을 석방시키기 위해 50여 명의 군중이 습격했으며 이후 고천리에서 대동청년단장을 살해하는 등의 투쟁이 전개되었다.[22] 11월 12일에는 노곡지서에 폭도가 내습하여 격전을 치렀다는 보도도 나왔다.[23]

이 모든 갈등과 투쟁으로 짐철된 시대가 최종적으로 노달한 곳은 한국전쟁이었다. 전쟁 발발과 함께 인민군 점령하에 들어간 삼척은 해방 공간에서 활동했던 좌익이 대거 다시 등장한 것은 물론이고 과거 활동하지 않았던 사람들도 인민군 통치하에서 다양한 방법으로 새롭게 활동에 결합했다. 진충식과 진현식 형제가 어느 시점부터 좌익 활동을 시작했는지는 분명치 않다. 수사기록에 따르면 진현식은 전쟁 이전부터 남로당 활동을 수행했다고 한다. 일제시기와 해방 공간 삼척의 좌익활동 상황을 보건대 두 형제 역시 이에 큰 영향을 받았음에 틀림없다. 그 영향 속에 두 형제는 전쟁 발발과 함께 공개적 좌익활동에 나서게 된다.

## 2. 삼척의 한국전쟁

삼척의 한국전쟁은 38선과 함께 원덕면 임원진으로부터 시작되었다. 6월 25일 새벽 정동진과 원덕면 임원진에 북한군 특수부대와 육전대가 상륙작전을 전개했다. 두 지역에 상륙한 병력은 도합 2000여 명에 달했고 삼척 지역에는 길원팔 대좌가 지휘하는 549부대가 상륙했다.

임원에 상륙한 549부대는 오대산 지역에서 게릴라전을 펼치는 것이 목적이었기에 곧바로 이동하여 삼척에서의 전투는 없었다.[24]

한편 38선 지역의 전쟁은 북한 인민군 5사단과 국군 8사단 간의 전투였다. 삼척에는 21연대가 주둔하고 있었는데, 6월 27일 모두 대관령 지역으로 후퇴하면서 28일에는 강릉, 삼척 일대가 인민군 수중에 떨어졌다. 삼척은 북한과 가까운 지역이었지만 다행히 전쟁 초기 대규모 전투는 비켜 간 셈이었다. 인천상륙작전 이후 전황이 뒤바뀌면서 국군의 북진이 시작되었고 1950년 9월 30일 강릉이, 10월 1일에는 삼척이 수복되었다. 그러나 국군의 빠른 북진으로 남한에 고립된 인민군의 잔여 병력이 동해안 산악지대 일대를 따라 북상하면서 이때 삼척, 강릉, 주문진의 경찰서와 관공서가 방화되고 다수의 인명피해가 발생했다.

1950년 10월 25일 중국군의 참전으로 국군과 유엔군은 다시 후퇴할 수밖에 없었다. 이때 동해안은 삼척 위인 강릉을 전선으로 하여 국군이 북한군·중국군과 교전을 벌이게 된다. 이후 전선이 다시 북상하면서 강릉은 1951년 3월 22일, 주문진은 4월 4일 재탈환되었다. 그러므로 강릉 밑에 있는 삼척은 1·4 후퇴 당시에는 인민군 수중에 들어가지 않았고 큰 전투도 없었다. 다만 미군의 폭격은 상당한 피해를 냈다. 《삼척의 6·25전쟁 이야기》에는 미군 폭격에 따른 피해와 공포를 기술한 대목들이 곳곳에 나온다. 특히 삼척은 동해안을 끼고 있었기에 공중 폭격뿐만 아니라 함포 사격으로 인한 피해도 컸다.

전쟁으로 인한 파괴보다 더욱 심각했던 것은 이념적·정치적 대립이었다. 인민군 진주와 함께 거의 모든 지역에서 인민위원회가 조직되어 토지개혁, 식량 수집, 의용군 모집 등 다양한 점령정책을 폈다. 주민들은 인민군이 진주하고 있는 조건하에서 이러한 조직과 활동에 싫건 좋건 참여할 수밖에 없는 경우가 많았다. 멀리 일제시기나 해방 이후부터 좌익활동을 전개한 사람들이 전면에 나서기도 했지만, 기존에 좌익활동과 무관했던 사람들이 전쟁 상황에서 자의 반 타의 반 인민위원회 활동에 참여하는 경우도 매우 많았다. 이 때문에 후일 부역 혐의로 수많은 사람들이 피해를 입게 된다.

원덕읍이 발행한 《원덕읍지》에 따르면 임원항이 있는 원덕면은 인민군 진주와 함께 행정과 치안이 부재한 상황이 되었으며 곧이어 해방 전후 활동했던 좌익 인사들이 인민위원회를 조직했다. 원덕면 인사들도 다수 참가한 인민위원회는 지서와 면사무소를 장악하여 치안과 행정을 주도했다.[25] 이러한 상황 속에서 진씨 형제들의 부친이었던 진연태도 리 인민위원장을 맡게 되었고 진충식과 진현식은 각각 교육위원회 장학사와 면 인민위원회에서 활동하게 된다. 김상회 역시 리 인민위원회 서기장을 맡게 된다.

일반적으로 전쟁기 인민위원회는 토지개혁, 의용군 모집, 세금 징수 등의 활동을 수행한다. 남한 지역은 이미 1950년 5월 무렵 농지개혁이 진행되어 사실상 북한에 의한 토지개혁은 그 의미가 반감된 상황이었다. 우익이나 반동으로 몰려 몰수당한 토지가 추가 개혁에 포함되는 정도가 일반적이었다고 볼 수 있다. 삼척 지역의 인민군 토지개혁이 어떻게 진행되었는지에 대한 구체적 연구 성과가 없어서 그 자세한 내막을 알기는 어렵지만 여타 지역과 큰 차이는 없었을 것으로 보인다.

인민군 점령 당시 가장 대표적인 사업 중의 하나가 의용군 모집이었다. 삼척 미로면에 거주하던 한 주민의 경험에 따르면 "인민군은 국군처럼 강제징용이 아니라 아가씨 등이 함께 있으면서 징용을 권하였으며 국군보다 좋은 군 물품을 사용하고 있다는 등 홍보를 통해 징용을 권장하였다"고 한다.[26] 이러한 증언으로 보건대 의용군 모집에 강제성이 크게 작용하지는 않았던 것으로 보인다. 어쨌든 진충식 역시 의용군에 나가게 되었고 이것이 월북으로 이어지게 된다.

인민위원회 활동 중 주민들이 가장 납득하기 힘들었던 것은 이른바 낱알세기였다. 낱알세기는 생산고를 정확하게 산정하여 세금징수를 하겠다는 의도로 진행되었지만 농민들은 이 활동을 이해하기 힘들었다. 일제시기에도 찾아볼 수 없었던 이 낱알세기는 인민군과 인민위원회가 모질고 인정머리 없는 냉혹한 체제라는 인상을 심어주었다. 삼척에서도 낱알세기가 진행되어 많은 사람들이 놀랐다는 증언이 많다. 김상회는 수사과정에서 인민위원회 서기장으로 토지개혁과 함께 수확고 조사를 수행한 바 있다고 했다.

전쟁기에 가장 큰 문제는 인명피해였다. 전쟁이라는 상황 속에서 사람의 생명이 파리 목숨처럼 여겨졌고 좌익과 우익, 국군과 인민군에 의해 도처에서 끔찍한 학살이 반복되었다. 특히 전선이 오르락내리락하면서 피해가 더 심해지기도 했다. 다행히 삼척은 1·4후퇴 당시 재점령되지 않아 한 차례 고비를 넘기기도 했지만 학살의 피해를 피할 수는 없었다. 인민군 진주와 함께 성내동 성당의 외국인 주임 신부가 피살된 것을 비롯해 곳곳에서 우익과 경찰 가족 등이 인명피해를 입었다고 한다. 1952년 공보처가 집계한 한국전쟁 중 삼척에서 좌익과 인민군에 의해 학살당한 사람은 총 74명으로, 여성 2명과 남성 72명이다.[27] 이 중 원덕면에서 학살된 사람은 총 17명이다. 직업은 대한청년단(한청)과 국민회 등 우익단체 소속과 농업이 대부분이었다. 좌익에 의한 우익 학살에 대해 전쟁을 경험한 삼척의 한 주민은 다음과 같이 기록했다.

> 한마디로 자기는 못살고 굶주리는데 상대방이 배불리 먹는 불공평, 고리채에 뼈아프게 시달리던 울분, 부역 때마다 강제 동원에 앞장선 관청 사람들에 대한 저항은 이율배반 때문에 미움이 극에 달했던 좌익계는 앙갚음을 할 기회가 도래하자 눈의 가시였던 "우익"사람들을 악질반동으로 모함하여 무참하게 죽음으로 내몰았다.
> – 정운화, 〈식지 않은 탄피〉[28]

불공평과 억압에 대한 불만이 인민군 점령과 함께 폭발해 끔찍한 학살로 이어졌다는 이야기다. 좌우 갈등이 단지 이데올로기적 대립만은 아니었음을 말해준다. 좌와 우는 현실의 불공평과 억압에 따른 갈등과 분노에 단지 이념의 언어를 보태준 것인지도 모른다. 좌익과 우익의 이데올로기가 없었다 하더라도 분노와 증오는 사라지지 않았을 것이다. 여기에 미군정과 한국정부에 의한 대대적인 탄압은 좌익활동가들에게 깊은 원한으로 남을 수밖에 없었다. 우익 세력과의 정치적 경쟁에서 패배한 것이라기보다는 군경의 폭력에 희생되었다는 인식이 강한 상황 속에서 전쟁이 발발해 상황이 일거에 역전되자 그동안 쌓인 분노와 원한이 한 번에 폭발한 셈이었다.

여기서 좌익에 의한 학살 이전에 있었던 보도연맹 학살 사건을 언급하지 않을 수 없다. 20만~30만 명으로 추정되는 전국의 보도연맹원 중 얼마나 많은 사람이 희생되었는지는 아직까지도 정확하게 밝혀지지 않았다. 그러나 전국적으로 보도연맹원 학살이 이루어진 것은 명백한 사실이며 이는 삼척도 예외가 아니었다. 진실화해위원회 조사에 따르면 삼척에서 보도연맹원 학살에 대한 진상규명 신청은 없었다. 삼척 지역은 비교적 빠르게 인민군에게 점령당하면서 미처 보도연맹원을 학살할 시간적 여유가 없었다고도 보인다. 그러나 진실화해위원회 조사에서는 자료와 증언으로 보건대 삼척에서도 보도연맹원 학살이 있었음이 확인된다고 명시했다.[29] 그렇다면 전쟁 발발 직후 보도연맹원 학살이 있었고 좌익의 학살은 이에 대한 보복의 성격이 짙었다고 할 수 있다.

국군의 반격과 함께 군과 경찰, 우익진영에 의한 보복과 학살극이 벌어졌다. 경찰의 발표에 따르면 6·25 당시 삼척 지역의 부역자는 367세대 672명이었다고 한다.[30] 이들 중 일부는 후퇴하는 인민군을 따라 북으로 올라갔고 또 일부는 산악지역으로 들어가 게릴라 활동에 참여했다. 남은 사람들은 처형되거나 학살당했고 다행히 죽음을 면한 사람들도 감옥생활을 하거나 큰 곤욕을 치렀다. 사실 처형과 학살은 한국전쟁 이전부터 나타났다. 전쟁 전 사대광장射臺廣場에서 8사단이 체포한 빨치산들을 총살했다고 한다. 처형장에는 안보 교육이라는 목적하에 학생들을 동원하기도 했다. "묶인 사람들의 몸이 총에 맞으면서 피를 뿜는 모습을 어린 학생들에게 보여줬다"는 것이다.[31]

삼척의 사대광장은 당시 공개 처형장으로 사용된 대표적 장소였다.

예전부터 활 쏘는 자리라 해서 사대광장이라 불리던 이곳은 군 사격장으로 이용되던 오십천변의 넓은 모래사장이다. 지금은 상가와 주택가가 들어서 예전의 처형장은 흔적조차 찾아보기 힘들지만 한국전쟁 당시에는 수많은 사람들의 목숨이 끊긴 비극의 현장이었다.

　나이 어린 학생까지 동원해 처형 장면을 직접 보게 할 정도로 전쟁 당시 국군에 의한 부역자 처리 과정은 잔혹했다. 국군과 인민군에 대한 평가는 사람마다 다를 수 있고 개인의 경험에 따라 상이할 수 있다. 삼척에서 직접 전쟁을 겪은 한 사람은 "인민군들은 주위 주민들에게 피해를 주지 않았으나, 오히려 국군이 피해를 주고, 내무서에서 일하는 사람들이 일반 주민들을 많이 괴롭혔다"고 증언했다. 또 다른 할머니는 인민군들이 삼척에 왔을 때 사람을 죽이거나 피해를 주지 않았으나, 인민군보다는 지역 빨갱이들이 오히려 피해를 많이 주었다고 기억했다. 수복 시에는 여러 사람들이 이구동성으로 군이 지방 빨갱이들을 싹 잡아 처형하거나 바다로 끌고 갔다고 증언했다.[32]

　이 사대광장과 인근 공동묘지에서 진행된 두 건의 공개 처형 장면을 좀 더 자세하게 살펴보자.[33] 먼저 사대광장에서 두 명의 처형이 먼저 이루어졌는데, 그 현장에는 곧 이어 처형할 12명도 입회시켰다고 한다. 두 명 중 한 명은 처형되는 순간 긴 비명소리를 냈는데 그것은 비명이 아니고 "인민공화국 만세"를 부른 것이었다고 한다. 12명의 처형은 봉황산 옆의 공동묘지에서 이루어졌다. 처형 대상들은 이른바 '지방 빨갱이'로 토벌대에 체포된 사람들이었다. 이들은 한 줄로 묶여 처형장까지 이동했는데, 그중 한 명은 20대 여성이었고 또 한 명은 체포 도중에 다리에 총상을 입은 상태였다. 피가 흐르는 상태로 행군하다가 넘어지자 가차 없는 발길질이 가해졌고 조금이라도 늑장을 부리는 경우 소총 개머리판이 날아드는 상황이었다.

처형장에는 미리 12개의 구덩이를 파놓은 상태였고 마지막 담배한 개비를 피게 한 다음 처형이 진행되었다. 그런데 처형 직전 집행관은 '자수자는 나오라'고 외쳤고 여성 한 명을 포함한 두 명의 자수자가 뛰어와 형 집행에서 제외되는 장면이 연출되었다. 마지막 순간에 자수자에 한해 집행을 면제해줌으로써 극적인 효과를 노리고 연출된 장면이었다.

두 차례나 반복된 확인사살까지 끝내고 집행 장교는 주민들에게 다음과 같이 일장훈시를 했다. "주민 여러분! 지금 처형된 자들은 대한민국을 배반하고 공산당에 동조한 악질분자들이오. 하지만 우리들은 여러분들이 보는 바와 같이 악질들을 이처럼 따뜻하게 묻어주는 것이오. 여러분 중에서 아직도 공산당을 좋아한다면 이리로 썩 나오시오. 현재 두 집이 비어 있소. 저 사람들과 함께 따뜻하게 모시겠소."[34] 이러한 군의 처형 과정에 대해 목격자는 다음과 같이 평가했다.

나는 토벌대가 처형을 계기로 치밀한 대국민 홍보활동도 함께 펴고 있는 것을 알 수 있었다. 그것은 1·4후퇴를 거치는 동안 "좌익이다" "우익이다" 하며 멋대로 날뛰면서 못 먹는 자의 설움과 배부른 자의 오만으로 점철된 갈등 때문에 굳게 마음을 닫아버린 구경꾼들에게 막강한 국군의 위력을 과시함으로써 "우익"은 살고 "좌익"은 절대 용서받지 못한다는 철칙 같은 것을 그들에게 불어넣고 있는 것이다.[35]

처형자들의 의도는 상당 부분 효과를 낸 것으로 보인다. 집행이 끝나고 목격담의 필자는 다음과 같이 회고했다. "나는 내 몸에 총알이 박힌 것처럼 몸이 쑤시고 심장이 멎을 것만 같은 공포심으로 오들오들 떨었다. 입안에서는 걸쭉한 침이 고였다. 좌익과 우익의 갈등, 백과 적의 모순, 남과 북의 허상, 자본주의와 공산주의 이데올로기, 두터운 벽을 쌓고 죽고 죽이는 동족끼리의 비극을 확인하여주는 순간이었다." 이러한 공포는 처형장에서 돌아온 이후에도 길게 지속되었다.

그날의 처형장의 모습은 중학생인 나에게 엄청난 충격을 안겨주었다. 공동묘지에서 돌아온 나는 몸져누웠다. 철모를 쓴 병사의 핏발선 눈빛과 피묻은 살점이 붙어있는 얼굴이 자꾸만 떠올라서 놀라움과 메스꺼움 때문에 이삼일간 통 음식 맛을 잃고 말았다.

수기의 마지막은 처형 다음 날 매장된 시신 한 구가 사라진 일화로 끝난다. 즉 처형장 구경꾼 중에 유족이 있었던 것으로 보이며 유족들이 시신을 수습해 간 것이다. 처형이 집행되는 모습을 지켜봐야만 했던 가족들은 피붙이의 정과 자신의 생명 사이에서 피눈물을 삼키지 않을 수 없었을 것이다. 전쟁 당시 삼척 지역에서 행해진 이러한 끔찍한 처형 과정은 여러 사람들의 입을 통해 널리 알려졌을 것이다. 진현식 형제의 월북 역시 이러한 피의 보복이 악순환하는 과정에서 이루어질 수밖에 없었다.

## 3. 전쟁과 삼척 사건 관련자들의 삶

삼척 간첩단 사건의 피해자들 역시 한국전쟁 당시와 비슷한 고통을 감내해야만 했다. 처형을 면하고 북으로 간 형제가 어느 날 갑자기 간첩으로 나타났을 때 전쟁의 기억이 생생한 가족들은 어떠한 심정이었겠는가. 한편으로는 신고하여 자신의 안전을 도모하고자 하는 마음과 다른 한편으로는 형제를 죽음의 구렁텅이로 던져버릴 수 없다는 마음이 뒤엉켜 엄청난 고뇌의 시간을 견뎌야만 되었다.

전쟁 당시 원덕읍 신남리에 거주하던 한 주민은 갈남 지역에 빨갱이가 있었다고 진술했다.[36] 갈남 마을은 삼척 간첩단 사건의 본 무대다. 갈남 마을에 살던 진항식을 중심으로 사건이 벌어지기 시작했다. 진항식의 형 두 명, 즉 큰형 진충식과 둘째 형 진현식이 한국전쟁 와중에 월북을 하게 되었고 그중 진현식이 간첩으로 남파되면서 모든 일이 시작되었기 때문이다. 월북한 두 형제는 전쟁기 인민군 점령하에서 인민위원회 활동을 전개했고 이는 움직일 수 없는 부역의 증거였다. 진충식은 전쟁 당시 삼척 정라국민학교 교사로 재직하다가 인민군이 진주하자 삼척교육위원회 장학사로 일하게 되었고 1950년 9월경 의용군에 입대한 후 월북한 것으로 알려졌다.

진현식은 한국전쟁 이전부터 좌익사상을 받아들였다고 하며 전쟁이 발발하자 삼척군 인민위원회에서 활동했다. 이후 후퇴하는 인민군과 함께 월북했다.[37] 살길을 찾아 북으로 간 형제들은 다행히 부역자 처리를 피할 수는 있었지만 남파간첩이 되어 고향으로 돌아오게 되면서 전쟁의 상처가 다시 불거지게 된 셈이었다.

제1부 '삼척가족간첩단 사건'의 기원과 실상

사건의 중요 인물로 사형이 집행된 김상회 역시 전쟁 당시 부역했다는 혐의로부터 자유로울 수 없었다. 그의 경찰 심문조서에 따르면 그는 전쟁이 발발하자 피난치 못하고 고향에 있다가 마을 사람들에 의해 리 인민위원회 서기장으로 선출되었다. 이어 마을 인민위원장의 지시를 받아 농민들의 토지분배와 농사작황 조사, 인구실태 파악, 인민군 장비와 식량 운반에 필요한 인원 동원, 인솔 등의 일을 했다.[38]

김상회는 자신의 활동뿐만 아니라 동생과 진충식·진현식 형제의 전쟁기 활동에 대해서도 진술했다. 동생 김건회는 리 자위대 부대장으로 부역했고 외사촌 동생 진충식은 장호국민학교 교원으로, 또 다른 동생 진현식은 노동당 군당 인민위원으로 각각 부역했다는 것이다.[39] 진충식이 근무했던 학교 이름이 혼동되기는 했지만, 다른 사람들의 증언과 대체로 일치하는 내용의 진술이었다. 진현식의 노동당 군당 인민위원 활동은 사실 착오라고 보이는데, 인민위원회는 당 조직이 아니라 행정조직이어서 군당 인민위원은 성립하기 어려운 용어이기 때문이다. 인민위원회가 당의 지시를 따르는 것은 맞지만 조직형식으로는 분명히 구분된다.

그런데 진항식의 얘기는 조금 다르다. 진충식은 삼척직업학교 졸업 후 훈도시험에 합격하여 정라국민학교 교사로 근무 중 전쟁 시 삼척교육위 장학사를 했으며 진현식은 원덕면 인민위원회 서기로 일하다가 월북했다는 것이다.[40] 진충식에 대한 기억은 비슷했지만 진현식은 군당이 아니라 면 인민위원회 서기였음을 분명히 했다. 현재로서는 진현식의 활동이 군 차원인지 면 차원인지 분명하게 확인하기 곤란하다. 그러나 어쨌든 마을을 넘어 면이나 군 단위에서 활동했다는 사실은 진현식이 상당히 비중 있는 인물이었을 가능성을 보여준다.

마을 차원의 인민위원회 활동은 사실 인민군 점령하에서 반강제적으로 동원되는 경우도 많았다. 인민군의 압력하에 인민위원회 조직을 거부할 수 없었고 또 누군가는 위원장을 비롯한 각종 자리를 맡아 일을 해야만 했다. 심지어는 마을 유지들이 특정인을 지목해 일 좀 해달라고 사정하는 경우까지 있었다고 한다. 진원식의 진술에 의하면 부친 진연태 역시 한국전쟁 당시 이장이었는데, 좌익의 압력에 못 이겨 인민위원장을 맡아 활동했고 수복 후에 부역혐의로 삼척경찰서에 자진 출두한 사실이 있다고 한다.[41]

보통 인민위원회는 마을의 하층민들이 주도하는 경우가 많았다. 인민군과 노동당의 방침이 빈농 중심의 인민위원회 활동을 강조하기도 했고 마을 차원에서도 유지나 상층 인물들은 나서기를 꺼리는 경우가 많았다. 하지만 마을의 지도적 위치에 있던 이들의 영향력이 사라진 것은 아니었다. 따라서 이들이 인민위원회 구성에 상당한 입김을 행사하기도 했고 특정인에게 활동을 종용하는 경우가 가능했다. '완장 찬 머슴'이라는 전쟁 당시 인민위원회에 대한 통상적 인식은 이러한 상황 속에서 나타난 것이다.

김상회와 건회 형제가 구체적으로 어떠한 상황 속에서 인민위원회 활동에 동참했는지는 자세하지 않다. 즉 자발적으로 참여했는지 아니면 마을의 압력에 의해 억지로 떠맡았는지는 현재 확인 곤란하다. 다만 단서는 있는데, 그것은 두 형제가 월북하지도 않았고 또 부역자 처리에 걸려 고생한 흔적도 없다는 점이다. 통상적으로 부역혐의로부터 벗어나는 경우는 실제로 한 일이 별로 없거나 마을 주민들이 적극적으로 감싸주는 경우, 또는 사회적, 경제적 든든한 배경이 있는 경우가 많다. 두 형제 집안이 그렇게 부유하지는 않았기에 실제 별로 한 일이 없었거나 마을 주민들이 감싸주었을 가능성이 높았다고 보인다. 요컨대 확신을 가지고 열성적으로 활동한 편은 아니었을 가능성이 높다.

반면 진씨 형제들은 경우가 달랐다. 진충식은 학교 교사로 지역 차원에서는 상당한 지식인에 속했다고 할 수 있으며 진현식은 군 또는 면당에서 활동할 정도로 중요도가 높았다. 이들의 월북은 어쩌면 당연한 수순이었다. 물론 진충식은 의용군에 입대했다가 자연스럽게 인민군과 함께 월북했을 것으로 보이지만, 진현식은 지역에 남아 있다가 후퇴하는 인민군을 따라갔을 것으로 보인다. 두 형제는 본인들도 그렇고 지역 주민들의 시각으로 보더라도 상당한 확신과 신념을 가지고 활동했던 경우로 판단된다. 이들은 부역혐의로부터 자유로울 수 없었고 더 이상 남한 지역에서 살아갈 수 없다고 판단했을 것이다.

반면 진씨 형제 중의 한 명이자 후일 간첩사건으로 사형당한 진항식의 행로는 또 달랐다. 그는 전쟁 중 학도병으로 입대해 유격전을 치르고 나중에 정규군으로까지 복무했다. 두 형들이 좌익활동에 열성적이었던 것과 정반대의 행보를 한 셈인데, 형제간의 갈등이나 이념적 차이가 그리 드문 일은 아니었지만 어쨌든 상당히 이채로운 상황이었음은 분명했다. 진항식이 본인의 신념에 따라 학도병에 지원했는지 아니면 두 형들의 존재 때문에 생존을 위해 지원했는지는 분명치 않다. 그러나 한국전쟁 당시 부역혐의로 내몰린 사람들이 종종 자신의 '사상적 건전함'을 증명하기 위해 군 입대를 택하는 경우가 많았던 점을 생각해볼 필요가 있다.

즉 두 형이 좌익활동에 이어 월북하게 되자 남겨진 가족들의 운명역시 상당히 위험한 상황에 처하게 된다. 제주 4·3 사건이나 한국전쟁 중 좌우익을 막론하고 가족 일원의 행위에 여타 가족이 연루되어피해를 보는 경우가 다반사였다. 이른바 대살代殺이라고 불린 행위가대표적인데, 해당 가족 구성원이 피신했을 경우 대신 다른 가족을 학살하는 경우가 비일비재했다. 따라서 진항식 가족의 경우도 상당한위기의식을 느낄 수밖에 없었고 이에 학도병 지원을 선택했을 가능성이 높다.

김홍로의 경우도 비극적이기는 마찬가지였다. 진현식과 함께 남파된 김홍로는 삼척읍 고박골에 살다가 전쟁 당시 월북했다. 김홍로는생질의 신고로 경찰에 포위되자 생질을 향해 '전쟁 중 너의 아버지가어떠한 일을 당했는지 잘 알고 있는 네가 어찌 나를 신고할 수 있냐는 취지의 마지막 말을 남겼다고 한다. 자세한 내막을 알 수는 없지만, 전쟁 중 생질의 부친이 험한 꼴을 당했을 것임을 짐작케 하는 말이지 않을 수 없다.

결국 김상회 일가, 진현식 일가 그리고 김홍로 집안까지 모두 전쟁의 깊은 상흔을 안게 되었다. 이 상흔이 전후까지 이어지는 것은 어쩌면 불가피했다. 그 잔혹한 전쟁을 치렀음에도 남북의 분단 문제는 해소되지 않았고 오히려 더욱 강고한 적대 질서를 구축했다. 남과 북은서로 경쟁적으로 전쟁의 체험을 활용해 자신들의 지배질서를 정당화하고 더욱 강력한 체제 구축에 나섰다. 서로 상대방을 괴뢰로 취급하고 최고의 경계태세를 유지하면서 구성원들로 하여금 맹목적 적대감과 체제 옹호를 주문했다. 이를 조금이라도 위반할 경우 상상하기 힘든 잔혹한 보복이 뒤따랐다.

　삼척 간첩단 사건 수사에 참여했던 한 수사관은 오랜 시일이 지난 후 섬뜩한 말을 내뱉었다. 사건 수사과정에 대해 질문하기 위해 찾아간 기자에게 그는 "세월이 바뀌어서 그렇지 6·25 때 같으면 벌써 그 가족들 다 몰살시켰을 거야"라고 서슴없이 말했다.[42] 간첩사건 조작을 시인하기는커녕 오히려 한국전쟁을 끌어와 자신들의 행위를 합리화하려는 그의 말에서 전쟁이 아직 끝나지 않았음을 알 수 있다. 적어도 국가와 공안기구 그리고 그것을 움직이는 자들에게 전쟁은 자신들의 지배와 생존을 위해 끝나지 말아야 할 일이어야 했다. 그들이 벌인 전쟁 이후의 전쟁에 숱한 사람들이 스러져갔다. 삼척 간첩단 사건은 그러한 잔혹극 중의 하나였다.

제2장

# 삼척가족간첩단 사건의 실상

## 1. 간첩 수사의 일반적 특징과 수사기록의 의미

현재 시점에서 삼척 간첩단 사건의 실상을 정확히 파악하는 것은 상당히 곤란하다. 사건을 가장 잘 알고 있었을 진항식과 김상회는 이미 사형당했고 북한이 가지고 있을 사건에 대한 중요한 정보 또한 확인이 불가능하다. 현재 유일하게 이용할 수 있는 자료는 공안당국의 수사기록과 생존자들의 증언 그리고 진실화해위원회의 조사기록과 재심 관련 자료뿐이다. 이 중에서 수사기록의 의미는 특별하다. 가장 방대한 규모로 남아 있기도 하지만 무엇보다 이 사건의 발단과 사법적 처리에 관한 거의 모든 것을 담고 있기 때문이다.

수사기록은 액면 그대로 믿기 힘들다. 이미 진실화해위원회 조사와 재심을 통해 경찰의 가혹행위와 고문이 입증되어 수사기록의 신뢰도는 매우 낮은 수준이다. 이러한 측면에서 생존해 있는 사건 관련자들의 구술과 증언은 중요한 자료가 된다. 그러나 어쨌든 경찰 수사기록은 이 사건의 실체를 파악하기 위해서라도 자세하게 검토될 필요가 있다. 당시 경찰은 치안본부와 강원도경 등 두 군데 대공분실을 동원해 방대한 분량의 수사기록을 생산했다. 모두 6천 페이지가 넘는 경찰 수사기록은 불과 한 달여 만에 만들어냈다고는 믿기 힘들 정도로 대규모였다.

수사기록에는 신문조서와 자술서 등 검찰이 생산한 문서도 포함된다. 그러나 핵심 내용은 경찰 기록이며 검찰은 그것을 반복하거나 약간 보완하는 정도에 그쳤다. 당시 관행상 공안수사는 치안본부나 중앙정보부 또는 보안사가 주도했고 검찰의 역할은 기소와 공소유지 등 형사소송법에 따른 법리 적용과 실무적 역할이 태반이었다. 따라서 수사기록은 경찰 자료를 중심으로 검토할 필요가 있다.

수사기록은 진실화해위원회 조사와 재심청구 과정을 통해 확보되어 이용 가능한 상황이다. 수사기록은 기소와 공소유지를 담당한 춘천지검이 집성한 것으로 보이며 총 6207쪽의 문서를 9책으로 분책해놓았다. 그러나 실제 확보된 자료는 6164쪽으로 43쪽이 누락되어 있다. 누락된 부분은 주로 제1분책의 앞부분, 즉 전체 문서의 맨 앞부분인 것으로 보인다. 문서에는 피의자 신문조서를 비롯해 재판과정에서 다루어질 거의 모든 내용이 망라되어 있다. 간간이 경찰의 참고자료도 들어가 있는데, 예컨대 한국전쟁 당시 삼척의 부역자 통계나 김홍로 자살 경위 등에 관한 경찰기록이 포함되어 있어 사건 이해에 도움을 주기도 한다.

수사기록은 사건의 실체를 재구성하기 위한 참고자료 이상의 의미를 가지고 있다. 즉 수사기록은 공안당국의 간첩 수사 메커니즘을 자세하게 보여준다는 점에서 의미가 크다. 당시 공안수사는 체포 영장이나 구속 영장 등 형사소송법상의 절차를 완전히 무시하고 불법 체포하여 무지막지한 고문과 압박수사로 꿰맞춘 수사결과물을 만들어내는 것으로 유명했다. 삼척 사건 역시 전형적인 꿰맞추기 수사과정을 보여주었는데, 이는 진실화해위원회 조사와 재심과정에서 여지없이 드러났다.

여러 정황상 삼척 사건이 북에서 남파된 간첩이 연루된 것임은 분명했다. 사건 피해자들 역시 월북했던 진현식이 내려온 사실은 다들 인정하고 있다. 그러나 남파된 진현식과 그 가족 및 친인척의 활동은 또 다른 차원의 문제이다. 이들이 진현식을 숨겨주고 도와주었음은 분명하다. 죽은 줄 알았던 피붙이가 살아 돌아왔는데 나 몰라라 할 수 없었던 것이다. 그러나 경찰은 진현식과 그 가족 및 친인척을 묶어 간첩단을 만들고자 했다. 즉 전형적인 침소봉대형 수사과정이 진행되었다.

그렇기에 수사과정은 관련된 모든 것을 이 잡듯이 뒤지는 저인망식으로 진행되었고 방대한 관련 자료가 생산되었다. 즉 조금이라도 간첩단 활동에 연루시킬 수 있는 요소들은 전부 수사대상이 되어 무언가 그럴듯한 내용으로 포장되어야 했다. 계모임 활동을 간첩단의 포섭공작으로 포장한 부분이 대표적이다. 1960~1970년대 시골의 계모임은 매우 흔하고 일상적인 모임이자 경제생활이었다. 계 한두 개 안 하는 사람은 거의 없을 정도였다. 이렇게 일상적인 계 활동을 간첩단의 포섭공작으로 만들기 위해 계원들을 일일이 조사하고 진술서를 받아 간첩단 활동의 증거로 삼았다.

공안수사의 관행이기도 하겠지만 이렇게 주변 인물이나 일상적인 삶 전체를 간첩활동에 연루시키는 수사기법은 간첩이 만들어지는 대표적 과정이다. 주변 사람들은 경찰의 일방적 수사를 통해 자신들도 잘 모르는 내용을 진술하게 되고 점차 관련자들이 간첩일지도 모른다는 심리상태가 만들어진다. 일종의 낙인 효과가 발생하고 후일 재조사와 재심을 통해 간첩이 아니라는 결과가 나온다 해도 이 효과가 완전하게 사라지는 것은 곤란해진다.

또한 수사과정을 통해 생산된 방대한 문서들은 그 자체로 간첩활동의 움직일 수 없는 증거처럼 기능하게 된다. 관련자들이 죽거나 발언할 수 없는 상황이 지속된다면 결국 문서들만 남게 되고 문서가 보여주는 내용이 실체적 진실로 여겨질 수도 있는 상황이 만들어진다. 여기서 거대한 문서더미가 중요해진다. 한두 장의 수사기록이 아니라 수천 장의 거대한 문서더미가 만들어지면 누구도 함부로 건드릴 수 없는 물건이 된다.

여기서 언어와 현실이 밀접하게 관련되지만 또한 서로 다른 것이라는 점을 이해할 필요가 있다. '개라는 개념은 짖지 않는다'는 말과 같이 언어로 만들어진 세계와 실제 세계는 서로 다를 수밖에 없다. '동그란 네모'라는 언어는 가능하지만 현실에 존재할 수는 없다. 그럼에도 '말이 씨가 된다'는 말처럼 언어는 현실을 만들어내는 위력이 있다. 처음에는 거짓임을 금방 알 수 있지만 그것이 자꾸 반복되고 문자화되어 무수히 많은 문서더미로 만들어지면 누구도 자신 있게 말과 실제를 구별하기 쉽지 않게 된다.

수사기법의 대표적 방법 중의 하나가 반복적인 진술을 강요하는 것이다. 태어나 수사받는 순간까지 모든 삶을 반복적으로 쓰다 보면 기억의 한계상 어긋나거나 틀린 부분이 나타날 수 있다. 수사관들은 이 허점을 파고들어 자신들이 원하는 내용으로 구성해가고자 한다. 다시 말해 반복적 진술기법은 자신의 삶조차 스스로 확신할 수 없는 상태를 만들어 수사목적에 걸맞은 삶으로 재구성하는 효과를 낸다.

게다가 진술은 공안기구가 설정한 특정한 상황 속에서 이루어진다. 특히 남영동 대공분실은 피조사자의 공포를 극대화하고 저항의지를 꺾어버리기 위해 정교하게 설계되었다. 이 분실은 한국이 경험한 근대화가 무엇인지를 웅변하는 듯하다. 외부로 난 창을 최소화하여 단절감을 극대화하고 위치감각을 상실케 하기 위한 나선형 계단, 방음 처리된 벽체와 물고문을 위한 욕조, 모두 바닥에 고정된 책상과 의자 등 조사실에 끌려간 사람은 누구라도 공포심을 느끼게 된다. 자신이 어디에 와 있는지조차 알 수 없고 철저하게 혼자가 된 상황 속에서 무차별 구타와 각종 고문을 받게 되면 이를 이겨낼 사람은 흔치 않다. 강제와 폭력, 고문은 물론이고 여기에 관련자들의 인간적 관계를 이용하는 심리적 압박이 가해진다. 너의 진술에 따라 가장 가까운 가족이나 사람들의 운명이 좌우된다는 압박이 가해지면 누구나 있는 그대로의 실체를 진술하기 힘들어진다. 육체적 고통과 심리적 압박이 어느 임계점을 넘으면 사실상 진술과정은 일종의 암송이 된다. 절대적 권력을 휘두르며 뚜렷한 목적이 있는 수사관들의 시나리오가 진술자의 입으로 발화되는 과정이 반복된다.

앞서 말했듯이 삼척 사건의 실체적 내용을 정확하게 파악하는 것은 매우 곤란하다. 다만 경찰 수사기록과 관련자들의 구술 등을 종합해 대략적인 얼개를 그려볼 수는 있다. 특히 방대한 기록으로 남아 있는 공안기구의 수사기록을 비판적으로 재검토함으로써 간첩을 만들어내는 과정을 드러내보고자 한다. 아울러 이것은 곧 사건의 실체를 밝히기 위한 일차적 과정일 수밖에 없다. 공안기구가 만들어놓은 간첩사건이기에 그들이 방대하게 구축해놓은 언어들을 헤집지 않고서는 사건의 실체로 다가가기 힘들기 때문이다.

## 2. 사건의 발단

먼저 검거과정에 대한 경찰의 보고 내용을 보자. 강원도경이 작성한 〈정보사범 검거보고〉에 따르면 삼척경찰서는 1979년 4월 21일 삼척군 경북식당에서 진항식이 정산한 100만 원의 자금 출처가 이상하다는 문경렬의 제보로 정보과 경찰 김동빈이 내사공작을 했으나 용의점이 없어 5월 31일 내사종결처리했다. 그러나 접선 용의 대상자로 정하여 감시하던 중 6월 12일 삼척서 형사 황두상이 채현정으로부터 제보를 재입수하여 6월 13일 확인한바 신빙성이 있어 장기 승인 공작을 계획했으나 내사공작 과정에서 보안이 누설될 것을 염려하여 진항식의 무면허 의료 행위를 혐의로 먼저 검거했다고 한다.[1]

진윤식의 경찰 피의자 신문조서에 따르면 1979년 6월 13일 제수(동생 진원식의 처)가 만나자고 해 가보았더니 58세가량의 여성이 '갈남

제1부 '삼척가족간첩단 사건'의 기원과 실상

에 노조 지부장 아들도 있는 잘사는 집에 수년 전에 간첩이 나타난 것을 죽여서 없애버렸다'며 물어보기에 모르는 일이라고 말했다고 진술했다. 후일 진실화해위원회 조사에서 진윤식은 "나중에 교도소에 다녀온 뒤 동생 진원식과 합석한 자리에서 진원식의 처가 이 사건을 경찰에 제보했음"을 알게 되었다고 말했다.[2]

진창식은 진실화해위원회 조사에서 출소 직후 들은 내용을 다음과 같이 진술했다. "형 진윤식이 연행되기 하루 전날 형수(채삼랑_인용자 주)가 작명가와 우리 집으로 찾아와 '집안에 일(간첩이 다녀갔다)이 있다는 사실이 동네에 파다한데 사실이냐, 사실이면 신고를 하라'고 해서 그런 일 없다고 말했는데 그다음 날 경찰관이 와서 모두를 연행하였다."[3] 또 다른 기록에서 진창식은 집안의 먼 친척 형수 되는 사람이 점쟁이에게 진현식의 생사에 관한 점을 봤고 점쟁이가 이를 경찰에 알리면서 사건이 시작되었다고 했다.[4]

당시 수사관 조금만은 진실화해위원회 조사에서 다음과 같이 진술했다. "삼척서의 황두상이 점치는 아주머니하고 친한 사이였는데, 그 점쟁이가 황두상에게 '6·25 때 월북했던 사람이 있는데 돈 백만 원 주고 무전 치고 나간 뒤 또 한 번 왔다 간 뒤 다시 찾아와 치료를 받다가 김상회 씨 집으로 거처를 옮겨줬단다. 그러다가 월북한다고 갔다. 그래서 그 사람이 죽었는지 살았는지 궁금해서 나한테 점치러 왔다'는 이야기를 했다고 한다. 이 사실을 황두상이 인지해서 수사가 시작되었다"는 것이다.[5]

강원도경 수사기록에 따르면 삼척경찰서는 1979년 6월 12일 갈남리 지역에 대한 제보를 입수하고 6월 13일 현지 내사하여 14일 진항식, 진형대, 윤정자를 연행했고 다음 날인 15일에는 진창식, 진윤식, 김상회, 김형옥, 김건회, 김달회, 16일에는 김태룡을 연행했다. 6월 21일에는 김순자 등을 추가연행했다. 군 복무중인 김태일은 7월 11일 연행된다.

이상 경찰의 사건 인지과정과 검거과정에 대한 진술을 종합해보면 공통적으로 언급되는 인물이 하나 있다. 진원식의 처 채삼랑(채현정)이다. 경찰기록에는 채현정으로 나오지만 본명은 채삼랑인 이 사람은 사건의 발단에 결정적 역할을 한 것으로 보인다. 사실 이 사건의 마지막 흔적은 1975년으로 끝난다. 1970~1973년 사이 진현식과 김홍로가 실종 또는 자살하면서 이 사건의 실질적 활동은 끝난 셈이었고 다만 1974년과 1975년 두 번에 걸쳐 북한의 공작원이 남파되어 두 사람의 행방을 찾았다고 한다.

그러나 이 두 번의 방문 이후 북한도 더 이상 두 사람의 행적을 쫓았다는 흔적은 없다. 추가 공작원의 파견도 없었고 간첩활동을 지속하고자 하는 어떠한 시도도 없었다. 요컨대 1975년 공작원 남파 이후 북한은 삼척 지역에 대한 추가 활동의 어떠한 징후도 없었기에 모든 일이 종료되었다고 보아야 할 것이다. 그런데 느닷없이 1979년 이 일이 수면 위로 떠올라 사건화된 것은 내부 고발이 아니면 설명하기 힘들다. 4년 이상 지나 아무런 활동도 없고 공안당국도 전혀 파악하지 못하고 있는 상황에서 왜 갑자기 채삼랑은 지나간 일을 끄집어내 집안 전체를 풍비박산 나게 했을까?[6]

채삼랑이 이 문제를 끄집어낸 이유는 불분명하다. 경찰도 동기를 기록하지 않았고 생존 관련자들의 구술에도 그 이유를 명백하게 설명한 것은 없다. 채삼랑은 자신의 남편도 관련될 수 있고 가까운 친인척 다수가 연루된 이 사안이 공안당국에 알려질 경우 어떠한 일이 벌어 질지 대략적으로 알았을 것이다. 1970년대 한국에 거주하는 성인이 라면 간첩이 어떠한 처우를 받게 될지 모른다고 할 수 없다. 채삼랑이 반공주의에 투철했는지는 불분명하지만 이념적 확신을 가지고 이 사 안을 문제화한 것 같지는 않다.

한편 진형대는 애초 김태룡 집안 쪽에 중앙정보부에 근무하는 사 람이 있어 그 사람을 통해 사건이 불거진 게 아니었을까 추정했다고 한다. 1970년대 중앙정보부의 위력과 활동을 감안하건대 충분히 예 상 가능한 추정이다. 그만큼 중앙정보부의 위세가 대단했다. 그러나 재심청구를 하는 과정에서 비로소 진원식-채삼랑 부부를 통해 사건 이 시작되었음을 알게 된다.

진원식이 부인에게 진현식의 남파와 생활과정에 대해 얘기하고 채 삼랑이 이 사실을 친정 쪽 정보계통에 있던 친척에게 알렸다는 것이 다. 이 과정에서 진원식도 일정한 역할을 한 것으로 추정된다. 부부 사이가 어떠했는지 자세하게 알 수는 없지만 어쨌든 진현식의 존재를 부인에게 알렸다는 사실은 두 사람 사이가 상당히 친밀했다는 것을 방증해준다. 또한 재심을 통해 무죄가 확정된 다음 진형대가 이 사실 을 진원식에게 알렸는데, 그의 대답은 '더 두고 봐야지'였다고 한다. 이에 진형대는 매우 격한 감정을 느끼게 된다. 진원식은 진현식과 연 루된 사람들에 대해 상당히 불만이 많았다고 볼 수 있다.[7]

그런데 7월 6일 작성된 진원식의 〈피의자 신문조서〉에는 전혀 다른 내용이 나온다.[8] 진원식은 1976년 4월 중순 동생 진창식으로부터 진현식이 남파되었다가 자살했다는 이야기를 처음 들었다고 진술했다. 그는 깜짝 놀라 그 길로 넷째 형 진윤식을 찾아가 왜 자수를 못 시켰고 왜 고발을 못 했냐고 따져 물었다. 그는 "빨갱이 현식 형을 자수시키거나 고발을 했어야 빨갱이 형들 때문에 우리 형제가 출세 못 하고 있는 것을 설욕할 수 있는 기회가 아니겠는가. 우리 자식들을 우리 형제처럼 이렇게 만들지 말아야 할 게 아니겠는가"라며 울면서 따졌다는 것이다. 이에 진윤식이 술을 마시며 나중에 얘기해주겠다고 하여 돌아와 처 채삼랑에게 그 사실을 말해주었다고 한다.

진원식은 해병대 복무 중 도미 유학의 기회가 있었으나 두 형이 월북한 관계로 그 뜻을 접었으며 당시 연인관계였던 채삼랑에게도 그 사실을 알렸다고 한다. 얼마 뒤 모친 문연이가 진원식의 집을 찾아오자 재차 진현식에 대해 물었으나 모친은 그것은 자신이 진창식에게 거짓말한 것이니 그만 모른 척해달라고 눈물로 호소하여 더 캐묻지 못했다. 진원식은 거듭 진현식을 자수시키거나 신고하여 남들처럼 떳떳하게 살 수 없게 된 것이 아쉽다고 강조하면서 진현식이 간첩행위를 하느니 차라리 자살한 것이 잘된 일이라고까지 진술했다. 이어 한국전쟁 당시 진현식이 이장을 하던 부친이 리 인민위원장 일을 하지 않는다고 사람들 앞에서 구타까지 했다는 말도 들은 바 있고 하여 더욱 증오하게 되었다고 진술했다.[9]

진원식은 2차 신문조서에서도 비슷한 진술을 반복했으며 진항식과 모친 등이 자수를 권유하자 진현식이 이를 거절하고 자살한 것으로 생각했다고 진술했다.[10] 이에 경찰은 불고지죄 혐의로 기소의견으로 송치했다.[11] 8월 11일 진행된 검찰 신문에서도 진원식은 유사한 내

제1부 '삼척가족간첩단 사건'의 기원과 실상

용을 반복했다. 다만 진현식을 만난 게 아니냐는 질문에 절대 그런 일이 없다고 강조했다. 요컨대 진원식은 진씨 형제들 중 유일하게 진현식을 신고해야 된다고 강력하게 주장했고 또 실제 사건에도 연루되지 않았다.

채삼랑의 진술조서는 1976년 7월 12일자로 기록되어 있는데, 남편에게 진현식이 납파되었다가 자살했다는 말만 들었을 뿐 그 외의 사항에 대해서는 전혀 아는 바가 없다는 요지로 진술했다. 무당 이야기나 경찰에 알렸다는 등의 내용은 전혀 없다. 다만 진현식이 이미 죽어 신고할 필요를 느끼지 못했다는 말만 되풀이했다.[12] 결국 진원식과 채삼랑 부부는 별다른 처벌 없이 풀려난다.

이로 보아 진현식을 둘러싼 집안 내부의 갈등이 상당했다고 보인다. 진원식은 진현식이 은거하고 있는 동안 그 사실 자체를 몰랐던 것으로 보이지만 그 사실을 알게 된 가족들 중에서도 진현식에게 자수를 권한 사람도 있고 신고해야 된다고 주장한 사람들도 있었다. 수사기록에는 간첩죄가 매우 중대한 범죄이며 집안 전체에 크나큰 피해를 끼칠 수 있는 일임을 관련자들이 분명하게 인식하고 있음을 보여주는 대목이 많다.

경제적 문제도 상당한 변수가 된 듯하다. 사건 당시 진항식 집안의 재산규모를 정확히 알 수는 없지만 인근에서는 제법 잘사는 집이라는 평을 들었다. 경찰 기록에도 진항식의 경제형편이 나쁘지 않다고 했다. 진형대의 구술에 따르면 어린 시절 남보다는 부유하게 살았다고 한다. 농사와 어업을 겸하는 반농반어의 집안이었고 일하는 사람도 고용할 정도로 넉넉한 살림살이였다는 것이다. 진항식은 어선 두 척을 소유하고 머구리(잠수기) 어업을 했다. 진항식의 형제들이 삼척 읍내에 있는 공업고등학교를 다녀 자부심도 컸다. 진형대 본인도 1970년 삼척 읍내의 삼척중학교로 진학했으며 하숙 생활을 했는데, 생활비 같은 것은 전혀 걱정하지 않을 정도였다. 마을 동기들이 모두 27명이 었는데 그중 단 두 명만 삼척 읍내 중학교로 진학했다.[13]

진현식을 5년 가까이 은신시킨다는 것은 심리적 불안은 물론이고 상당한 경제적 부담이기도 했다. 이에 자신들에게 돌아올 재산이 줄 어든다는 불만이 충분히 있을 수 있다고 하겠다. 이 모든 불만을 끌어 안고 진현식을 끝까지 숨겨주고자 한 것은 모친 문연이의 강력한 의지였다. 고부갈등은 물론이고 다른 자식들의 불만도 적지 않았지만 문연이는 살아 돌아온 둘째 아들을 다시 사지로 내몰 수는 없다고 생각했다. 그러나 문연이는 1979년 1월 사망하고 불과 몇 달 뒤인 6월에 결국 사건이 불거지게 된다.

물론 진현식이 사라진 다음부터는 그를 돌보는 비용이 들어갈 일은 없었다. 이미 죽은 게 확실한 사람을 굳이 신고할 필요가 있었는지도 의문이다. 그럼에도 진항식 모친의 사망 이후 반년 만에 신고에 의한 사건화가 이뤄진 정황은 여러모로 이해하기 힘들다. 투철한 반공의식에 따른 신고가 아니라면 결국 사건을 알고 있었던 사람들 사이의 모종의 갈등이 결정적 이유였을 것이다. 특히 모친의 사망은 가족 구성원 사이의 결속력이 약화될 수 있는 현실적 계기가 될 수 있음과 동시에 상속문제도 불거질 수 있게 된다.

이 사건은 주변 가족 구성원의 제보가 아니었으면 표면화되기 힘들었다. 1965년부터 1979년까지 무려 14년간 공안당국은 진현식과 김홍로의 남파 그리고 진항식·김상회 가족과의 연계 및 활동에 대해 전혀 모르고 있었다. 이는 공안당국의 무능(?)도 무능이지만 무엇보다 활동 자체가 거의 없었기 때문이었다. 경찰 수사기록상으로는 엄청난 활동을 벌인 것처럼 되어 있지만 실상은 전혀 달랐다. 탐지했다는 군사기밀은 시외버스로 오갈 때 길가에 보이는 검문소나 군부대 위치가 고작이있고 학생운동의 배후 조종은 관련 증거가 전혀 없었다. 상식적으로 초등교육 이수가 전부인 시골 지역의 농어민이 서울 지역 대학생을 지도한다는 말은 어불성설이다. 포섭공작이란 계모임에서 술과 음식을 접대한 것이었다.

이는 조직원으로 발표된 사람들이 전원 친인척이라는 점만 보아도 알 수 있다. 간첩단이 실제 조직되어 활동했다 하더라도 그 조직범위는 가족 내로 국한되었고 외부인은 전혀 없었다. 아마 이것이 14년간 별 탈 없이 조직이 유지(?)된 비결이었는지도 모르겠다. 진현식이나 김홍로의 입장에서는 더 적극적인 활동을 하고 싶었는지 모르겠지만, 진항식과 김상회를 비롯한 친인척의 생각은 달랐다. 피붙이가 사선을 넘어왔으니 피해를 무릅쓰고라도 보호해주어야겠다는 생각까지는 했겠지만, 실제 간첩활동에 나설 뜻은 거의 없었다.

결국 사건화를 막은 것도 가족이었지만 사건을 불거지게 한 것도 가족이었다. 가족 사이의 단단한 결속이 유지되는 한 이 사건은 사건이 아니었지만 그것이 약화되고 깨지는 순간 사건이 되었다. 다시 말해 가족 사이에 틈이 생기고 그 틈으로 외부의 힘이 스며들면서 가족은 '간첩단'이 되었다. 가족 구성원에 의한 신고가 드문 일도 아니었다. 김홍로를 신고한 사람은 조카였고 통혁당의 김종태를 신고한 사람은 마약 중독자였던 그의 동생이었다고 한다. 간첩을 감싸고 있던 가족이라는 단단한 껍질이 가족을 감싸고 있던 국가라는 더 단단한 힘에 의해 간단하게 깨져버린 형국이었다.


## 3. 수사과정과 고문

이 사건 수사에는 삼척경찰서, 치안본부 남영동 대공분실 그리고 강원도경 대공분실이 동원되었다. 세 곳에서 모두 가혹행위가 있었고 그중 치안본부와 강원도경의 수사와 고문이 제일 심각했다. 삼척경찰서는 체포과정에서 주도적 역할을 담당했지만 수사과정에서는 제외되었기에 고문 등 가혹행위가 집중적으로 이루어진 곳은 아니었다.

삼척경찰서 차원에서 시작된 사건이 어떻게 해서 치안본부를 거쳐 강원도경으로 이어졌는지 그 내막은 자세히 밝혀지지 않았다. 그러나 당시 경찰 공안기구의 핵심이 총동원되다시피 한 것은 분명해 보인다. 치안본부 남영동 대공분실은 자타 공인 경찰의 핵심 대공수사기구였다. 이 사건과 관련해서도 치안본부 대공분실은 최초 조사를 담당하여 사건의 큰 틀을 짜는 데 결정적 역할을 했다. 그럼에도 수사기록상으로 치안본부는 전혀 등장하지 않는다. 모든 신문조서와 수사보고는 강원도경 정보과, 대공분실 등에서 담당한 것으로 되어 있다. 요컨대 수사기록 문서더미만으로는 실제 수사과정과 그 함의를 제대로 파악할 수 없다.

당시 경찰 공안당국의 실제 사건 처리과정과 공식적인 수사문서

간에 큰 차이가 난 셈이다. 이는 결국 문서를 비판적으로 독해하지 않는다면 사건의 실체를 파악하기 곤란하다는 사실을 역으로 보여준다. 예컨대 기록에는 치안본부 대공분실이 전혀 등장하지 않지만 피해자들은 이구동성으로 남영동의 조사와 고문이 제일 끔찍하고 혹독했음을 강조했다.[14] 이를 통해 보건대 이 사건은 출발부터 정치적 판단에 따라 사전에 기획된 시나리오를 가지고 수사와 조사가 신행된 것으로 보인다.

수사의 큰 틀은 정치적 판단과 그것을 구현하기 위한 수사 기법으로 대별된다. 즉 해당 사건을 어느 정도 수위의 사건으로 다룰 것인지를 정치적으로 판단하고 그에 따라 수사과정이 결정되었다고 하겠다. 수사를 통해 사건의 실체를 밝혀내고 그에 합당한 사법적 처리가 뒤따르는 것이 아니라 사건 자체의 정치적 활용성을 먼저 판단하고 그에 따라 수사결과가 나와야 했다. 그렇기에 수사과정은 강압과 폭력, 즉 고문을 기본으로 했다. 증거를 수집하고 그에 입각한 논리를 구성하는 과정이 아니라 미리 설정된 사건의 개요를 자백을 통해 구성하는 과정이 기본이었고 증거는 이를 뒷받침하기 위해 선별적으로 활용되는 방식이었다. 일제시기 이래 경찰의 고문은 악명이 높았고 해방 이후에도 그 관행은 전혀 변하지 않았으며 오히려 더욱 발전했다.

수사과정의 가혹행위는 일일이 열거하기 힘들 정도로 종류도 많고 잔혹했다. 진항식은 춘천으로 호송 중 만난 김순자에게 너무 괴로워 빨리 죽고 싶다고 말할 정도였다.[15] 김달회는 다리에 깁스를 할 정도로 고문을 당했다. 그중 하나인 진형대의 증언을 보자.

서울 남영동 치안본부에서 조사받을 때 잠을 제대로 자지 못하게 해서 정신이 항상 몽롱한 상태였다. 수사관들이 큰아버지인 진현식으로부터 북한이 좋다 등의 이야기를 들었다는 내용의 쪽지를 보여주며 그대로 쓰라고 해서 그런 사실이 없다고 하자 쪽지를 치우더니 때리기 시작했다. 땅바닥에 꿇어앉게 하더니 수사관이 내 허벅지를 밟고 올라섰다. 그리고 구둣발로 걸어차서 (내가) 쓰러지자 등을 밟고 올라섰다. 조사실에 있던 야전침대에서 봉을 꺼내더니 닥치는 대로 때려서 허벅지가 다 터지고 옆구리에도 상처가 났다. 그렇게 반나절을 계속 맞았다. 너무 괴로워서 책상 밑으로 도망갔는데 수사관들이 발로 걸어찼다. 그러더니 수사관 셋이 들어와 물고문을 하였다. 또 너희 아버지도 전기고문을 당하고 있다며 너도 시키는 대로 하지 않으면 전기고문을 하겠다고 협박을 하였다. 고문을 심하게 당해 부인하지 못하고 쪽지 내용대로 베껴 쓰기를 몇 번 반복하고, 그것을 외워 쓰지 못하면 또 때리기 시작했다. 아버지 진항식에게 송수신하는 방법을 배우지 않았냐고 해서 부인했더니 인정해야만 아버지도 살 수 있다고 하고, 아버지 비명소리가 들려와 수사관이 시키는 대로 인정을 하였다. 심지어 온몸을 발가벗겨 성기를 때리는 성고문까지 자행되었다.[16]

남영동 대공분실의 고문이 혹독하기 그지없다는 사실은 이미 많이 알려져 있다. 특히 1987년 박종철 고문치사 사건으로 남영동의 악명은 모르는 사람이 없을 정도이다. 진형대가 당한 고문과 가혹행위는 이미 남영동을 거쳐 간 수많은 피해자들이 당한 고통의 일부였다. 심지어 진형대는 무전기 작동법도 남영동에서 배웠다. 위 인용문에도 나오지만 간첩혐의 중 북한과 무전교신한 내용이 들어가 있었기에 그

제1부 '삼척가족간첩단 사건'의 기원과 실상

작동법을 모른다고 하니 남영동 대공분실 조사과정에서 가르쳐주었다는 것이다.[17] 또한 진형대는 사건이 터지기 불과 보름 전에 방위생활을 마쳐 군 생활내용이 그대로 수사대상이 되어 더욱 심한 곤욕을 치르게 된다. 즉 방위병으로 예비군 중대본부나 지서 등의 무기 현황을 파악하고 있어야 했는데, 이것이 군 기밀탐지를 위한 활동으로 둔갑했다.[18]

진형대는 애초 진현식을 만났을 때 학생 신분이었고 너무 어린 나이였기에 모두 쉽게 나올 거라고 생각했다고 한다. 그래서 변호인도 따로 선임하지 않았고 국선 변호인이 담당할 정도였다. 진형대 본인도 조사만 끝나면 금방 나갈 수 있을 것이라고 생각했고 조사관들도 혐의만 인정하면 부친은 사형당하지 않을 것이며 진형대도 풀려날 것이라고 했다는 것이다. 이러한 기대가 헛된 것이었음이 확인되는 것은 그리 오래 걸리지 않았다.

여기서 흥미로운 점은 중앙정보부가 이 사건에 등장한다는 점이다. 진형대의 구술에 따르면 그가 체포된 이후 그의 친구들도 여럿 중앙정보부 분실에 끌려가 진형대의 간첩행위를 시인하라고 강요당하면서 무수한 구타를 당했다고 한다.[19] 중앙정보부는 이 사건과 직접 관련이 없는 것으로 알려져 있다. 수사기록을 보더라도 중정은 강원도경이 중정 강원도 지부장에게 사건 관련자들의 신병처리 조정을 요청하는 공문상에만 나타난다. 공안사건의 경우 그 최종 처리에 중정이 개입하여 조정하는 것이 제도화된 상황이었다.[20]

김태일은 군인 신분이었기에 보안사 서빙고 분실에서 조사를 받았다. 그 역시 악명 높은 보안사의 잔혹한 구타와 고문에 무너질 수밖에 없었다. 구타와 물고문, 전기고문을 모두 받았으며 심지어 체포 전 군 고참의 구타로 부러진 팔에 깁스를 하고 있었음에도 전혀 아랑곳하지 않았다고 한다. 결국 김태일은 깁스한 팔이 다시 부러져 병원 신세를 지게 된다.[21]

가장 잔인하고 교활한 것 중의 하나는 가족의 생명을 담보로 한 협박이었다. 진항식의 부인 윤정자는 삼척경찰서에서 조사받을 당시 조사 내용을 법정에서 부인하면 남편과 아들이 사형될 것이라는 협박을 당해 검찰, 법원에서 다른 소리를 할 수 없었다고 한다.[22] 가족 구성원을 통한 협박은 여타 피해자들에게도 유사하게 반복되었다. 이 사건의 특징 중 하나는 관련자 전원이 가족과 친인척 관계였다는 점이었는데, 이는 수사과정에서도 유효적절하게 활용된 셈이었다.

사형당한 사람들 역시 고문 피해를 호소했다. 이들은 사건의 주모자로 몰려 가장 험악한 고문을 당했을 것으로 추정되는 사람들이지만 이미 사망했기에 그 진상을 자세히 알기는 어렵다. 다만 일부 사실이 재판 등을 통해 밝혀지기도 했다. 재판과정에서 김상회나 김건회는 군사기밀 탐지를 부인하면서 수사관들의 고문과 협박에 못 이겨 한 진술임을 강조했다.[23]

재심을 통해 분명히 확인되기도 했지만, 이 사건의 자백과 진술은 고문과 강압에 의한 것이기에 사법적 증거능력을 가질 수 없다. 따라서 원심 판결은 법적으로 불가능한 판결이었고 재심을 통해 바로잡힌다. 그러나 사법적 처리와 달리 인간에게 가해진 고문은 되돌릴 수 없다. 그것은 인간의 몸과 마음을 결정적으로 파괴하여 더 이상 이전과 같은 삶을 불가능하게 만든다. 회복 불가능한 폭력은 단지 사형에 국한되지 않았다. 고문을 통해 지옥을 경험한 사람들에게 세상 역시 그 지옥의 연장일 수밖에 없다.

고문이라는 형태의 무차별적 폭력이 일차적으로 노리는 것은 간첩 사건을 위한 자백을 받아내는 것이다. 그러나 고문의 효과는 그 정도에 그치지 않는다. 고문은 한 인간에게 구현되어 있는 개인과 가족이라는 안정적 사회형식을 파괴해 자연 상태의 생물체로 환원하는 과정이다. 고문과정은 흔히 옷을 벗기는 것으로 출발한다. 실오라기 하나 걸치지 않은 알몸 상태를 만드는 것에는 인간을 구성하는 모든 사회 형식을 박탈하여 인간적 또는 사회적 저항의 가능성을 전면 봉쇄한다는 의미가 숨어 있다. 결국 고문은 개인으로서, 가족 구성원으로서 그리고 사회적 존재로서의 모든 삶이 부정당하는 것이기에 회복하기 힘든 트라우마로 연결되기 십상이다. 고문은 곧 국가를 향한 폭력의 고해성사와 다름없다.

## 4. 수사기록에 나타난 활동내용

경찰 공안 수사기관은 진항식을 체포한 1979년 6월 14일로부터 두 달가량 지난 1979년 8월 9일 수사결과를 종합 정리한 〈의견서〉를 작성해 춘천지검으로 송부했다. 강원도 경찰국 정보2과 사법경찰관 경위 엄재윤嚴在允 명의로 작성된 이 의견서는 경찰이 생산한 수사기록의 백미다. 175쪽에 달하는 방대한 이 기록은 사건의 얼개를 비롯해 관련자들의 개인별 혐의내용을 요약 정리했다. 검찰이 본격적 사법처리과정을 개시할 수 있도록 필요한 모든 정보와 내용을 집약해놓은 것이다. 한마디로 이 사건에 대한 공안기구의 입장과 시각이 고스란히 녹아들어 있는 문서다. 여기에 제시된 사건의 얼개는 다음과 같다.

가. 1965년 7월 6·25 당시 부역월북한 북괴 노동당계 진현식, 정윤규 등 남파간첩이 연고지인 강원도 삼척군 원덕면 갈남리에 침투하여 실제 實弟인 진항식을 포섭 대남공작 거점을 확보하고

나. 1968년 10월 동 간첩 진현식과 다른 간첩이 다시 침투하여 포섭된 진항식과 고종형 김상회 등을 접선 동인 등의 집에서 5년간 잠복하면서 동생 진윤식 등 친인척 19명을 접선 세뇌교육하여 이들을 포섭함과 동시 그중 진항식, 김상회, 김건회, 김달회, 김태룡, 김순자 등 6명을 노동당에 현지 입당(개별적으로 당증번호 부여) 연고선 중심의 지하당을 조직한 간첩단 사건으로서

다. 1974년 7월 16일 다시 김모와 성명 불상의 다른 간첩에 의하여 조직 점검된 이후

라. 1975년 5월 최종 4차 남파된 김모, 이모 등 침투간첩에 의하여 진항식, 김태룡, 진창식 등을 지도부로 하는 소위 통일혁명당 강원도당을 결성하고 (1) 국군공작과 정부기관 침투, (2) 노조운동을 통한 군중조직, (3) 반정부 세력 등 각계각층을 망라한 소위 반미구국통일전선 형성을 획책함과 동시 "미제를 물리치고 조국을 통일하자"는 등 내용의 민심교란을 위한 삐라 살포, 동해안 군경 경비상황 등 군사기밀 탐지 보고, 국가 ○○ 목표인 동양세멘트회사(중요 시설 나급)와 쌍용양회, 삼척산업, 삼척화력의 규모 및 노조 운영실태에 대한 정보보고 등 총 45회에

긍하여 북괴와 무전교신 암약하여왔으며

마. 군중조직 기반으로 동리에서 기히 조직운영중인 각종 계에 가입하거나 새로이 이웃 친지 또는 직장동료 등을 규합하여 각종 명목의 계를 조직운영하였으며

바. 포섭대상으로 군부를 비롯한 정보기관, 정당, 노조 등에 있는 친인척과 부역 연고자, 학교동창, 직장동료, 동리 친구 등을 다수 물색 선정한 후 그 중 일부에게 선심공작과 농담식의 은밀한 북괴 선전 등 방법으로 포섭가능성을 타진하는 한편 수시 접근하여 친근감을 조성하였으며 지령에 따라 결정적 시기에는 적극호응 행동통일 봉기케 하고자 세력부식에 주력한 북괴 지하당조직 간첩사건으로 (하략)[24]

인용문을 보면 의견서가 사건의 기원을 전쟁 당시 진현식의 월북으로 설정하고 연고선 공작을 통한 지하당 조직과 포섭 그리고 각종 반체제 활동을 중심 뼈대로 하여 작성된 것을 알 수 있다. 즉 간첩은 전쟁의 연장이며 외부 적대세력인 북한이 남한 내부로 침투하는 매개가 가족과 친인척 등 연고선을 타고 이루어졌음을 강조했다. 전쟁 이후 남북 간의 철저한 단절에도 불구하고 북과 연결되어 있는 남한의 혈연관계라는 내적 요소가 외부 침투의 매개가 되고 있음을 주목한 것이다.

의견서는 사건 전개를 세 시기로 구분해놓았다. 1965년 진현식의 최초 남파, 1968년 2차 남파, 그리고 1974년과 1975년 또 다른 공작원의 남파가 그것이다. 이 중 핵심 시기는 두 번째 남파다. 1965년 남파는 두 시간 남짓 머무르다가 복귀했기에 특별한 활동사항이 없었

다. 1974~1975년의 남파는 진현식이 이미 사망한 뒤였고 남파된 공
작원도 짧은 기간 머물다가 복귀했다. 물론 통혁당 강원도당 결성이
라는 핵심 혐의가 이 시기로 지목되었다는 점이 주목되기는 한다. 그
러나 통혁당 결성은 여러 혐의 중에서도 신빙성이 많이 떨어진다고
보인다. 결국 1968년 남파와 장기 체류가 이 사건의 핵심 국면이었다
고 하겠다. 이하에서는 수사기록이 정리한 시기별 활동양상을 구체적
으로 살펴본다.

### 1) 1~2차 남파와 연고선 공작

사건의 직접적 시작은 1965년 진현식과 정윤규의 1차 남파였다. 훗
날 사형선고를 받고 감옥에서 집행을 기다리던 진항식은 이감을 가
게 된 막내 동생 진창식에게 미안하다고 했다. 처음 둘째 형님이 내려
왔을 때 신고했으면 오늘과 같은 일은 벌어지지 않았을 것이란 후회
였다.[25] 수사기록은 첫 번째 남파 상황을 다음과 같이 기록했다. 1965년
7월 일자 미상未詳 밤 12시경 주거지 사랑방에서 취침 중이던 진항식
은 6·25 당시 부역 월북했다가 남파침투한 간첩 진현식 및 정윤규 등
과 접선, 안방에서 취침 중인 모 문연이를 깨워 인사케 했다고 한다.

　진항식의 피의자 신문조서는 이 상황을 좀 더 자세하게 묘사했다.
진항식은 사랑방에서 취침 중 문을 두드리며 '항식아 항식아'라고 이
름을 두 번 불러 문을 열고 내다보니 한 사람은 바위벽에 붙어 있고
또 한 사람은 문 앞에서 '네가 항식이냐'고 물었다고 한다. 이에 그렇
다고 답변하고 살펴보니 둘째 형 진현식임을 알게 되었다는 것이다.[26]
이후 모친을 깨워 형을 만나게 해주었고 진현식이 입북 제의를 했으

나 가정 사정을 이유로 거절한다. 이에 진현식은 "조국이 곧 통일될 것이니 참고 기다리면 좋은 때가 온다"며 다시 올 테니 그동안 어머니를 잘 모시라는 말을 남기고 북으로 돌아갔다. 또한 수사기록은 복귀 안착신호, 재접선 안전신호 등을 논의하고 후일 시간 여유를 갖고 다시 오겠다는 내용의 대화가 있었다고 기록했다. 아울러 공작금 5만 원과 마르크스 엥겔스 선집 외 7권의 불온 도서를 전달했다고도 한다.[27]

첫 번째 남파는 두 시간가량으로 짧아서 가족 상봉 외에 특별한 활동이 있을 수 없었다. 진항식과 모친은 전쟁 당시 헤어져 생사조차 모르던 혈육이 갑자기 나타났으니 매우 반가우면서도 당황스러웠다. 특히 모친은 죽은 줄 알았던 자식이 살아 돌아왔으니 그 반가움이 매우 컸다. 이후 모친은 진현식을 끝까지 보호하고자 했다. 불과 두 시간 남짓 머무르다가 떠났으니 한편으로는 아쉬우면서도 다른 한편으로는 가슴을 쓸어내리며 안도했다. 전쟁 경험과 이후의 삶을 통해 북에서 간첩으로 내려온 자식과 형제가 얼마나 위험한 존재임을 알고 있었기에 조마조마한 마음이었다. 어쩌면 이렇게 생사를 확인하고 인사를 나누었으니 더 이상의 위험한 만남이 없기를 바랐을지도 모른다.

그러나 조만간 다시 오겠다는 말처럼 진현식은 다시 남파되었다. 1차 남파 후 3년 3개월이 지난 1968년 10월 말 또다시 밤 12시경 진현식과 김홍로(56세가량)가 나타난 것이다. 이 두 번째 남파는 첫 번째와 완전히 다른 양상으로 진행되었다. 진현식은 사업 때문에 수일간 있어야 되니 은신처 마련을 부탁했고 다락방에서 20여 일간 머무르게 된다. 이 기간의 활동상에 대해 수사기록은 공작금 70만 원, 불온서적 7권 등을 받은 것으로 기술했다. 또한 간첩조장인 김홍로에게 누차 입북권유를 받으며 북한에 대한 미화선전을 받았다고 한다. 아울러 모친과 부인 그리고 동생 진창식 등을 접선시키고 각종 편의를 제공한 것으로 되어 있다.

2차에 걸친 진현식의 남파는 이른바 연고선 공작의 일환으로 추진되었다. 북한의 대남전략은 1960년대까지 연고선 공작에 치중되어 있었다. 즉 남한에 친인척 등의 연고가 있는 사람을 선발하여 남파시키는 전략이었다. 이 전략은 전쟁 이후 이데올로기 대립이 격화되고 남한의 반공 체제가 강화되면서 정치공작 활동이 난관에 부딪히자 고육지책으로 채택된 것으로 보인다. 즉 아주 친밀한 연고가 없으면 남한에서 안정적 활동이 곤란한 상황이었음을 반증해준다. 다른 한편으로 연고선 공작의 주 대상은 남한 내지 남조선노동당(남로당) 출신이 대부분일 수밖에 없었고 1960년대 들어 북한에서 이들의 존재 의미가 약화되면서 대거 대남공작에 동원했다는 추정도 가능하다.

어쨌든 이 전략은 북한의 입장에서 선택된 것이기에 남한의 사정이나 연고선에 해당되는 사람들을 고려한 것이 아니었음은 물론이다. 연고선 공작은 상대적으로 안전한 방법이기는 했지만 그만큼 정치활동의 폭과 범위가 좁을 수밖에 없었다. 경우에 따라서는 정치공작 본연의 성과도 없이 무고한 희생자만 양산하는 결과만 도출되기도 했다. 삼척 사건이 대표적인 사례가 된다. 이념과 사상적 동질성 대신 가족이라는 혈연에 기반한 활동이 정치적 성과를 낸다는 것은 애당초 상당한 무리가 따르는 일이었다. 연고선 공작에 대해서는 이미 1960년대 초 남한에서도 잘 알려져 있었다.

6·25 전후를 통하여 월북한 남한 출신자 또는 남한에 친척, 지기, 기타의 연고가 있어 대남공작의 기반이 있는 열성당원 중에서 소환의 형식으로 선발하여 통상 3개월 내지 1년 간 밀봉 아지트에 수용하고 개인 밀봉교육을 실시 … 간첩들의 사명은 기 능력과 소질에 따라 다르나 대체로 국가기밀의 탐지, 군사첩보의 모집, 지하당 재건, 평화통일 공작, 군관민의 이간, 반국가 또는 반미선동, 모략선전 또는 유언비어의 유포, 태업선동, 청소년의 유인 월북 등의 사명을 받고 남하하게 된다. … 남침한 간첩은 남한의 친척, 지기, 동창생 및 기타 연고자를 비밀리에 심방하여 허구한 위장구실로 상대방을 속이거나 사실을 고백하고 … 6·25 전후를 통하여 남한에서 월북한 자는 3만여 명이며, 남한에 거주하는 월북자의 가족수는 5만여 명에 달하고 있는바 이들 월북자 가족들은 월북하였던 가족이 간첩으로 남하하였다는 사실을 알면서도 혈연관계와 가족관념에 사로잡혀 인간본능에서 오는 애착심에서 관헌에 신고치 않고 은닉보호하게 되며 … 1인의 간첩은 1개 사단에 필적한다는 격언도 있거니와 전시나 평시를 막론하고 간첩의 활동은 꾸준히 계속되는 것이며 … 설사 간첩으로 남침한 자라 할지라도 죄과를 회개하고 자수할 경우에는 이를 언제든지 받아들여 그 죄를 감면하고 … 가족친지들은 이러한 정부의 방침을 충분히 이해시키고 권유하여 자유대한의 품안으로 돌아오기를 바라마지 않는다.[28]

인용문에 보이듯이 북한의 연고선 공작은 이미 남한에 충분히 알려진 상황이었고 남북으로 이산된 가족들을 끊임없는 감시와 위협에 시달리게 만드는 명분이 되기도 했다. 1960년대 초 5만에 달했다는 월북자 가족은 인구 증가와 함께 더 크게 늘어났을 것이며 공안기구들의 지속적 감시대상이 된다. 연좌제는 이 시기의 대표적인 억압정책이었고 가족 관련 간첩단 사건 역시 지속적으로 양산되었다. 남과 북의 정치적·사상적 대립구도하에서 애꿎은 이산가족들만 희생되는 비극적 상황이지 않을 수 없었다.

진항식을 비롯한 사건 관련자들도 이러한 상황을 잘 알고 있었다. 진원식은 월북한 두 형들 때문에 자신의 도미 유학 기회가 무산되고 출세가 불가능하다는 생각에 크게 낙담하고 두 형을 증오하게까지 된다. 가족관계는 다만 남한 내부의 문제로 그치지 않았다. 진형대의 회고에 따르면 부친 진항식이 진현식에게 자수를 권유했지만 북에 두고 온 가족 때문에 그렇게 할 수 없다는 입장을 밝히고 '내가 나가 죽으면 된다'고 말했다고 한다.[29] 이는 진창식도 비슷하게 들었다. 진항식으로부터 진현식을 만나라는 말을 들은 진창식의 첫 반응은 신고해야 하는 것 아니냐였다. 그러나 진항식이 둘째 형님이 이미 북한에 또 다른 가족이 있고 또 어머님이 형님을 못 보게 되실 것을 얘기하자 마음을 돌리게 된다.[30]

즉 자수하면 남한의 가족에게는 좋은 일이지만 북한의 가족을 사지로 내모는 격이 된다는 말이었다. 북에서 남파공작원을 선발할 때 이러한 점이 고려되었다고 하겠다. 북한을 배신할 수 없는 조건으로 가족의 존재가 중요하게 고려된 것으로 보인다. 북한은 남북 모두에 가족이 있어 한편으로 공작에 유리하고 다른 한편으로 배신 가능성이 적은 사람을 우선적으로 선발했을 가능성이 높다. 이러한 의미에서 연고선 공작은 이중의 혈연관계를 이용한 셈이었다.

이 사건의 이해를 위해서는 연고선 공작에 더해 삼척을 비롯한 강원도 동해안 지역이 특별한 주목의 대상이었다는 사정도 고려되어야 한다. 삼척 사건이 터지자 조선일보는 "동해안 일대가 그러하거니와 특히 광산지대인 삼척지구는 북괴가 자주 노려온 공작거점이었다. 그 중에서도 68년 11월에서 연말에 걸친 게릴라 대거 침투사건을 우리는 잊을 수 없다. 120명의 특수 게릴라 부대가 삼척-울진 지구로 침입, 무차별 살육을 감행하면서 소위 남조선 혁명거점을 획책하려 했다"고 맹비난했다.[31] 여기서 주목되는 것은 동해안과 삼척 지역을 북한이 노려온 특수지역이라고 규정한 부분이다. 일제시기 이래 강릉·삼척 지역이 원산, 흥남 등과 밀접한 관계에 있었음을 떠올리게도 하는 주장인데, 어쨌든 삼척 거주 월북자 가족에게는 섬뜩한 얘기가 아닐 수 없다.

### 2) 울진·삼척 무장 게릴라 남파와 장기 체류

단기 체류를 예정하고 남파되었던 진현식 일행은 예상치 못한 상황에 직면해 장기 체류하게 된다. 바로 울진·삼척 무장 게릴라 남파 사건이 그것이다. 진현식 일행이 두 번째로 남파된 것은 1968년 10월 말이었는데, 바로 그 뒤를 이어 10월 30일부터 11월 2일에 걸쳐 민족보위성 정찰국 산하 124군 부대원 120명이 15인 1개조로 편성되어 울진 지역 등으로 침투했다. 이들은 1월 21일 청와대를 습격한 부대와 동일한 소속이었다. 이에 진현식은 "울진, 삼척에 우리 유격대가 남조선 혁명을 위해 행동을 개시해서 해안이 봉쇄되어 예정 일자에 갈 수 없으니 계속 은신시켜줄 것"을 요구하게 되었고 다락방에 계속 은거하게 된다. 한편으로 동해안 지역의 군경 경비상황을 알아봐달라고 부탁하는 등 진현식 일행은 복귀를 위해 안간힘을 썼다. 그러나 상황은 여의치 않았고 결국 1968년 11월 말 진현식은 "당 중앙에서 해안 봉쇄로 접선 불가능하니 육로로 복귀하라"는 지령을 받는다.[32]

이는 북한 대남전략의 문제와도 관련된다. 자세한 내용을 알 수는 없지만 당 계통의 진현식과 군 계통의 게릴라 부대는 일관된 대남전략하에 움직인 것으로 보이지 않는다. 진현식 일행은 모두 50대의 정치공작원들이었고 자력으로 육상이나 해상으로 침투와 복귀가 힘들었다. 따라서 이들의 공작과 무장 게릴라의 작전은 동일선상에서 움직일 수 없다. 문제는 공교롭게도 진현식이 남파되자마자 무장 게릴라가 남파되어 삼척 등 동해안 일대의 경계가 극도로 강화된 것이었다. 진현식 일행으로서는 상당히 당황스러운 상황이지 않을 수 없었다. 자신들과 연계되지 않은 무장간첩의 활동으로 모든 복귀 방법이 차단된 셈이었기 때문이다. 이는 북한의 대남전략이 단일한 지휘계통을 따라 일관되게 진행되지 않았음을 방증해준다.

북한 대남공작 기구 간의 정보 공유 및 협조 체계가 제대로 작동하지 않았던 것이 분명해 보이는데, 어쨌든 진현식 일행은 육로복귀를 감행하지만 이는 애당초 불가능한 시도였다. 진현식과 김흥로는 모두 쉰을 훌쩍 넘긴 초로의 나이였고 정치 공작원이었기에 강도 높은 군사훈련을 받지도 않았을 것이다. 그렇기에 해상으로 침투했던 것인데 갑자기 육로로 복귀하라는 것은 이해하기 힘든 명령이었다. 게다가 11월 말이면 군경의 게릴라 토벌 작전이 한창일 때였다. 강원도 일대 전체가 강도 높은 군사작전 지역이 된 상황에서 육로로 휴전선을 돌파한다는 것은 불가능에 가까웠다. 결국 진현식 일행은 복귀에 실패

하고 삼척군 근덕면 구마리 거주 고종사촌 형 김상회(57세)의 집으로 피신하게 된다.[33]

이때부터 무려 4년 10개월여에 걸친 장기 은신이 시작된다. 김상회는 고종사촌 동생이자 젊은 시절 상당히 친하게 지냈던 진현식을 외면하지 못하고 숨겨주게 된다. 이후 곧바로 진항식에게 연락을 취했다. 진항식은 12월 중순 김상회의 집을 찾아 '생활비로 매월 2만 원을 줄 것이니 사람 살리는 셈치고 숨겨달라'고 부탁하고 우선 생활비로 5만 원을 주었다. 이후 진항식은 생활비 지급은 물론 각종 생활용품을 구입하여 전달하는 등 진현식의 생활 전반을 관리하게 된다.

진현식의 은신 생활 중 주된 활동은 가족과 친지들을 만나는 일이었다. 수사기록에 따르면 진현식으로부터 동생들을 만나게 해달라는 부탁을 받고 진항식은 '원식이는 술만 먹으면 입이 가볍고 복남이는 겁이 많아 후환이 두렵다'고 하면서 1969년 10월 동양시멘트 노조지부장으로 있는 동생 진윤식을 만나게 한다. 진항식은 탄원서와 항소이유서를 통해 동생 윤식에게 진현식을 만나볼 것을 요구했음을 인정했다. 형제이니 인간적 입장에서 만나보라고 했다는 것이다.[34]

진윤식은 진현식을 만나 큰형 충식의 소식을 듣고 큰형도 만나볼 겸 입북 권유를 받는다. 또한 진현식은 노동조합의 어용성을 비판하면서 노동조합운동 관련 책을 제공했다. 이어 지부장 직을 계속하면서 임금투쟁에 앞장서 혁명사업에 협조하라, 직장에서 불평불만이 많은 노조원을 포섭, 결정적 시기에 봉기하라 등의 지시를 받고 노조 지부장 선거에 재출마하고 당선된다. 진윤식에 대한 수사 결론은 "북한 찬양에 포섭되어 군사기밀 탐지" 등의 활동을 전개했다는 것이다.[35]

그러나 형제·친인척들과의 만남은 냉랭한 경우가 많았다. 진원식은 아예 만나지도 않았고 진순남은 자수를 권유해 진현식이 자리를 뜨는 사태가 벌어지기도 했다.[36] 앞서 보았듯이 진창식 역시 처음에는 신고를 생각할 정도였고 진윤식은 만나기는 했지만 1973년 무렵 아직도 진현식이 머무르고 있다는 사실에 크게 놀라 대책을 강하게 따져 물을 정도였다. 모친과 진항식 그리고 김상회 등 과거부터 워낙 관계가 두터웠던 사람들을 제외하고 진현식을 반기는 사람은 별로 없었다.

### 3) '간첩활동'의 실상

친인척 접촉 외 수사기록에 간첩활동이라고 적시된 내용들은 무전기 사용 교육, 삐라 제작과 살포, 가족 교양, 김일성 생일 축하용 십자수 제작, 주변 인물 포섭 등이었다. 김상회의 딸 김순자가 진현식의 부탁으로 십자수를 놓은 것은 사실로 보인다. 1968년 출산을 위해 친정인 김상회 집에 와 있던 김순자는 외당숙 진현식을 만나 그의 부탁으로 '김일성 장군 만세' 등의 십자수를 놓았음을 인정했다.[37] 외당숙의 부탁을 차마 거절하지 못했다고 한다.

진항식의 피의자 신문조서에 따르면 자신과 진현식이 20매씩 40매의 불온 삐라를 제작하고 김태룡이 살포했다고 한다. 문방구에서 구입한 16절지 갱지를 32절지로 분할해 '4천만 조선인민의 경애하는 수령 김일성 장군 만세, 미제를 물리치고 조국을 통일하자, 박정희 도당을 타도하자' 등의 내용을 애국동지회 명의로 제작했다고 한다.[38] 고작 40매의 삐라를 제작해 살포했다는 것은 여러모로 믿기 힘들다.

제1부 '삼척가족간첩단 사건'의 기원과 실상

위험에 비해 큰 효과를 보기 힘든 선전이기 때문이다. 삐라는 이미 다양한 방법으로 살포되고 있었고 군이 장기 체류 중인 간첩이 큰 위험을 감수하면서 수행할 만한 공작으로 보이지 않는다. 북한에 실적 보고용으로 만들었을 가능성도 없지 않겠지만, 40매의 삐라를 살포한다는 것은 상식적으로 이해하기 힘들다. 이 삐라의 실물은 제시되지 않았고 살포 당시 수거되었다는 정보도 없다. 수사를 위해 관련자들이 가입된 계모임 회원까지 전원 조사할 정도로 막대한 인력을 투입한 공안당국이 삐라 관련 조사가 없었다는 점도 이해하기 어렵다.

특히 대공분실은 진윤식의 노조활동과 진현식의 간첩활동을 연결하고자 매우 적극적으로 시도했다. 공안기구 입장에서 노동운동과 간첩의 연계는 상당히 매력적인 시나리오가 아닐 수 없다. 삼척의 대규모 공장과 간첩이 결합된 사건이 만들어진다면 노동운동 통제를 위한 좋은 소재가 만들어질 것이다. 그러나 신문조서상 진윤식은 계속해서 자신의 노조 지부장 활동이 진현식과 무관함을 강조했다. 또한 동생 진원식이 노조 부지부장으로 당선된 것도 사건과 연결하고자 했으나 진원식 역시 부정하는 진술로 일관했다. 진윤식의 노조 조직을 진원식에게 인계하여 활동하게 한 것 아니냐고 심문했지만 역시 부인했다. 노조원들로 통혁당 도당 지도부를 구성한 것 아니냐는 질문도 있었지만 역시 부정했다.[39]

진윤식은 모든 혐의를 완강하게 거부했는데 어쩐 일인지 경찰 수사관들도 순순히 인정하면서 조서가 작성되었다. 고문과 협박을 통해 충분히 자신들이 원하는 조서를 작성할 수 있었을 것으로 보이는데, 순순히 물러난 것은 그만큼 사건으로 만들 만한 요소가 부족했기 때문일 것이다. 한국노총 활동이 간첩활동으로 둔갑하기 위해서는 상당히 많은 준비와 공력이 필요할 수밖에 없었고 촉박하게 진행된 수사에서 감당하기 힘들지 않았을까 한다.

결국 경찰의 수사기록을 통해 보더라도 진현식 일행과 진항식·김상회 일가의 간첩활동이라는 것은 별다른 게 없었다. 경찰은 총기 보유 등을 적시하면서 무장간첩임을 집요하게 강조했는데, 사실 그 총기를 사용한 활동은 전무했다. 유일하게 사용된 것은 김흥로의 자살에서였다. 포섭공작을 길게 나열했지만 성공한 것은 전혀 없었다. 포섭은 혈연관계 밖으로 한 발자국도 나가지 못했다. 계원들에게 술을 사주고 인심을 베풀었다는 공작활동에도 포섭은 완전 실패였다. 심지어 가족 구성원조차 포섭은 지지부진이었다.

수사기록은 가족들에 대한 교양 내용을 자세하게 기록했다. 별다른 대외적 활동이 없었기에 친인척 대상의 선전 교양이 부각될 수밖에 없는 상황이기도 했다. 김상회가 진현식에게 받은 교육이라고 피의자 신문조서에 나오는 내용은 다음과 같다. 북조선은 살기 좋은 지상낙원이며 북조선 사람들은 고깃국에 이밥을 먹지만 남조선 사람들은 보리밥도 제대로 먹지 못한다. 소련과 중국을 포함해 전 세계의 절반이 공산주의 세계이며 북조선은 외국 원조 없이 무기를 만들어 남조선보다 훨씬 앞서 있다. 공산주의는 영구불멸이다. 고등학교까지 무료 교육, 무상 의료에 출산 전후 합계 6개월 휴가를 주고 탁아소도 운영한다. 특히 혁명가를 우대하는데, 우리를 숨겨주고 도와주는 것도 혁명운동이다. 북한은 전력이 풍부하다.

또한 전쟁이 나면 단기전으로 남한 해방이 가능하지만 미군 철수가 이루어져야 한다. 김일성이 정치를 잘해 재일교포들이 조총련으로 집결하고 있으며 쿠바는 작은 나라지만 공산주의 정치를 잘해 미국이 얕보지 못한다. 북조선은 하룻밤에 남조선을 왕복할 수 있는 성능 좋은 배를 만들지만 남한은 그런 배가 없다. 박헌영 간첩설도 얘기했다고 하며 북조선은 세포조직이 잘되어 있어 간첩이 들어올 수 없다고도 했다.[40]

진형대가 받았다고 수사기록에 적힌 내용도 대동소이하다. 남조선 인민들은 강냉이 죽으로도 배를 못 채우고 있는 형편인데 있는 놈들은 미국 놈 유행 따라 여자는 미니스커트를 입고 남자는 나팔바지를 입고 흥청거린다. 한마디로 남조선은 자본주의 국가로 잘사는 놈은 잘살고 못사는 사람은 알거지가 되는 불공평한 생활을 하고 있지만 북조선은 인민들이 집단을 형성, 공동생산을 하여 똑같이 분배하기 때문에 누구나 평등하게 잘살고 있다. 이북은 지하자원이 풍부하고 기계가 발달하여 농사도 기계로 짓는다. 인민들은 누구나 고등학교까지 무료로 배워주고 병원치료도 무료로 해준다. 남조선에는 우리 지하당원이 많이 있으며 머지않아 남조선 인민을 해방시키고 통일할 것이다.[41]

김상회와 진형대 수사기록에 나온 이러한 선전내용의 핵심은 남북한의 비교를 통한 북한 체제의 우월성을 강조하는 것이다. 비교의 핵심은 평등과 불평등에 있다. 북한이 더 잘산다는 내용과 함께 남의 불평등에 대비되는 북의 평등한 삶에 초점이 모인다. 여기에 북한의 군사력, 남한의 지하당원 등을 통해 조만간 통일이 될 것이란 점이 강조되는 것이 특징이다. 한마디로 모든 면에서 우월한 북한이 남한을 해방하고 통일할 것이니 잘 판단하라는 협박이 포함된 선전내용이라고 하겠다.

별다른 활동이 없었기에 수사당국은 가장 중대한 범죄로 조선노동당 가입을 강조했다. 1969년 4월 16일 진항식은 김상회 집을 방문하여 진현식의 권유로 북한 노동당에 현지 입당하여 당증번호 5716번을 받았다는 것이다. 그러나 이를 입증할 자료는 제시되지 않았고 일방적 진술에만 의존한 것이기에 신빙성은 낮다. 이를 잘 보여주는 에피소드가 재판과정에서 나왔다. 판사가 재판정에서 김달회에게 노동당에 어떻게 가입했느냐 묻자 반장과 이장이 하라고 해서 가입했다는 답변이 나와 판사들을 웃겼다고 한다. 김달회는 공화당 가입을 생각한 것이다.[42]

물론 진현식과 김홍로가 공작활동의 실적을 보여주기 위해 당원가입을 적극 강조했을 가능성도 있다. 남파공작원의 경우 남한 주민을 대동 월북하는 것이 매우 큰 성과로 취급된다고 한다. 다른 활동은 확인이 곤란한 경우가 많지만 직접 사람을 데리고 오는 것은 명백한 실적이기에 중요하게 여겨진다. 수사기록에도 진현식과 김홍로가 수차례에 걸쳐 입북할 것을 종용했다고 기록되어 있다. 대동 월북보다는 못하지만 노동당 가입 역시 공작활동의 중요 성과로 여겨졌기에 이를 강하게 요구했을 가능성도 있다.

1차 복귀 실패 후 8개월가량 김상회 집에 은신해 있던 진현식 일행은 1969년 8월 당의 지령에 따라 재차 육로복귀를 시도했다. 그러나 이번에도 군 병력을 만나 도주하다가 부상까지 당한 상태로 다시 김상회의 집으로 돌아오게 된다. 진항식은 다시 동생 진창식을 통해 의

약품 등을 챙겨 보내 진현식을 돌본다. 그러나 진현식의 체류가 길어지면서 가족 간 갈등이 불거졌고 여러 가지 문제가 발생하게 된다.

### 4) 복귀 실패와 김흥로의 자살

체류가 장기화하자 김상회는 아무런 연고도 없는 김흥로를 보호하는 것이 큰 부담으로 다가왔다. 위험하기도 하거니와 경제적 형편도 상당한 압박이었다. 두 사람의 성인 남성을 은신시키는 것이 부담이었던 김상회는 결국 김흥로에게 나가달라고 부탁했고 11월 초 김흥로는 단신 복귀하겠다며 출발하여 진현식 홀로 남게 된다. 그러나 김흥로 역시 복귀는 불가능했고 자신의 친척집으로 옮겨 갔다. 그런데 조장인 김흥로는 수발신 무전기를 가지고 있었지만 조원인 진현식은 수신 전용 무전기만 있어 결국 북과의 연결이 끊어지게 된다.[43]

두 사람의 분리는 공작활동의 실질적 종막을 의미한다. 무전기 사례에서 보듯 공작은 2인의 조직적 활동을 기본으로 설계되었다. 1인과 2인은 단지 산술적 차이 이상의 차이가 있다. 즉 조직이냐 아니냐의 차이인 것이다. 2인은 조직활동의 최소한의 단위이며 단신 남파와는 확연히 다른 활동을 의미한다. 조장과 조원이라는 조직적 관계가 존재했으며 이를 기반으로 한 체계적 조직활동을 염두에 둔 것이다. 그러나 각자 헤어지게 되면서 공작 조직은 와해되었고 더욱이 진현식은 북과의 통신조차 여의치 않게 되어 더 이상 공작원으로 활동하는 것이 불가능에 가까워진다.

김상회의 집을 나간 김흥로의 마지막은 비참했다. 그는 사촌 간인 김흥태 집에 은거하다가 남매간인 김순옥의 아들 이선택의 신고로 발

각되어 도주 중 자살한다. 즉 생질이 외삼촌을 신고한 것이다. 김홍로
는 김홍태 집에 은거하는 동안 큰누이 김순이, 작은누이 김순옥, 김홍
태의 누이 김채옥, 김지만 등을 만났다고 한다.[44] 진현식과 마찬가지
로 김홍로의 행동반경은 가족과 친인척을 넘지 못했다. 연고선 공작
의 한계와 문제점을 여실히 보여준다. 김홍로의 마지막을 좀 더 자세
히 살펴보자.

1970년 4월 23일 밤 1시 10분경 이선택이 순찰근무중인 역전 파출소장 경
사 장한량에게 6·25 당시 행방불명되었던 외삼촌 김홍로가 조비2리 김홍
태가에 와 있다고 신고하므로 경사 장한량은 상황실에 즉보하고 직원 2명
과 예비군 18명을 동원 김홍태가에 임하고 2시 10분경 경통과장, 정보과장
이 기동타격대원 12명을 데리고 출동함. 김홍태가를 포위하고 이선택으로
하여금 자수를 권유. 간첩 김홍로는 생각할 시간을 1시간만 주면 경찰 책
임자와 마당에서 만나겠다고 하므로 포위하고 있던 대원들이 김홍로가 나
오기를 대기 중 간첩 김홍로는 나를 경찰에 신고한 것은 너의 자의냐 그렇
지 않으면 누구의 조종을 받고 한 것이냐고 반문하고 너의 아버지가 6·25
때 어떻게 되었는지 잘 알지 않느냐. 나를 신고하면 100만원의 상여금이
나오고 나도 잘 살 수 있다는 것을 잘 알 수 있다. 그러나 경찰이 자수를 권
유하는 것은 나를 위한 것이 아니고 내 생고기를 잡아서 정보를 캐내려고
한다는 것을 내가 잘 알고 있다. 절대로 정보를 제공할 수 없다고 하자 계
속 자수를 종용한바 소지하고 있던 소련제 권총으로 우측 두부를 쏘아 자
살하게 된 것임.[45]

제1부 '삼척가족간첩단 사건'의 기원과 실상

인용문은 삼척경찰서가 작성한 김홍로 자살 과정에 대한 보고 전문이다. 김홍로는 믿고 의지할 수 있는 유일한 존재였던 혈육에 의해 신고되어 자살로 생을 마감했다. 애초 은신했던 김상회 집에서 나가 달라는 요청을 받았을 때부터 어쩌면 그의 운명이 결정되었는지도 모른다. 아니 북에서 남파되고 울진·삼척에 무장 게릴라가 침투할 때부터 일이 꼬이기 시작했다고 할 수 있다. 자신을 남파한 북한 대남공작기구 간의 협조체계 부족, 연고선 공작의 한계 등이 복합적으로 작용한 결과였다.

그는 마지막까지 자수를 거부했다. 자신을 신고한 조카를 향해 부친의 일을 언급하면서 원망을 토로하기도 했다. 전쟁 와중에 이선택의 부친이 어떠한 일을 당했는지는 분명하지 않지만 좌익활동과 관련되어 험한 꼴을 당했음을 알 수 있다. 김홍로는 자신이 살 수 있는 길이 있음도 알고 있었다. 그가 북에 가족을 두고 왔는지는 불분명하지만 '생고기'가 되어 정보를 넘길 수 없다는 결의만은 확고했다. 북에 있을지도 모르는 가족, 같이 남파된 동지 진현식 그리고 위험 속에서도 자신들을 숨겨준 진씨 일가와 김상회 일가에 대한 책임감 등이 복합적으로 작용해 그의 마지막을 결정하게 했을 것이다.

김홍로가 떠난 이후 진항식은 진현식에게 "김 선생이 복귀에 성공하면 당 중앙에서 데리러 올 것이니 조금만 참아라" 하는 말을 들었다고 한다. 김홍로가 자살한 직후인 1970년 5월에는 "조비리에서 일어난 간첩 자폭사건은 나와 같이 있던 김 선생이라고 하며 가엽다는 표정"을 지었다고도 한다.[46] 그러나 시간이 좀 더 걸리기는 했지만 진현식의 마지막도 김홍로와 큰 차이가 없었다. 공작활동의 조직적 체계가 무너진 상황에서 공작 대신 단순 은신조차 여의치 않게 된다.

### 5) 가족과 국가 사이에서

진현식의 은신이 길어지면서 그의 존재는 집안에 큰 풍파를 불러왔다. 먼저 진항식 부부 사이의 갈등과 다툼이 끊이지 않았다. 진형대는 "큰아버지(진현식_인용자 주) 때문에, 우리 집안 다 가니까 안 된다고 빨리 자수를 시키든가, 어떻게 나가게 하든가 그 부분을 가지고 다툼, 굉장히 많았어요."라고 회고했다. 진현식 모친의 입장도 상당히 곤란해졌다. 아들을 내보낼 수도 없고 며느리의 불안과 불만을 어찌할 수도 없는 곤혹스러운 입장이었다. 고부 사이도 상당한 긴장과 불안의 연속이었다.[47]

사실 진현식이 가장 오랫동안 숨어 있던 곳은 김상회의 집이다. 진현식이 김상회 집에 은신한 기간은 1969년 12월부터 1973년 3월까지 대략 4년 3개월에 걸친 장기간이었다. 진창식의 회고에 따르면 진현식과 김상회는 고종사촌 사이로 어릴 때부터 무척 친했다고 한다. 그럼에도 진현식이 김상회를 처음 만났을 때는 바로 얼굴에 권총을 들이대고 '어머니를 뵈러 내려왔으니 신고하지 말라'고 했다. 신고하면 같이 온 사람이 일가족을 몰살시킬지도 모른다는 협박도 있었다.[48]

진현식 일행으로서는 자신들의 안전을 확보하기 위해 한 일이었겠지만 김상회로서는 매우 심각한 상황임을 절감했을 것이다. 어릴 적부터 잘 알던 사촌 간이기는 했지만 간첩을 숨겨준다는 것은 개인과 가족의 안전에 심각한 위협이 되는 일임이 분명했다. 경제적 문제도 만만한 일이 아니었는데, 이는 진항식의 도움으로 그럭저럭 해결해나

갈 수 있었다. 혈육이라는 인정, 어릴 적 친분 그리고 진항식의 경제적 지원 등을 조건으로 해서 김상회는 위험을 무릅쓴다. 혹은 멀리 전쟁의 기억을 떠올리면서 자신의 인민위원회 활동과 그에 따른 고초를 반추했을지도 모른다.

진항식 일가도 그랬지만 김상회 일가 역시 남과 북 사이에 끼여 옴짝달싹 못 하게 된 형국이었다. 전쟁을 전후한 좌우 갈등으로부터 시작해 1970년대까지 20년 넘게 두 가족은 남과 북 두 개의 국가권력으로부터 혹독한 시련을 겪어야 했다. 때로는 달콤한 유혹의 손짓도 어른거렸다. 진현식이 전했다는 북한의 실상은 1960년대 힘겨운 나날을 견뎌야 했던 김상회로서는 솔깃했을지도 모른다. 물론 전쟁 당시 경험했던 인민군의 모습을 떠올리며 과장된 얘기라고 내심 무시했을 수도 있다.

어쨌든 김상회로서는 진현식과 김홍로의 얘기를 마냥 무시할 수만은 없었다. 남북을 넘나드는 간첩과 게릴라를 몸소 경험하고 있는 마당에, 당장 총구를 들이대며 위협하는 상황에서 북한의 실력(?)은 무시할 수 있는 게 아니었다. 남한의 군경을 보기 좋게 따돌리고 몇 번씩 남북을 왕래하는 진현식의 모습을 보건대 북한이 마음만 먹으면 자신과 가족을 어찌하는 것은 식은 죽 먹기로 보였다. 어찌 보면 남한 군경의 허술한 경계가 '국민'을 사지로 내몬 격이었다. 애초 남파간첩의 침투를 국가가 제대로 방어했다면 이러한 사태는 생기지도 않았다.

사실 남한의 국가가 자신에게 해준 게 별로 없다는 생각이 들었음 직하다. 국가로부터 받은 거라고는 세금 고지서와 징집영장밖에 없다는 어느 시인의 말처럼 1960년대까지 남한의 국가가 시골 농민들에게 해준 것은 별로 없었다. 게다가 김상회는 군대 보낸 장남을 잃은 크나큰 상처를 갖고 있었다. 장남 김태홍은 1967년 군 복무 중 차량 사고로 사망했다.[49] 비록 순직 연금을 받고는 있었지만 생때같은 자식을 잃은 부모의 심정은 짐작하기조차 힘들다. 전쟁 이래 국가는 두렵기 그지없는 존재였다. '국민'을 벌거벗은 생명처럼 다루는 전쟁기 국가폭력을 온몸으로 체험한 상황에서, 또 다른 국가의 간첩이 주는 공포가 겹쳐졌다.

진현식 일행을 본격적으로 숨겨주기 시작한 1968년 11월의 삼척은 한국전쟁기를 방불케 했다. 120명의 게릴라가 강원도 일대를 누비며 군경과 치열한 전투를 벌이고 있었고 집안에는 절친했던 사촌동생이 간첩이 되어 은신 중이었다. 남과 북의 승패를 알 수 없었기에 어느 치하에서 살게 될 지 가늠할 수 없었던 전쟁 당시의 막막함이 다시 엄습했을 수도 있다. 자칫하다가는 자신은 물론이고 집안 전체가 물고가 날 수도 있는 위기의 순간이었다. 생존을 위해 김상회는 어떻게든 움직여야 했다. 그의 선택은 일단 문제를 일으키지 않는 것이었다. 그것은 곧 진현식 일행을 세상에 없는 존재로 만드는 것이었다. 남이든 북이든 진현식 일행의 존재가 세상에 알려지는 것은 예측할 수 없는 풍파를 만들어낼 소지가 다분했다.

당시 시점에서 신고는 북한의 보복을 불러올 가능성이 상당히 높았다. 남한의 국가권력이 자신과 가족의 안전을 분명하게 보장할 것이란 확신은 힘들었다. 반면 북한의 능력은 매일같이 눈으로 확인하는 바였다. 차라리 북한을 건드리지 않으면서 남한을 따돌리는 것이 당장의 안전을 확보할 수 있는 최선이었다. 이는 물론 미봉이었다. 언제까지 이렇게 미봉된 상황을 유지할 수는 없을 터였다. 그렇지만 김상회로서는 남과 북 어디에도 확고하게 자신의 안전을 의탁할 수 없는 딜레마적인 상황이었고 오히려 두 국가로부터 협공을 당할 수도 있는 처지였다. 김상회는 두 개의 국가 모두로부터 일정한 거리 두기를 시도한 것처럼 보인다. 서로 경쟁하면서 자신을 공격할 수 있는 국가의 논리를 잠시 유보하고 자신만의 대응방법을 찾은 셈이었다.

그러나 하루 이틀도 아니고 4년이 넘어가자 김상회와 식구들은 큰 부담을 느끼게 된다. 이는 당연했다. 간첩을 집안에 숨겨주면서 생활한다는 것은 매일매일이 칼끝 위의 순간일 터였다. 다행히 김상회의 집이 궁벽한 산골이었기에 그나마 외부인의 시선을 덜 느낄 수는 있었지만 언제까지 그렇게 살 수는 없었다. 이에 김상회 집안에서는 이사 가는 핑계로 진현식에게 제 갈 길을 찾아가라고 설득했고 진현식은 이에 순순히 응했다.[50] 1973년 3월 중순 김상회 집안이 서울로 이주하게 되자 진현식은 재차 진항식의 집으로 옮겨 오게 된다. 진항식이 동생 진창식을 보내 데려와 헛간에 방을 만들어 10월 15일까지 은신시키게 된다.

김상회로서는 4년이 넘도록 숨겨주었기에 진현식에 대한 인간적 도리를 다 했다고 판단했음직하다. 그 이상은 무리라고 생각하고 진현식과의 인연을 정리하고자 한 것이다. 진현식이 순순히 응한 것을 보아도 김상회의 판단은 틀리지 않았다 할 것이다. 이로써 북한과 남한 사이에 낀 김상회의 괴로운 처지는 해소된 것처럼 보였다. 그러나 이 판단이 성급했음이 확인되는 데는 그리 긴 시간이 걸리지 않았다.

## 6) 지하 토굴의 삶과 진현식의 최후

남파간첩 진현식과 김흥로의 생활도 그리 쉽지 않았다. 2차 남파된 1968년 10월부터 마지막으로 진항식 집을 나선 1973년 10월까지 꼬박 5년간 진현식은 토굴생활을 지속했다. 낮에는 헛간 지하에 파놓은 토굴에 은신하고 있다가 밤이 되면 비로소 지상으로 올라오는 삶이었다. 지상이라고 해야 다락이나 윗방에 불과했다. 밤에는 북과 교신도 하고 가족들과의 관계가 이루어지기도 했지만 숨어 사는 삶이 바뀔 수는 없었다. 하루 이틀도 아니고 무려 5년간이나 이러한 은신 생활을 하는 것은 '남조선 해방을 위해 내려온 혁명가'의 모습과는 거리가 멀어 보인다.

북한도 무슨 이유에서였는지 은신한 지 2개월이 지난 무렵 교신을 중단하라고 지시했다.[51] 무선 감청을 우려한 것인지 아니면 다른 이유가 있었는지는 불분명하다. 당 중앙의 이러한 방침은 안전을 위한 고육지책이었다고 해도 파견된 간첩의 입장에서는 야속하기 그지없는 일이었다. 당과의 연락이 끊긴 채 어두컴컴한 지하 토굴에 갇힌 신세가 된 혁명가란 도대체 무엇인가. 어쨌든 북과의 교신도 차단된 상황에서 정치공작은커녕 토굴 속에서 하루 종일 아무 일도 안하고 버텨야 되는 상황이 만만치 않았을 것은 충분히 짐작이 간다. 게다가 김흥로가 떠나 자살한 이후 홀로 남겨진 진현식은 이 무료한 시간을 혼자 버텨야 했다.

공작활동이란 고작 김상회와 진항식 가족들을 대상으로 한 '교양(?) 사업, 버스 한 번 타면 뻔히 보이는 군 초소 파악이나 누구나 다 아는 군부대 위치를 보고받는 것이었다. 대문 밖은 고사하고 토굴조차 벗어나기 힘든 상황 속에서 애당초 혁명사업은 무리였다. 김상회 나 진항식 모두 생업에 바쁜 처지에, 사상적 신념도 없는 마당에 오로 지 형제와 친척이라는 이유만으로 대단한 위험을 감수하고 있는 상황 에서 정치활동을 전개한다는 것 역시 거의 불가능한 일이었다. 공작 금이라고 제공된 돈 역시 진현식의 생활비로 쓰기에도 부족할 판이었 다. 요컨대 공안당국이 거창하게 말한 지하공작이란 실상 시하토굴의 삶에 불과했다.

결국 지하토굴의 삶도 끝내야 될 시점이 도래한다. 다시 진현식의 집으로 돌아온 이후 가족들의 스트레스와 불안감은 더욱 증폭된다. 진창식은 1969년 입대해 베트남 파병에 지원해 2년간 복무하고 귀국 하여 진현식의 뒷얘기를 듣게 된다. 그는 군에 가면서도 불안감을 떨쳐 버리지 못했다고 한다.[52] 특히 진현식이 집을 떠나기 직전인 1973년 9~10월에는 가족들의 항의가 거세게 터져 나오게 된다. 당시 상황 은 관련자들의 피의자 신문조서 여러 곳에 기록되어 있는데 약간씩 다 르다.

먼저 진윤식의 신문조서를 보자. 음력 8월 16일 부친 제삿날에 진 항식의 둘째 아들 진형수는 돈 문제로 모친과 언쟁을 하다가 "신고만 하면 몇백만 원 생기고 다 해결될 터"라고 말했다고 한다. 이에 진윤 식은 형 항식에게 현식의 행방을 묻게 되었고 지금 집에 있으며 부상 과 기관지염으로 며칠 못 살 것 같으니 천명으로 죽을 때까지 기다려 보자는 대답을 듣게 된다. 그러나 진윤식이 신고하자고 하여 그날 밤 에 자결할 각오로 입북한다고 떠났다는 것이다.[53]

다음은 진항식의 신문조서에 기록된 내용이다. 1973년 10월 음력으로 8월 16일 모친 생일을 맞아 찾아온 동생 진윤식이 진현식의 은신을 알아채고 단안을 내리라고 흥분하자 그렇게 하겠다고 진정시켜 돌려보내고 모친과 이 문제를 논의했다. 결국 진항식은 진현식에게 "형님이 계속 있으면 가족에게 영향력이 있으니 오늘 안으로 은신처를 옮겨달라"고 말한다. 이에 진현식은 "내가 더 이상 있고 싶어도 있을 수 없으니 오늘밤 출발하겠다"고 말하고 밤 10시경 동생과 조카의 부축을 받으며 태백산맥 방향으로 출발했다.[54]

두 사람의 신문조서 내용은 모친 생일과 부친 제삿날이 혼동되어 있기도 하고 진형수가 일으킨 소동에 대한 기록도 차이가 난다. 어쨌든 진윤식이 진현식의 은신에 대해 강한 불만을 표출한 것만은 분명해 보인다. 이것이 진현식이 집을 떠나기로 결심한 중요한 요인이었다. 이 무렵 진현식의 몸 상태는 매우 안 좋았다. 진창식의 기억에 따르면 진현식은 다친 다리 치료도 제대로 못 하고 숨어만 있었기에 기력이 많이 쇠약해진 상황에서 골수염까지 앓게 되어 버티기 힘든 상황까지 내몰렸다고 한다. 진현식은 모친에게 1주일 치 미숫가루를 만들어달라 해놓고 두 끼 분량만 챙겨 집을 나섰다. 모친은 아들이 죽으러 간 것 같다고 했다.[55]

이로써 1965년 1차 남파로부터 8년, 2차 남파 후 장기 은신 5년 만에 진현식은 태백산맥의 가을 속으로 사라졌다. 진현식의 최후가 어떠했는지는 전혀 알려지지 않았다. 경찰 수사기록이나 관련자들의 증언 어디에도 그의 최후에 대한 단서조차 없다. 한국전쟁 이후 남과 북에 걸쳐 있던 그의 23년간의 삶이 흔적조차 없이 사라졌다. 북에서 그를 어떻게 기억하고 있는지는 알 수 없지만, 남에서 그는 단지 남파간첩일 뿐이다. 자기 자신은 물론이고 형제와 친인척에게도 모진 고통을 남긴 채 남과 북 사이 날카롭게 찢어진 틈새로 사라진 것이다.

남겨진 진항식·김상회 일가는 이렇게 모든 사태가 끝날 것으로 여겼던 듯하다. 가장 강경한 입장이었던 진원식도 이미 죽은 사람을 신고할 필요는 없을 것으로 생각했다. 피붙이를 사지로 내몬 듯하여 마음들이 편치 않았을 테지만 산 사람은 또 살아야 하는 게 삶이었다. 어차피 만신창이가 된 몸이기에 오래 살 수도 없었을 것이라는 생각도 들었음직하다. 5년이나 숨겨주었으니 할 수 있는 일은 다 한 셈이었다.

당시 박정희는 유신을 선포하고 유례없는 공안통치를 펼치고 있었다. 새마을운동으로 공무원들이 매일같이 마을을 들쑤시고 다닐 때이기도 했다. 밀주 단속, 산림 단속으로 면서기들이 하루가 멀다 하고 부엌과 나뭇간을 훑고 다닐 때였다. 수틀리면 한 마을 사람이라도 지서나 면사무소에 슬쩍 귀띔하는 것도 가능한 시절이었다. 전쟁 당시 좌익이네 우익이네 손가락 총질로 숱한 생령들이 물고가 나던 경험도 생생했을 터였다. 그러니 5년의 시간은 어쩌면 지옥과도 같았다. 이제 모든 일이 끝났다고 생각하고 있을 때 또다시 느닷없이 북의 공작원이 찾아온다.

### 7) 3~4차 남파와 통혁당 결성 혐의

진현식이 사라지고 난 지 1년이 채 안 된 1974년 7월 16일 밤 11시경 사랑방에서 취침 중이던 진항식은 50대의 남파간첩 두 명의 방문을 받게 된다. 이들은 진현식을 데리러 왔다며 그의 행방을 물었고 진항식은 이미 1년 전에 복귀한다고 갔는데 소식이 일절 없다고 대답했다. 그들은 "아까운 사람이 없어졌다"고 하며 앞으로 소식이 있어 무전보고를 하면 즉각 구출하겠다는 말을 남기고 두 시간 만에 돌아갔다. 경찰은 이들로부터 진항식이 무전기와 난수표 그리고 공작금 50만 원을 수령했다고 기록했다. 공작금은 모친 치료비 5만 원, 가족 생계비 43만 원 등으로 소비했다고도 했다.[56]

진현식이 사라진 이후에도 모든 일이 종료된 게 아님이 분명해졌다. 두 시간 만에 돌아가기는 했지만 진현식의 1차 남파도 그랬었기에 다시 올 수 있다는 예상이 가능했다. 예상대로 그들은 다시 왔다. 4차는 3차 남파로부터 1년이 안 된 1975년 4월 10일 밤 12시였다. 이번에는 금방 돌아가지 않았다. 진현식이 그랬던 것처럼 4차 남파된 공작원들도 할 일이 있으니 당분간 은신처를 마련해달라고 요구했다. 사실상의 명령이었다.

이 상황에 대한 진창식의 기억은 다음과 같다. 1974년 북에서 공작원들이 내려와 진현식의 행방을 물었다. 그들은 진현식을 어디에 숨겼느냐고 협박하다시피 캐물었다고 하며 혹시 돌아오면 보호하라고 말하고 돌아갔다. 그러나 이듬해 다시 내려온 공작원들은 김상회 집에 오래 있었으니 거기에 있을지 모른다고 하며 직접 만나게 해달라고 했다. 이에 진항식이 김상회를 데려오겠다고 서울 성동구에 살고 있던 집을 찾아갔다. 롤러스케이트장을 운영하던 김상회는 바쁜 일 때문에 대신 아들 김태룡을 보내 만나게 했다. 공안당국은 이를 통혁당 강원도당 결성 과정이라고 보았다.[57]

〈의견서〉에 나타난 통혁당 결성 과정을 살펴보자. 남파된 55세가량의 김 모와 48세가량의 이 모 등 두 명의 공작원은 통일혁명당 조직 이야기를 꺼냈다. 이들은 간부 두 명이 필요하다고 하면서 김태룡 말고 동생 중에 한 명을 지정하라고 하여 진항식은 진창식을 추천했다. 서울에 가면 맹서문을 쓸 분홍색 비단 또는 나일론 3마 정도를 구입하라는 지시도 있었다. 지시대로 진창식은 서울로 가 김태룡과 김상회를 만나 공작금 25만 원을 전해주고 김태룡을 데려온다. 진창식을 만나 공작금 8만 원을 전해주고 집으로 오라고도 했다. 그러나 진창식은 회사 일 때문에 다음 날 오기로 한다.

결국 진창식이 불참한 상태에서 남파간첩 두 명과 진항식, 김태룡 등 4인이 회합하여 조장 사회로 노동당 현지입당을 선서하고 당증번호로 진항식은 청옥산 501호, 김태룡은 청옥산 502호, 진창식은 청옥산 503호 등을 부여받는다. 남파된 간첩 조장이 통혁당 강원도당 결성 방법을 묻자 진항식이 지명제로 하자고 하여 위원장 진항식, 부위원장 김태룡, 진창식 등으로 선출지명하고 통혁당 지하당원의 의무 12개 항(소책자)을 낭독함으로써 조직결성을 마쳤다는 것이다.

이후 조장은 수령에게 보내는 맹서문을 작성해야 된다고 하면서 진항식과 김태룡에게 초안을 작성하라고 지시했다. 그러나 두 사람이 약 1시간 동안 초안을 구상했으나 결국 불가능했고 이에 조장이 미리 준비한 "위대한 수령 김일성 동지에게 보내는 맹서문"(74. 4. 15.)을 제시했다. 이 맹서문의 날짜가 74년으로 되어 있었기에 이를 75년으로 수정하여 분홍색 나일론 천에 옮겨 적었다고 한다. 이어 다음 날 뒤늦게 도착한 진창식을 입당시키고 통혁당 결성을 마치게 된다. 또한 지하당 결성 방법으로 친목계 또는 동창회 조직, 국군 및 기관 침투공

작, 노조 침투공작 등을 기획했다고 한다.[58]

관련자들의 신문조서나 진술서가 내용상 〈의견서〉와 동일한 것으로 보아 경찰이 통혁당 결성 혐의에 상당한 공을 들인 흔적이 역력했다. 단순한 간첩방조나 불고지를 넘어 적극적인 활동을 보여주는 데 조직결성만 한 것이 없기 때문이다. 이른바 '반국가단체' 결성 혐의는 국가보안법의 핵심 중 핵심이다. 수사기록을 보면 통혁당 결성은 남파간첩들이 제안하고 주도한 것으로 되어 있다. 통혁당 결성을 이유로 서울로 이주한 김상회와 김태룡을 호출한 것은 사실로 보인다. 김태룡도 남파된 두 명의 간첩을 만나고 무언가를 받은 것도 사실이라고 했다. 그러나 반국가단체 구성 모의는 조작이라고 분명하게 진술했다.[59]

진창식 역시 자신이 참석하지도 않은 모임에서 통혁당에 가입시켰다는 사실을 듣고 항의하자 진항식은 "우리도 하지 않으려고 했으나 빨리 보내려고 그랬다면서 하지 않으면 그만이니 걱정할 필요 없다"고 했다.[60] 진실화해위원회 조사관들에게는 경찰의 구타와 고문에 못 이겨 자백했다고 진술했다.[61] 진항식은 서울고법 2차 공판(1980. 4. 3.)에서 "통혁당 강원도 지도부 선출 현장에 진창식이 없었으며 통일혁명당이라는 것이 존재하는지도 모르고 간첩이 시키는 대로 강원도 지부를 조직한 것으로 허구의 단체에 불과하다"고 진술했다. 그는 항소이유서에서도 비슷한 진술을 반복했다.[62]

흥미로운 것은 사건 수사를 담당했던 수사관 중 한 명이 통혁당 얘기는 금시초문이며 이 사건은 통혁당과 다른 사건이라고 밝혔다는 점이다.[63] 또 하나 의문스러운 것은 1969년 조사 내용에 통혁당이 언급

된다는 점이다. 김태룡의 신문조서에 따르면 1969년 8월 복귀 의사를 밝힌 진현식이 십자수를 요구했는데, 그 작성 주체가 통일혁명당 강원도위원회로 되어 있다.[64] 1969년이면 아직 통혁당 결성 이야기가 나오지 않았을 때이다. 이 기록 말고는 당시 통혁당 관련 수사기록은 없다.

이처럼 통혁당 결성 혐의는 여러 의문점을 남긴다. 남파간첩이 통혁당 결성을 시도한 것은 사실로 보이지만 그 내용은 허술하기 그지 없다. 즉 관련자들이 적극적으로 참여했다기보다는 진항식의 말처럼 남파간첩을 '빨리 보내기 위해' 억지로 동의해준 것에 가깝다. 맹서문을 작성하다가 실패한 것에서 보이듯이 진항식과 김태룡 두 사람은 사상적, 이념적으로 전혀 준비된 상태가 아니었다. 이는 확신과 신념을 가지고 조직을 결성하고 적극적으로 활동한 남민전과 대비되는 모습이다. 또한 미리 맹서문을 준비한 것에서 보이듯이 남파된 간첩들의 주요 목표가 통혁당 결성이었다고 보이며 이는 북한의 대남 공작 기구들이 종종 보여주는 실적주의의 연장선상에 있었다고 하겠다.

사실 이 사건과 관련해 북한의 대남공작은 이해하기 힘든 점투성이다. 진현식의 남파와 함께 무장 게릴라가 투입되는 엇박자는 물론이고 진현식의 복귀 실패 후 무려 6년이 지나서야 구출조가 투입된다는 점도 이해하기 곤란하다. 김홍로가 자살한 이후 수신전용 무전기만 휴대한 진현식은 북한과의 연락이 불가능한 상황이었다. 즉 사고가 발생한 상황임이 분명했지만 6년간 별다른 반응을 보이지 않다가 1974년이 되어서야 갑자기 구출조를 투입한 것이다.

거창하게 통혁당 강원도당까지 결성했다고 했지만 그 활동상은 여전히 보잘것없거나 별다른 의미를 찾기 힘들었다. 진항식의 활동으로 제시된 것은 '여행계 등 모임 가입, 포섭을 위한 주연 제공과 무료 치료' 등으로 농촌의 일상생활에 불과했다. 포섭공작은 간첩의 활동이라고 보기에는 너무 어설프고 서툴렀다. 예컨대 진항식은 동생 창식에게 진충식과 같이 교원생활을 하다가 의용군으로 입대 월북한 사람의 아들을 보고 '우리 형편과 같은 처지'이니 접촉 포섭하라는 지시를 했다고 한다. 그러나 진창식은 '친한 사이이기에 위험한 일에 끌어들이기 싫어 포섭하지 않았다'고 한다.[65] 진항식의 군 침투공작으로 적시된 것은 자신의 임야에 위치한 초소 초병들과 돼지 사료로 쓸 잔반을 얻는 등의 핑계로 수시 접촉하여 부식 및 공구 제공, 체신전화 무료 사용 등으로 선심을 얻기 위해 노력했다는 것이다.

수사기록에 나타난 김태룡의 활동도 어이없어 보인다. 그는 포섭과 정보기관 침투 목적으로 중앙정보부에 근무 중인 외사촌을 찾아가 취직을 부탁하고 포섭하고자 했다. 그러나 외사촌은 여호와의 증인 신도였기에 정치나 사상 관계 대화를 나눌 수 있는 여지가 없었고 취직 역시 서류를 제출했으나 실패한다.[66] 치밀하거나 주도면밀한 모습은 거의 보이지 않고 일상적 생활과 교류관계를 간첩행위처럼 포장한 것처럼 읽힌다. 통혁당 활동으로 적시된 것은 아니지만 김상회의 경우 김흥로가 신분증명서를 요구했으나 주민등록증을 구할 방법이 없다고 응하지 않았다고 한다.[67] 주민등록증 하나 구할 수 없는 간첩인 셈이었다.

통혁당이라는 거창한 지하 혁명조직은 북의 대남 공작기구나 남의 공안기구에게는 매우 중요하게 취급되었다. 북한의 남파공작원은 집요하게 통혁당 강원도당 결성을 요구했고 남한의 수사당국 역시 그것을 가장 핵심적인 간첩혐의로 몰아갔다. 그러나 정작 통혁당 강원도당의 주역들은 맹서문 하나 작성할 수 없었다. 목숨이 걸린 지하활동을 한다는 사람들이 간단한 맹서문 하나 작성할 수 없었다는 어처구니없는 상황이었다.

통혁당 결성 이후의 활동은 더욱 부실했다. 그전에 했다는 삐라 제작과 살포도 없었고 설득력이 없다고 판단했는지 학생운동 배후 조종 운운하는 내용도 빠졌다. 이 역시 혜성대와 전위대를 통해 재벌 회장 집 강탈을 시도하거나 서울 시내 한복판에서 수많은 유인물을 살포했던 남민전의 활동과 대비된다. 남민전은 전국 각지에 걸쳐 80명이 넘는 활동가를 포섭했던 반면에 강원도 통혁당은 마을 사람들에게 술과 음식을 사주는 게 고작이었다. 가족과 친인척 외에 단 한 명도 포섭하지 못한 이 무능하기 그지없던 지하당 조직원들을 정작 혁명전사로 만들어준 것은 다름 아닌 남과 북의 국가권력이었다. 북한이 만들어준 통혁당을 남한이 처단함으로써 남북합작 지하 혁명당이 탄생한 셈이었다.

제3장

# 끝나지 않은 비극

 

간첩사건은 통상적으로 사법 재판을 통해 마무리된다. 근대 사회는 법치를 강조하는데, 만인에게 평등하고 공평한 법에 의한 지배가 국가이성의 합리적 통치를 보장하는 최상의 장치임을 강조한다. 인간의 주관적 한계와 자의적 통치, 즉 인치의 불합리를 극복한 대안이 곧 법치라는 것이다. 이를 위해 3권 분립이 근대국가의 금과옥조가 된다. 그러나 유신체제는 3권의 분립 대신 일체화를 이루어냈고 법치는 인치의 연장선에 머물렀으며 국가이성은 권력자의 주관적 위기감 또는 '구국의 결단'으로 대체되었다.

그렇기에 흔히들 사법처리 과정은 요식행위라는 비판의 대상일 수밖에 없었다. 공안기구의 업무처리와 권력의 정치적 판단이 곧 사법처리의 구체적 내용을 사실상 결정지었던 셈이다. 삼척 사건의 경우도 예외가 아니었다. 경찰의 모든 사건 수사가 종료되고 검찰로 이관된 뒤에도 사정은 전혀 달라지지 않았다. 검찰 역시 경찰의 수사기록을 그대로 인정하고 사법처리의 형식 절차만 관장했다. 검찰 조사과정에서 피의자들이 수사결과를 부인하자 경찰 수사팀을 보고 검사가 내뱉은 말은 "조사 이 따위로 할 거냐"였다. 검찰의 주문이 가혹한 재조사로 이어졌음은 물론이다.[1]

주지하듯이 당시 공안사건의 경우 중앙정보부나 경찰, 보안사가 주도했고 검찰은 그 사법행정을 담당할 뿐이었다. 그러나 그렇다고 해서 검찰의 책임이 덜해지는 것은 아니다. 기소 독점권 등을 통해 막강한 사법권력을 장악한 검찰은 그만큼 사법과정의 공정성과 피의자 인권보호에 막중한 책임을 지고 있다. 그럼에도 검찰은 공안기구와 권력의 시녀 역할에서 한 치도 벗어나지 않는 행태를 보여주었다. 요컨대 권한은 마음껏 누리면서 책임은 회피하는 기회주의적 태도로 일관했다.

이 사건에서도 검찰의 공소장은 경찰 수사기록을 복사하듯이 반복했다. 앞서 보았듯이 고문피해를 호소하는 피의자에게 오히려 한술 더 떠 가혹한 재수사를 주문하기도 했다. 검사는 진형대에게 경찰 수사기록을 부인하면 부친이 사형당한다는 거짓의 협박도 서슴지 않았다. 경찰 수사기록을 부인하는 피의자들에게 검찰 수사관은 직접 무지막지한 폭력을 행사하기도 했다.[2] 더러운 작업을 경찰에 떠넘기고 최종 판결 책임은 법원에 미루면서 검찰 권력은 일종의 사법적 기생충 역할을 한 셈이었다.

검찰 자체도 공안기구에 포함되겠지만, 사실 중정, 보안사 등의 공안기구들이 제멋대로 수사권을 행사하고 각종 고문과 인권침해를 자행한 것은 검찰의 기회주의적 행태를 조건으로 한 것이기도 했다. 공안기구들의 수사를 감독 지휘해야 될 책임이 있는 검찰이 그것을 방조하고 편승하기까지 했기에 공안기구에 대한 견제 장치는 없는 것이나 마찬가지였다. 공안기구들 사이의 상호견제 대신 이권다툼이나 충성경쟁, 조직 이기주의가 난무했을 뿐이었다.

검찰의 행태는 2016년 재심과정에서도 그대로 반복되었다. 민주화 이후 이른바 '87년 체제'의 최대 수혜자 중 하나가 검찰일 것이다. 과거 무소불위 권력을 휘두르던 공안기구들의 힘이 약화되면서 상대적으로 검찰의 권한과 위상이 비대해졌기 때문이다. 그럼에도 재심과정에서 검찰은 과거 구형을 그대로 반복했다. 수십 년 전 유신체제와 신군부 치하에서 진행된 검찰의 논고와 구형을 민주화된 21세기 법정에서도 그대로 반복했다.

특히 2016년 김태룡, 진창식, 진형대 등에 대한 2심 과정에서는 시일을 길게 끌면서 재심청구자들의 애를 태웠다. 권력의 눈치를 보고 정치 상황을 곁눈질하면서 사건의 실체에는 관심조차 없는 듯했다. 재심 2심을 맡은 판사들은 과거의 잘못된 판결과 그에 따른 피해에 대해 정중하게 사과하고 무죄를 선고했다. 그러나 검찰은 시일을 끌게 된 것에 대해 사과까지 했으면서도 다시 대법원에 항고했다. 김순자 등이 2013년 먼저 재심을 받아 대법원에서 최종 무죄판결이 난 상황에서 진행된 2차 재심이었음에도 검찰의 태도는 전혀 변화가 없었다.

1979년 재판은 요식행위의 마지막을 장식했다. 경찰 수사기록과 거의 차이가 없는 내용으로 판결문이 작성되었고 검찰의 구형을 그대로 반복한 판결이 나왔다. 재판에서 주요 피고인들은 간첩 혐의를 적극 부인했다. 김상회와 김달회는 군사기밀 탐지 혐의를 부인했고 진창식 역시 노동당 가입과 통혁당 부위원장 이야기는 경찰 조사에서 처음 들었다고도 했다. 군사기밀 탐지에 대해서는 모든 피고인이 일상적으로 눈에 띄는 것을 경찰들이 묻기에 별 생각 없이 진술했는데 이것을 기밀 탐지하여 간첩에게 보고한 것으로 둔갑시켰다고 했다. 회합 통신의 혐의도 진창식은 진현식에게 약과 생선을 한 번 가져다준 적이 있기는 했지만 대화조차 없이 바로 나왔다고 했다. 자금 수수 역시 진창식은 베트남에서 송금한 돈을 받았던 진항식이 그것을 갚는 차원에서 제공한 것이라 했다.[3]

진형대는 수사과정에서 혐의를 시인해야 부친이 사형당하지 않는다는 협박에 굴복하여 재판과정 내내 그 생각만 했다고 한다. 즉 자신이 혐의를 시인하는 것만이 부친을 살릴 수 있는 길이라고 생각하여 검찰의 기소 내용을 그대로 인정했다. 재판과정에 나타난 경찰과 검찰의 공소유지 전술은 수사기록보다는 피의자들에 대한 협박과 공갈에 의존했다. 이는 역으로 검경이 공소유지에 문제가 없을 정도의 신뢰도 높은 수사기록을 생산하지 못했음을 스스로 인정한 꼴이었다. 그러나 어떻게 대응하든 아무 소용이 없었다.

재판정에서는 직접 고문했던 수사관들이 방청석에서 빤히 지켜보고 있었고 공판장에서 허튼소리 하면 죽는다는 협박이 있었음은 물론이다. 1심부터 대법원까지 판결내용이 검찰 공소장과 똑같았다. 심지어 오탈자까지 동일했다.[4] 근대국가의 자랑으로 내세우는 3권 분립과 정교한 사법장치들은 거의 작동하지 않았다. 근대국가가 강조해 마지 않는 인민주권의 원칙은 고사하고 최소한의 인권과 방어권조차 인정되지 않았다.

2014년 재심 1심을 담당한 춘천지방법원 제2형사부 판사들은 최종 판결에서 피해자들에게 정중하게 사과했다. "피고인들게 육체적 정신적 피해를 준 점에 대해 심심한 위로의 말씀을 드립니다. 인권보장의 최후의 보루가 되어야 할 사법부의 잘못으로 형언하기 어려운 일을 당한 점에 대해 사법부의 구성원인 우리 재판부가 사과를 드립니다." 사과와 함께 재판부는 피해자들에게 90도로 허리를 숙여 인사했다. 검찰과 달리 재심 법원은 피해자들에게 최소한의 도리를 다했다.

그러나 국가는 늘 그렇게 모순투성이였다. 삶을 관리하는 권력이자 죽음을 부과하는 권력이기도 했다. 유신체제 역시 새마을운동을 통해 '잘살아 보자'고 선동하면서 간첩사건을 통해 무고한 사람들에게 죽음을 선고하는 권력이기도 했다. 국가는 자신이 장악한 생사여탈권을 지속적으로 반복해서 보여주어야 한다. 생산적이면서도 순종적인 국민을 만들어내는 데 있어 리바이어던의 폭력은 필수불가결하다. 국가-권력은 완벽한 지배질서를 꿈꾸지만 그것은 늘 불가능한 기획이다. 지배가 완벽해 보이는 순간 늘 예상치 못한 저항들이 솟구치곤 했던 것이 역사다. 국가-권력의 지배는 잠재적, 현재적 예외상황의 지속이다.

사건 피해자들은 국가-권력의 직접적 피해자들임이 분명하다. 이 사건의 실체를 한마디로 요약하자면 '남파공작원에 대한 피해자들의 인간적 대응'이라고 할 수 있다. '인간적 대응'이 무엇인지 간단하게 설명하기는 힘들지만, 이 사건에서는 혈연을 비롯해 다양한 사회적 관계로 얽힌 주체들 간의 복합작용이라 할 수 있다. 부모-자식, 형제, 친척 등 사건 관련자들의 혈연관계도 복잡하고 개별 주체들의 인식과 판단도 여러 층위로 나뉜다. 어쨌든 국가-권력은 이 모든 복잡계를 간첩행위 하나로 단순화하고 그에 따른 처벌을 부과했다. 이러한 도식화와 단순화, 폭력과 몰인정이 곧 국가이성이 추구하는 투명하고 합리적인 사회의 얼개를 이룰 것이다. 그렇기에 국가는 사회로부터 기원하지만 사회로부터 소외된 권력이지 않을 수 없다.

사건 관련자 피의자 신문조서의 마지막은 늘 비슷한 말로 끝난다. 김상회의 마지막은 "자수하지 않은 것을 깊이 후회하며 앞으로 벌을 받은 후 대한민국에 충성을 다할 것을 맹세합니다"이다. 다른 관련자들의 말도 잘못을 깊이 뉘우치며 관대한 처분을 구하고 향후 충성을 맹세한다는 내용으로 일관한다. 공안기구 피의자 신문의 상투어구일 텐데, 국가를 처벌과 관용의 주체로 재현하면서 피의자에 대한 완벽한 복종을 반복하게 만든다.

그럼에도 김상회는 살아남을 수 없었다. 가장 긴 반성문을 써낸 통혁당의 김질락도 살아남지 못했음을 생각하면 그리 이상하지 않을지도 모른다. 그러나 김질락은 자신의 이념에 따라 치열하게 혁명운동을 전개했고 심지어 북한을 갔다 오기도 했던 데 비해 김상회는 고작 쫓기고 있던 사촌 동생을 숨겨주고 도와준 데 불과했다. 진항식이나 다른 관련자들도 마찬가지였다. 그럼에도 두 사람은 모두 형장의 이슬로 사라졌다. 권력의 입장에서 두 사람은 모두 동일한 간첩이었다. 간첩은 그런 것이다. 한 사람이 온 우주와도 같다는 말은 여기서 멈춘다. 모든 소가 까맣게 보이는 암흑처럼 국가-권력에게 모든 간첩은

제1부 '삼척가족간첩단 사건'의 기원과 실상

동일하다.

비슷한 시기에 불거진 남민전 사건은 여러모로 삼척 사건과 비교된다. 무엇보다 남민전은 그 운동의 역사적 맥락이 뚜렷했다. 남민전의 핵심 지도자였던 이재문은 4·19 이후 조직된 혁신계 정당 사회당과 통일민주청년동맹(이하 통민청)을 통해 본격적 정치활동에 뛰어들었고 1964년 1차 인혁당으로 수감생활을 한 이후 1974년 제2차 인혁당 사건으로 수배 중 남민전을 조직한다.[5] 사형선고를 받고 처형된 신향식 역시 전쟁 당시 국민학생 나이에 전남 고흥군 인민위원회 급사활동을 했다. 이후 1968년 통혁당 관련자로 수감생활을 했으며 1972년 출소 후 이재문과 함께 남민전을 조직하고 중심적 지도자가 된다.[6] 또 다른 핵심 인물 김병권은 1968년 해방전략당 관련자였고 김세원은 전쟁 당시 빨치산 활동 이후 지속적인 좌파 정치활동을 전개했으며 4·19 이후 사회당 활동을 통해 이재문과 연결되어 남민전에 참여하게 된다.[7]

1974년 사건화된 민청학련과 2차 인혁당 사건의 주요 관련자들인 도예종, 이수병, 우동읍(우홍선) 등도 통민청, 민주민족청년동맹(이하 민민청), 민족자주통일협의회(이하 민자통), 사회당 등의 활동을 통해 김세원, 이재문 등과 동지적 관계를 맺게 된다. 요컨대 남민전은 1960년대 이후 한국 좌파 정치활동의 연장선상에서 만들어진 1970년대 최대 지하 혁명운동 단체였다. 즉 해방 이후 좌파활동의 맥을 이으면서 4·19혁명의 세례 속에 재활성화된 혁신계 정치운동을 배경으로 사회당, 민민청, 통민청, 민자통 활동을 거쳐 1차 인혁당, 통혁당, 해방전략당, 2차 인혁당, 민청학련으로 이어지는 변혁운동의 직접적 계승자였다. 이는 이재문이 만든 남민전의 깃발이 2차 인혁당 사건으로 사형당한 사람들의 속옷을 모아 만들어졌다는 것만 보아도 알 수 있다.

김세원과 우동읍, 이수병, 서도원 등은 1970년대 초반 경락연구회를 만드는데, 이 조직은 "형식도 갖추지 않고 물증도 남기지 않는 점조직 방식"이었다.[8] 경락연구회는 공안당국에 의해 2차 인혁당 사건으로 둔갑되어 결정적 타격을 입었다. 탄압에 대비하여 철저하게 비조직적으로 움직였음에도 결국 비극적 결말을 피할 수 없었다. 이에 이재문은 큰 충격을 받고 2차 인혁당은 "조직(형식)이 없어도 죽었고 관련이 없어도 수배되었다. 무고하게 죽고 쫓기느니 차라리 강력한 투쟁조직을 갖고 싸우다가 죽는 것이 좋다고 판단"하게 된다.[9]

특히 남민전 결성에서 주목되는 것은 민청학련 사건으로 확인되듯이 새롭게 변혁운동에 투신하게 되는 대학생과 청년 등 새로운 세대와 좌파 정치활동이 조직적으로 연결된다는 점이었다. 이재오, 차성환, 김남주, 이강, 이학영 등은 새로운 세대의 운동가들이었고 이들이 전쟁 때부터 활동을 시작한 세대와 결합됨으로써 현대사를 관통하는 조직적 결집체를 구성하게 된 것이다. 이렇듯 남민전의 인원 구성은 대체적으로 지식인 중심이었다. 대학을 나온 지식인들이 주축을 이루었고 이론과 사상 면에서도 정교하고 논리적이었다.

남민전의 지향과 사상 역시 변혁운동의 문법을 충실하게 반영했다. 남한을 신식민지로 파악하여 반제 민족해방과 반파쇼 민주화를 핵심 과제로 제시했다. 즉 남민전은 "미일 외세와 (신)식민지적 예속 하의 한국민중 간의 모순"을 한국사회의 기본적인 모순으로 파악하고 있었으며, "유신 군사독재 정권과 민중 간의 모순"을 한국사회의 주요한 모순으로 파악했다.[10] 마오쩌둥의 모순론을 반영한 것으로 보이는 이러한 인식은 1980년대로 이어진다. 운동의 기본 화두를 계급과 민족으로 설정하고 그 길항관계를 둘러싼 인식론적 대립이 1980년대 운동의 주된 구도였다.

이러한 구도하에서 북한과의 관계설정 문제는 핵심적 쟁점이었는데, 그것은 당시 지하운동의 불가피한 존재조건이기도 했다. 김세원의 증언에 따르면 "1960년대에는 남한의 운동을 직접 지도하기 위해 북에서 많은 공작원이 내려왔"다고 하며 이것이 "남한의 운동가들을 매우 위축시켰고 따라서 실패했다"고 평가했다.[11] 이 문제는 남민전도 피해 갈 수 없었다. 남민전은 북한과의 관계에 많은 고심을 했지만 또한 북한과 대등한 관계를 추구했다. 즉 자신들이 "북한의 지시에 의한 남한의 혁명세력이 아니고 남한 출신의 자주적 혁명단체"임을 분명히 했다. 따라서 "남민전과 북한의 대표가 대등한 입장에서 접촉"할 것을 강조했다.[12]

북한의 입장 역시 일정한 변화가 있었다. 1960년대 말 대대적인 군사적 공세 이후 대남공작 분야에 대한 숙청이 단행되었고 1970년대 초 김일성은 "남조선 혁명은 남조선 인민의 손으로"라는 점을 강조하기 시작했다. 이는 그만큼 남북한의 차이가 심화되었기 때문이기도 했다. 분단 이후 25년 이상의 시간이 흐르면서 남북의 이질화는 상당한 정도로 진행되었고 특히 산업화에 따른 남한의 변화양상을 북한이 제대로 파악하는 것은 곤란했다.

이렇듯 삼척 사건과 남민전 사건은 상당히 다른 양상이었음에도 사법처리 수준은 비슷했다. 사형 판결을 받은 사람은 두 사건 모두 2명이었고 실제 집행되었다.[13] 오히려 삼척 사건의 사법처리가 더 가혹했다고도 보이는데, 남민전 관련자들은 1988년 모두 석방되었음에도 삼척 사건 관련자들은 포함되지 못했다. 1심에서 사형 선고를 받고 2심에서 무기로 감형된 안재구를 비롯해 관련자 모두 1988년에 석방된 남민전에 비해 삼척 사건의 무기수 2명은 11년이나 더 수형생활을 하고 1999년에 가서야 석방된다. 사건의 비중이나 활동내용, 관련자들의 사상과 신념 등을 보건대 삼척 사건은 남민전 사건에 비할 바가 아니었다. 그럼에도 더 가혹한 처벌 대상이 된 이유는 무엇일까.

눈에 띄는 차이는 북한에서 남파된 간첩과의 직접적 연계 부분이다. 삼척 사건의 유일한 계기는 남파간첩 진현식의 존재였고 남민전의 경우 여러 경로로 북한과 연계되기는 했지만 직접적 결합은 없었다. 그러나 활동내용을 비교해보면 겉으로 드러난 차이는 아무것도 아님을 알 수 있다. 더 중요한 차이는 관련자들의 사회적 위치라고 하겠다. 세계적인 수학자를 비롯해 시인, 교사, 대기업 직원 등 상당한 사회적 지위를 가진 사람들이 많았고 또 대부분 대학을 나온 인텔리들이었다. 따라서 석방운동도 활발했다. 이들은 사상범 또는 '양심수'로 불리면서 사회운동 진영에서 적극적으로 석방운동을 전개했다. 세계 유수의 수학자 700여 명이 탄원서를 제출한 것을 비롯해 일본과 미국 등에서 국제적으로 지원운동이 전개되었다. 이에 반해 삼척 사건 관련자들을 양심수로 부르는 경우는 거의 없었고 이들에 대한 석방운동 역시 전혀 없었다.

1987년 6월항쟁 이후 민주화의 빛도 이들에게까지 미치지는 못했다. 1953년부터 1999년까지 확인된 남파간첩은 총 6400명이 넘는다.

이 중 유명 인사들이 연루되고 정치적으로 큰 주목을 끈 간첩사건의 경우는 매우 소수였고 대부분은 이름 없는 사건들로 묻혔다. 별다른 사회적 상징자본도 없고 거대한 국가권력에 맞서 제대로 저항조차 하기 힘든 힘없는 사람들이 연루된 간첩사건은 공안기구들의 손쉬운 먹잇감으로 희생된 경우가 많았다. 반공 이데올로기와 공안통치를 위해 동원된 사건들도 있지만 단지 공안기구의 실적 경쟁이나 관행적 업무 처리의 일환으로 처리된 사건들도 적지 않았다.

남민전과 삼척 사건은 간첩의 정치학이 무엇인지 잘 보여준다. 전자가 자율적으로 활성화된 정치운동과 지배권력의 충돌을 보여준다면, 후자는 지배권력의 정치적 필요에 의해 일방적으로 끌려 나온 주체에 가깝다. 전자가 사상과 이념의 차원에서 지배세력과 정면승부를 펼친 것이라면 후자는 생활세계의 인연에 따른 우발적 사건의 성격이 짙었다. 국가의 주권자라 하지만 국민으로 호명된 사람들은 늘 국가의 폭력 앞에 벌거벗은 생명처럼 내던져지는 경우가 다반사였다. 운동진영에 의해 민중으로 불리지만 이들의 삶은 사상과 신념에 따른 양심수가 되기는 곤란한 경우가 태반이다.

두 사건은 시기도 겹치고 간첩이라는 혐의도 비슷했지만 실제로 연결되거나 관련자들이 만날 수 있는 기회는 전혀 없었다. 그만큼 사회적 위치도 달랐고 생활범위도 겹쳐질 수 있는 측면이 거의 없었다. 두 사건은 같은 시공간에 있었지만 비동시성의 동시성처럼 다른 세계에 속한 것처럼 보였다. 사회 속에서는 좀처럼 만나기 힘들 것 같았던 두 사건의 관련자들이 만난 곳은 교도소였다. 다른 세계에 속해 있던 두 사건은 국가 폭력을 매개로 한 장소로 모였고 사회적 격차를 뛰어

넘어 '동지'처럼 접속되었다.

진형대에게 감옥에서 만난 남민전의 김남주는 '남주 형'이었고 안 재구의 감옥투쟁은 경이로웠다. 감옥이라는 특수한 장소에서 사랑하는 혈육과 동지가 사형당하는 비극을 공유한 두 사건 관련자들이 끈끈하게 엮이는 것은 어쩌면 당연했다. 그렇지만 사상과 신념에 입각해 목숨을 건 투쟁에 나선 사람들과 혈육의 정에 이끌려 뭐가 뭔지도 모르게 간첩이 된 사람들이 동지가 되는 일은 쉽지 않다. 출소 후의 삶을 보더라도 두 사건 관련자들의 동지적 결합은 감옥 담을 넘기 힘들었다.

> 우리 사건 이건 뭐 진짜 조작된 사건이지만서도, 이것으로 인해서 내가 전화위복이 될 수도 있었다고 난 생각을 하거든. 그 유명한 사람들을, 내가 평범하게 시골 생활을 했다면은 저런 사람들 만날 수 있었겠느냐 하는 생각도 있고. 물론 청춘은 젊음은 다 보냈지만서도 너무나 좋은 사람들을 많이 만났고. 그 참, 제가 나와 갖고 사회생활 하다 보니까, 큰 뭐, 도움이 굉장히 많이 되더라고요. … 저희 집사람하고 항상, 동규 아빠는 학교 갔다 온 게 큰 덕이라고, 농담 식으로. 청춘은 다 날아갔지만 …[14]

억울한 조작사건의 피해자이면서도 한편으로 그것이 시골사람의 전화위복이 될 수 있었다는 인식은 삼척과 남민전 관련자들의 사회적 낙차를 잘 보여준다. 스스로를 투사와 전사로 선언한 사람들과 혈육의 정을 따른 사람들의 거리만큼이나 두 사건 관련자들의 사회적 거리 또한 멀었다. 전화위복은 곧 이 사회적 격차를 뒤집었다는 말이다.

간첩이라는 화를 통해 사회적 거리를 뛰어넘는 복이 가능했다는 서글픈 인식 속에 삼척 사건의 또 다른 비극이 느껴진다. 삼척은 정치적으로나 사회적으로 결코 남민전이 될 수 없었다. 그들은 정치권력에 맞서 스스로를 투사나 전사로 정립하지도 못했고 그럴 생각도 없었다.

그러나 삼척 사건에 관련된 사람들을 단순한 피해자로만 보아서는 안 될 것이다. 그들은 또한 국가-권력과 다른 논리와 사유의 주체들이기도 하다. 김태룡은 진항식에 대해 원망의 마음이 들다가도 이해 가능하다고 했다. "저라도 행방불명된 형이 오거나 동생이 집에 오면 인도적인 차원에서 밥도 주고 잠자리도 줄 겁니다. 국가기관에서 꼬투리를 잡아서 거짓말로 아주 체계적으로 간첩단이라고 만든 게 잘못이지, 진항식 그분이 한 일은 가족으로서 했던 일이지 간첩행위라고 보지 않아요." 부친 김상회에 대해서도 애절한 마음뿐이지 원망은 없다. 사리분별을 하지 그랬냐라는 가족들의 원망에 대해 그러려면 아버지를 배척해야 되는데 그럴 수는 없었다고 한다.[15]

김태룡의 세계는 확실히 국가-권력의 그것과 대조된다. 그에게 '가족의 일'과 '간첩행위'는 분명하게 구분되는 것이지만 국가-권력에게는 그렇지 않다. 여기서는 두 개의 상반된 공리계가 대립하고 있는 것처럼 보인다. 국가는 국민의 동질성에 기반해 간첩의 동질성을 확인받고자 하며 양자의 적대적 비동일성을 관철하고자 한다. 간첩은 곧 비국민인 것이며 비국민의 존재는 허용될 수 없다는 논리체계다. 여기서 가족은 국민의 하위 범주로 배치되고 그 윤리체계는 국가 통치성에 종속되어야 한다. 그러나 김태룡에게 가족의 일은 그 자체로 정당하며 그 정당성을 문제시하는 국가 통치성에 강력한 의문을 던진다. 정당하고 당연한 가족의 일이 간첩행위라면, 오히려 후자의 해석이 문제일 수 있다는 것이다.

김순자는 외당숙 진현식이 했다는 '남과 북으로 부모형제가 헤어진 게 미국이 방해해서 그렇다. 혁명을 위해서 목숨을 걸고 왔다'는 말이 무슨 뜻인지 이해조차 못 했다. 대신 그는 "자기 형제를 밥 안 해주면 그게 죄지, 패륜이죠"라고 했다.[16] 김순자의 세계는 형제 사이의 정과 교류가 당연한 것으로 간주되는 곳이다. 진현식이 혁명을 위해 혈연관계를 이용한 연고선 공작을 폈다면 김순자는 형제니까 밥도 주고 잠자리도 준 것이다. 혁명의 논리와 가족의 윤리가 묘하게 연결되면서 갈라지고 있다. 남이든 북이든 국가의 논리로 가족의 윤리를 전유하고자 한다.

진창식은 "어머니는 잃어버린 아들 얼굴을 봤으니 좋으셨겠지만, 우리 집안에는 비극이었죠. 그 형님만 오시지 않았다면 우리 가족이 하나로 엮여서 잡혀가는 일도 없었을 테니까요"라고 회고했다.[17] 북한의 혁명논리가 가족윤리를 타고 오는 것에 대한 항의이자 남한의 반혁명 논리가 가족윤리를 파탄 낸 데 대한 비판으로 들린다. 남북의 혁명과 반혁명의 논리가 모친의 기쁨과 집안의 비극이 교차하는 중심을 관통하고 있던 셈이었다.

김순자는 조사 중 수사관들이 "어차피 아버지는 가시니까, 아버지한테 씌워라"는 조언(?)을 듣는다.[18] 김상회의 사형을 이끌어내고자 하는 간교한 술책이자 가족의 윤리를 파괴하고 국가의 논리를 관철하고자 하는 국가이성의 간지처럼 보이기도 한다. 가족이라는 가장 원초적인 관계를 끊어내고 원자화된 개체를 국가에 대면시키고자 한다.

국가의 입장에서 개인과 국가 사이의 완벽한 진공상태만큼 바람직한 통치상태는 없다. 그것이 혈연이든 신분이든 아니면 특권이든 개인 사이의 수평적 연대는 국가와의 수직 관계를 방해하는 장애물에 불과하다. 특히 박정희 체제는 이를 강조했다.

물론 가족은 이데올로기적 국가장치이기도 하다. 가족윤리야말로 사회적 규율화의 기초다. 따라서 국가는 가속의 파괴가 아니라 규율화를 추구한다. 아직까지 가족을 대체할 규율장치는 없다고 하겠다. 사적 영역의 핵심 가족을 안정화시키지 못한다면 공적 영역의 국가역시 존립하기 힘들다. 이러한 맥락에서 전근대 왕조체제가 군사부일체를 강조한 것이나 유신체제가 충-효에 집착한 것은 나름의 전략이었다. 남파된 가족에 대한 의료적·인도적 지원은 간첩방조죄에 해당되지 않는다는 대법원 판례는 가족윤리를 유지하기 위한 사법체계의 지향을 잘 보여준다. 이것이 '민주화'의 사법적 효과일 것이다.

김순자를 조사한 수사관은 가족윤리를 집요하게 물고 늘어졌다. 김순자는 고된 시집살이 끝에 남편이 바람을 피워 이혼까지 당했지만 수사관들은 그것을 '당과 수령을 위한 이혼'으로 몰아갔다.[19] 가족윤리의 파탄 책임을 적대세력에게 돌리고 간첩-빨갱이의 비윤리적 성격을 강조하고자 한 전략일 터이다. 성의 혁명 도구화는 해방 공간 이래 우익진영의 오래된 반공담론의 소재이기도 했다. 그렇기에 국가주의 대 가족주의 또는 반공주의 대 인도주의가 오랫동안 간첩사건에 대응하기 위한 논리체계로 활용되어왔다.

삼척 간첩단 사건은 비민주적인 국가체제가 잔혹한 폭력의 주체였음을 보여주는 대표적인 사건 중 하나다. 그것은 민주주의, 인권, 사법정의 같은 가치의 소중함을 여실히 보여준다. 또한 이 사건은 평범한 사람들의 생활세계에 대한 국가의 전면적 침투를 잘 보여준다는 점에서 중요하게 기억될 필요가 있다. 가족윤리, 일상생활, 사회적 교류의 통상적 감각 등 민중의 삶을 유지하고 재생산해왔던 가치들이 국가의 이데올로기적 검열과 사법적 처분 앞에 산산조각 날 수 있음을 여실히 보여주었다. 이것은 남과 북의 국가권력이 어느 지점에서는 서로 맞닿아 있음을 드러내기도 했다. 더 나아가 냉전체제를 주축으로 작동되었던 세계질서가 어떻게 강원도 산골 마을까지 유린하고 있었는가를 보여주는 사례이기도 할 것이다.

# 사건 이후의
# 삶과 재심과정

제4장

# '간첩' 그 후

## 1. 무너진 삶들

### 1) 삶에 대한 비관

삼척 간첩단 조작 사건의 피해자들은 1979년 12월 20일 춘천지방법
원에서 각각 사형, 징역형을 선고받아 항소했으나, 1980년 5월 1일
서울고등법원에서 김순자, 윤정자, 김경옥만 감형되었다. 이에 이들은
모두 상고했으나 1980년 9월 9일 대법원에서 기각되어 형이 확정되었
다. 그중 사형 판결을 받은 진항식과 김상회에 대한 형이 1983년 7월
9일에 집행되었고 그들은 '간첩'으로 몰려 억울하게 생을 마감했다.

형기를 마치고 나온 다른 피해자들에게도 간첩이라는 낙인은 쉽게
지울 수 없는 상처였다. 사건에 휘말려 들어온 이후 간첩 조작 사건의
피해자들은 이전처럼 남들과 같은 평범한 삶을 살아갈 수 없었다. 무

엇보다 그 상처의 크기와 깊이가 스스로 감당할 수 있는 범위를 넘어섰다.

진항식의 아내 윤정자는 남편의 억울한 죽음과 간첩의 아내라는 누명을 한탄하고 있을 수만은 없었다. 그녀는 자식들을 위해 살 수밖에 없었고 그러한 비통한 삶에 대한 원망은 세상이 아닌 남편을 향했다.

그동안 나는 너무도 많이 자살하고 싶었습니다. 몇 번을 시도했으나 새끼 때문에 죽기도 어려웠습니다. 진가들이 밉습니다. 진가들 때문에 내 자식들이 고생을 너무 많이 했습니다. 내 자식들이 사람들한테서 빨갱이 아들 빨갱이 딸이라는 말을 듣고 살았습니다. 그 생각을 하면 지금도 눈물이 나고 미칠 것만 같습니다. 나는 동네사람들한테서 내가 감옥에 가고 없는 동안 아이들이 그 소리를 듣고 살았다는 소식을 듣고 죽고 싶었습니다. 남편은 좋은 사람이었지만 이 사건 때문에 밉습니다. 남한테만 잘해주면 뭐합니까. 아들을 저 꼴로 만들어 놨으니 말입니다.[1]

7년의 형량을 모두 마치고 세상에 나온 김달회는 간첩으로 몰린 억울함과 고문 후유증을 이겨 내지 못하고 스스로 그 한스러운 생을 마감했다. 감히 헤아릴 수 없지만 그의 마음속 깊은 상처는 술로도 달랠 수 없었고 독약이 주는 고통보다도 깊었을 것이다.

7년이란 세월의 형기를 마치고 출소하여 집에 돌아온 아버지는 지난날의 억울한 기억들을 생각하며 눈물과 한숨으로 살으시며 술로 생을 의지하며 살았습니다. 아버지는 슬하에 1남 4녀의 자식을 두었지만 겨우 국민학교 졸업밖에 가르치지 못했습니다. 아버지는 감옥에서 나온 뒤에는 고문 후유증에다 연세도 많아서 폐인에 가까운 인생을 사시다가 감옥살이와 고문 후유증을 끝내 극복하지 못하고 농약을 마시고 한 많은 생을 마감하셨습니다. 아버지가 마시고 돌아가시게 된 독약은 농촌에서 흔히 사용하는 제초제였습니다. 농약을 마신 아버지는 극심한 고통을 호소하다가 병원에 갔지만 이미 손 쓸 겨를도 없이 돌아가시고 말았습니다.[2]

극단적인 선택은 비단 김달회의 사례에 그치지 않았다. 비극은 단지 당사자에게만 국한되지 않았다. 진창식의 아내인 박금자는 그의 아버지가 자신을 간첩 사위에게 시집보냈다는 자책감에 스스로 목숨을 끊었다고 술회했다.

남편과 저는 중매결혼을 하였습니다. 성실해 보이기만 했던 저의 남편이 한순간에 간첩활동을 했다는 거짓말 같은 현실이 친정아버지와 어머니를 당황하게 만들었습니다. 이 현실을 받아들이기에는 엄청난 충격이었습니다. 오빠와 저 그리고 동생들 4명 역시 가슴이 떨려오는 부끄러움에 울고 있어야 했습니다. 친정에서 생활하던 어느 날 아버지께서 저를 조용히 부르셨습니다. 아버지께서 말씀하시기를 "내가 딸을 시집을 잘못 보내어서 힘든 고통을 겪게 만들었구나" 하시며 아버지께서 저의 두 손을 꼭 잡으시면서 용기를 잃지 말고 굳건히 잘 살아보자고 말씀하시는 아버지의 두 손에는 눈물이 가득 고여 있었습니다. 간첩 사위를 보시게 된 아버지께서는 심한 충격을 받으시고 몸져누우시게 되었습니다. 병든 몸으로 오랫동안 고

생하시다가 아버지께서는 고통을 견디지 못하시고 집에서 약간 떨어진 채소밭에서 농약을 마시고 자살을 하셨습니다. 저가 결혼을 해서 잘 사는 모습을 부모님께 보여드려야 하는 것인데 이렇게 엄청난 사건으로 부모님께 씻을 수 없는 불효를 하고, 못난 맏딸인 저로 인하여 아버지께서는 귀한 목숨을 끊으셔야만 했습니다.[3]

박금자의 아버지는 딸에게 용기를 주며 상처를 보듬으려 했으나 정작 그 자신의 자책감을 스스로 감당해낼 수 없었고 결국 고통 끝에 생을 스스로 마감했던 것이다.

7년형을 마치고 출소한 김건회도 "죄 없이 당한 일들이 하도 억울해 매일 술로 달랠" 수밖에 없었다. 그의 장남에 따르면, 그렇게 술로 마음의 상처를 달래다 몸이 쇠약해졌고 담도암에 걸려 투병하다가 1999년 12월 간첩으로 몰려 비틀려버린 삶에 대한 회한을 풀지 못한 채 세상을 떠나고 말았다.[4]

사형으로 생을 마감한 김상회의 아내 김경옥 역시 감옥에서 나와 재심 판결을 보지 못한 채 '간첩'으로 생을 마감했다.

슬하에 4남 3녀를 두고 애오라지 애지중지 가정을 지키며 살아온 전형적인 가정주부였습니다. 1966년경 장남이 군에 입대하였는데 제대를 앞두고 강원도 전방에서 작전 중에 순직하여 어머니의 가슴은 멍이 들고 말았습니다. 그 후 세월이 흘러 아들을 잃은 아픔도 어느 정도 지워질 무렵 어머니는 느닷없이 들이닥친 경찰에 끌려가 많은 고통을 겪은 뒤 3년 6개월의 징역형을 받고 모진 감옥살이를 하였습니다. 그런가 하면 남편은 사형언도를 받았고 장남은 무기징역 차남은 7년형을 그리고 장녀는 5년형의 징역형을 받는 등 어머니는 일가족 5명이 모두 감옥에 갇히는 처지가 되었습니다. 그런가 하면 모시던 시아버지는 큰며느리가 구속되면서 아무도 돌봐주는 가족이 없었고 딸들이 있었지만 사위나 외손자들이 할아버지를 너무 학대하여 할아버지는 그 고통을 이기지 못하고 길거리를 전전하며 살아야 했습니다. 그런가 하면 할아버지는 슬하의 아들 3형제를 모두 감옥에 보내야 했고 큰며느리 장손 장녀 그리고 둘째 손자를 포함하여 슬하의 자식과 손자를 합하여 7명을 감옥에 보내고 살아야 하는 비참한 처지에서 이런저런 고통을 감당하지 못하고 결국은 농약을 마시고 할머니 무덤가에서 자살을 하고 말았습니다. 이러한 비극의 아픔을 안고 살아가는 어머니가 3년 6개월의 형기를 마치고 출소를 하자마자 몇 개월도 채 안 되어 사형이 집행된 아버지의 시신을 안고 통곡을 했다고 합니다. 그 후 아픔을 잊고 살고자 하였지만 그 모진 고통과 아픔 때문인지 어머니는 담도암에 걸려 매우 고통스런 나날을 보내다가 2001년 6월에 사망하였습니다.[5]

게다가 간첩이라는 굴레는 본인들만을 옥죄지는 않았다. 김상회의 부친이자 김경옥의 시아버지는 간첩의 가족이었기 때문에 주변 지인들로부터 멸시를 받았고 결국 농약을 마시는 극단적 선택을 했던 것이다.

### 2) 가족의 해체

간첩 조작 사건으로 인해 진 씨 집안과 김 씨 집안 모두 풍비박산되었다. 사건 이후 진항식의 가족은 뿔뿔이 흩어졌다. 아버지(진항식)를 잃고 어머니(윤정자)와 큰형(진형대)마저 감옥에 있던 상황에서 진항식의 자녀들은 간첩이라는 시선을 견디지 못해 고향을 떠날 수밖에 없었다.

그때 저의 나이 23살 동생들은 20살, 17살, 14살이었습니다. 4년 동안은 그 누구도 면회나 서신조차 오는 이가 없었습니다. 어머니께서 3년 6개월 형기를 마치고 나오셔서 저를 면회 오셔서 동생들의 근황을 들을 수가 있었습니다. (중략) 동생들은 다니던 중학교 고등학교를 중퇴하고 고향에서 있을 수가 없어서 모두 뿔뿔이 헤어져 살았다고 합니다. 늘 주변 사람들로부터 감시받는 그런 기분이었다고 합니다. 막내 남동생은 우리 집안 이야기를 누구에게도 말을 못하겠다고 했습니다. 중학교 중퇴를 했으나 변변한 직장도 없이 살다가 지금은 고향에서 살고 있습니다. 여동생 역시 고등학교를 중퇴하고 서울에 혼자 와서 여기저기서 살았나 봅니다. 이 말을 듣고 맏이로서 어떻게 그 심정을 말할 수 있을까요.[6]

무기징역을 선고받은 진창식의 경우도 상황은 마찬가지였다. 진창식의 아내(박금자)는 당시의 상황을 아래와 같이 술회했다.

명록 나이 8살 형권 나이 6살 되던 해에 엄마와 헤어지고 두 형제는 삼척 큰집에서 큰아버지, 큰어머니, 사촌형, 사촌누나 2명과 함께 생활하게 되었습니다. 두 형제가 서로 의지하며 살아온 것도 잠시 동안이었습니다 사정이 있어서 어린 형권이는 갈남 큰어머니 집에 옮겨가게 되어 사촌형, 누나와 함께 생활하게 되었습니다. 부모의 보살핌과 사랑을 받아가며 성장해 가야 할 두 아들은 삼척과 갈남 두 곳으로 헤어지고, 형과 동생이 자주 만나보질 못하는 처지가 되어 서로의 그리움만 키워가며 외롭게 살아가야만 하는 안타까운 현실 앞에 고개가 힘없이 떨구어집니다.[7]

게다가 남편이 간첩죄로 감옥에 있는 처지는 생계를 위협했고 이는 이혼으로 이어지기도 했다. 진창식은 수감생활 중 아내의 요청으로 합의이혼을 하게 되었다.

전주 교도소에서 수감생활을 4년 정도 했을 무렵 처가 면회를 가서 이대로는 도저히 당신이 출소할 때 까지 자식들과 살아가기가 힘드니까 이혼을 하자고 했습니다. 무기형을 받고 있는 저로서는 언젠가는 이런 날이 올 거라고 생각은 하고 있었지만 막상 현실이 되고 보니 눈앞이 캄캄했으나 아내가 원하는 대로 전주지법에서 합의이혼을 하였습니다.[8]

김태룡의 집안 사정도 진창식과 비슷했다. 김태룡은 사건이 발생하기 전에는 그런대로 돈도 잘 벌어 1970년대 후반에 부자들만 산다는 서울 아파트 분양권까지 얻었다고 한다. 그러나 간첩으로 수감생활을 마친 후의 생활은 이전과 같을 수 없었다. 오토바이 택배, 건설현장 등 막노동으로 하루하루를 연명했다. 김태룡의 아내는 예전에는 "능력이 있었으니, 출소하면 다시 재기할 수 있을 거라 생각하고" 기다렸으나 "예전 같은 능력이 없다 보니까" 매우 힘들어했다. 결국 김태룡 내외는 생활고에 힘들어 기초생활수급자 신청을 했고 부양의무자가 있을 경우 수급자 대상자가 될 수 없어서 합의이혼을 하게 되었다.[9]

## 3) 보안관찰

'간첩'으로서의 삶은 항상 감시 속에 있었다. 그러한 감시로 인해 제대로 직장을 다닐 수 없다. 진형대는 언제 어디서든지 감시를 받고 있다는 상황에 감옥에 있는 것 같은 두려움을 느꼈다.

**문:** 증인은 출소한 이후에도 보안관찰 대상으로 분류되어 경찰의 감시를 계속 받아왔지요?

**답:** 32살에 출소하여 어머니가 종손으로서 조상님들이 묻혀 있는 고향 집으로 왔습니다. 직장을 다니려니 옳은 직장을 잡을 수 없어서 고향에서 배를 잠시 타다가 고향 선배의 소개로 서울에서 독서실 시설을 해주는 공장에 취직을 했습니다. 어느 날 사장이 교도소에 갔다 왔느냐고 물어서 그렇다고 하니까 의정부 경찰서 정보과에서 사람이 와서 잘 감시하고 보고해 달라고 부탁을 받았다고 하면서 더 이상 우리와 함께 일할 수 없다며 나오지 말라고 하였습니다. 이런 식으로 직장을 그만두게 된 곳이 한두 군데가 아닙니다. 하물며 신혼 때부터 제가 직장을 나가면 형사들이 아내에게 남편의 거동이 어떻냐 이상한 행동은 하지 않느냐 왜 출장을 자주 가냐며 꼬치꼬치 묻고 정말로 결혼했느냐며 결혼식 사진도 보여달라고 하고 한 장은 증거로 가져가겠다고 했답니다. 당시 아내는 임신 중이었는데 너무도 불안했다고 합니다. 한두 번 찾아온 게 아니라 보호관찰 대상자로 일지를 쓰면 가지러 오곤 하고 이웃집에도 물어보러 와서 이웃이 저희를 경계하기도 해서 아내는 이웃과도 편하게 지내지를 못했습니다. 어느 날은 처갓집에 있는데 미국에서 대통령이 왔으니 밖에 나오지 말고 집안에 있으라고 처갓집 전화로 왔습니다. 당시는 핸드폰이 없던 시기였습니다. 이상해서 밖에 나

가보니 처갓집 골목에 어느 낯선 남자가 하루 종일 서 있었습니다. 정말 무서웠습니다. 언제 어디서든지 감시받고 있다는 것이 감옥에 있는 것처럼 두려웠습니다.[10]

진창식도 경찰의 감시로 일자리를 구하기가 어려웠고 또한 주변 사람들의 눈치도 보아야 하는 상황이었다.

사복차림의 형사들이 주변의 사람들에게 우리가족의 근황을 묻는다는 소식을 전해 들으니까 저는 또다시 마음이 불편해지기 시작했습니다. 보안관찰을 받고 있는 실정이어서 새로운 일자리를 구하는 것도 어려운 입장이었습니다.[11]

감시의 대상은 '간첩' 본인만이 아니었다. 본인과 가족 모두에게 '간첩'이라는 낙인은 족쇄와 같았다. 김건회의 아들은 아버지의 동정을 보안과 형사에게 때때로 전달해야 했다.

타 시군을 이동할 때는 반드시 신고를 해야만 했고, 항상 감시의 대상이었습니다. 당시 부친을 담당하고 있던 보안과 형사 분을 교회관계로 잘 아는 분이어서 만날 때마다 아버지에 대한 동정을 전해드리고 했습니다. 어디를 가든지 무슨 일을 하든지 신고를 하고 했습니다. 말이 자유민주주의 국가라고 하지만 간첩이라는 죄목은 본인과 가족 모두에게 족쇄와 같은 것이었습니다.[12]

김태일은 7년의 형기를 마치고 나왔으나 보안관찰의 대상자가 되어 매일같이 경찰에게 감시를 당하는 삶은 '창살 없는 감옥'이라 칭했다. 그에 따르면, 그러한 끊임없는 사찰은 국민의 정부 시기가 되어서야 없어졌다.

며칠 후 7년의 선고가 내려졌고, 계엄군 법 하에서 민사법정에 설 기회마저 박탈당하고 감옥으로 보내졌고 그 흔한 가석방 하루 없이 꽃다운 청춘의 가운데 토막을 긴 터널을 지나 밖으로 나오는데, 형무소에서 기다리고 있던 경찰에 끌려갔고, 보안관찰 대상자로 지목되어 수년을 매일같이 일거수일투족을 보고하라며 그림자처럼 따라다녔고 형사들과의 피곤함은 잠잘 곳 먹을 것도 없는 나에게 또다시 창살 없는 감옥이 시작되었습니다. 그렇게 지내다 5공화국 시절 또다시 불법 연행되어 머리는 지푸차 바닥에 처박힌 채 실려 간 곳은 남영동 대공분실(나중에 알게 됨)로 끌려가 며칠간 고초를 치러야 했는데 알지도 못하는 내용들을 들어보거나 본 적이 있느냐 사실대로 말하라는 것입니다. 국민의 정부 들어와 사찰이 자취를 감췄고 온갖 박해 속에 친구와 친척은 모두 등을 돌렸고, 나이 45세에 한 여인을 만나 13살 초등학생 아들 하나를 두고, 환갑을 바라보는 나이에 작은 행복을 발견하여 살아갑니다만 지금의 아들놈을 두고 지난 시절 내 모습을 연상해보면 저 어린 놈에게 군부대를 탐지 보고하라고 했다니 기가 차고 소가 웃을 일입니다.[13]

'간첩'은 경찰의 감시만 받는 것은 아니었다. 동네로 돌아온 윤정자는 왜 당해야 하는지도 모르면서 가슴을 졸이며 생활을 이어갔다.

제2부 사건 이후의 삶과 재심과정

지금도 시장 가면 갈남에는 빨갱이가 산다는데 맞냐고 합니다. 그렇게 오래됐는데 말입니다. 물어보면 잘 모른다고 모르는 척합니다. 내가 왜 이렇게 가슴 졸이며 살아야지 생각합니다. 한 동네 사는 사촌 동서는 내가 감옥에서 나왔는데 오자마자 집에 오더니 나를 머리채를 잡고 마당까지 끌고 나와서 우리 집안 때문에 동서 아들이 사우디에 갈려고 했는데 신원조회에 걸려서 못 갔다고 하면서 땅을 치며 울면서 이센 망했다고 했습니다. 왜 내가 맞아야 하는지 모르고 맞았습니다. 나는 그저 반항도 못 하고 당하기만 했습니다. 내가 뭘 잘못했습니까.[14]

1985년 복역기간 5년을 마친 김순자는 석방됐다. 그러나 출소 이후라고 크게 달라질 건 없었다. 보험회사를 다니며 모아놓은 돈으로 산 집은 경매에 넘어갔고 무일푼 신세에 당장 아이들 보러 고향 갈 차비조차 없었다. 이동의 자유가 없긴 마찬가지였다. 그녀는 서른여덟 살 나이에 세상에 내던져졌다.

차비가 없어가지고 여동생이 돈 10만 원 해준 걸로 애들 보러 시댁에 갔지요. 누가 반겨주겠어요. 동서도 시동생도 먼 산만 바라보고 있고. 아무도 아는 척을 안 하더라고. 친정이 어디 있나요, 다 잡혀가고 아무도 없지. 보험회사를 다시 들어가려니까 신원조회에 걸려서 안 돼. 뭐 돈이 있어 장사를 하겠어요. YWCA 파출부, 간병인, 애기 보는 일, 지원해서 교육받고 외우고 해서 시험에 전부 합격했는데 출근을 앞두고 신원조회에 걸리는 거예요. 할 수 없이 아는 사람 소개로 남의 집 일을 시작했지. 근데 거기까지 형사가 나 몰래 왔다 간 거야. 어느 날은 외출했다가 왔더니 '아줌마가 간첩이야?'

주인 할아버지가 그래. 뭔 소리냐, 그랬더니 나 없을 때 형사가 와서 내가 간첩이라고 알려주면서 자기네 왔다 갔다는 말 하지 말라고 그랬대. 근데 주인 할아버지가 보니까 내가 간첩도 아니고 우스운 거야. 근데 삼척에도 또 찾아왔네. 내가 서울의 형사한테 얘기했거든요. 아이들 때문에 삼척으로 가니까 삼척에다가는 말하지 마세요. 내가 연락을 해서 다 해드린다고 했는데도 참 내. 감옥살이보다 형사들이 쫓아다니는 게 더 힘들어.[15]

일을 하려고 해도 '간첩'이라는 낙인은 항상 따라왔고 형사들이 늘 주변을 어른거렸다. 그녀는 감옥살이보다 형사들이 쫓아다니는 게 더 힘들었다고 술회했다.

## 4) 경제적 어려움

보안관찰을 명목으로 한 경찰의 지속적 감시는 경제적인 어려움으로 이어졌다. 앞서 살펴보았듯이, 경찰의 감시 때문에 이들은 직장을 제대로 다닐 수가 없었다. 그로 인한 생활고로 이혼을 결정하기도 했다. 진창식의 아내는 아는 사람이 아무도 없는 낯선 곳에서 억척같이 살았지만 가난에서 벗어날 수 없었다.

남편과는 이혼 후 두 아들을 시댁 큰집에 보내고 난 후 저는 고향을 떠나 내가 누구인지 알아보는 사람 아무도 없는 낯선 곳(서울)에서 무작정 생활을 시작했습니다. 식당에서 숙식을 하며 주방 일(설거지)을 시작하여 다방에서 주방 일 도우미, 파출부, 모텔객실안내, 때론 두 아들이 보고 싶어서 가슴을 쥐어짜며 눈물을 흘린 적도 수없이 많았고 어머니로서 자식과 함께 지낼 수 없는 안타까움에 죄의식에 쌓여 가슴이 아파온 적도 많았습니다. 힘들게 살아오는 동안 아껴 쓰고 모아온 돈으로 조그마한 옷 수선 가게를 차렸습니다. 이젠 남의 집 일을 안 해도 된다는 생각을 하니까 눈물이 핑 돌고 뛸 듯이 기뻤습니다. 하지만 가난은 벗어나기가 어려운 일이었습니다. 친구에게도 가진 돈 없이 가난하게 살고 있으면 인격을 무시당할 수 있다는 것을 깨닫게 되었습니다. 나와는 가까이 지내면서 어느 누구보다 나의 입장을 잘 알고 있는 사람에게 인격을 무시하는 막말을 듣고 있어도 남편이 간첩이기에 저는 아무런 대응 못 하고 그저 가슴속에 쌓아두고 살아온 세월이 너무 길었습니다. 서러움과 억울함과 아픔을 가슴속에 한 겹 두 겹 쌓아오면서 살아오다 보니까 자연스럽게 찾아온 몸속의 화병에 시달려야 하는 현실이 무섭습니다. 사소한 일에도 심적 충격을 쉽게 받고, 숨 쉬기가 어렵게 숨통이 막혀옵니다. 남편이 특별사면으로 출소한 뒤 우리 가족은 한자리에 모여 기쁨을 나누는 것도 잠시였습니다. 저의 생활 형편이 어려워서 남편과 함께 살아갈 수 있는 처지가 못 되었습니다. 남편은 강원도 삼척 갈남에서 어장 일을 하며 생활하게 되었고, 저는 다니고 있던 직장을 계속 다니면서 생활비를 벌어서 어려운 살림을 꾸려가야만 했습니다. 백화점 옷 수선실에서 일을 하고 있었는데 이제는 시력이 약해져서 앞이 잘 보이지를 않아서 일을 하지 못하게 되어 1년 전에 직장을 그만두게 되었습니다.[16]

생활의 어려움으로 남편이 출소했음에도 이들은 함께 생활할 수 없었다. 기쁨은 잠시였을 뿐 다시 살림을 꾸려나가기 위해 각자 헤어져 살아갔다.

김순자는 신원조회에 걸려 전에 다니던 보험회사에서 일을 할 수 없었고 다른 직장을 구하려 해도 신원조회 때문에 구할 수 없었다. 이 때문에 그녀는 남의집살이부터 여관 청소 등 닥치는 대로 일했다. 손발이 동상에 걸려서 피고름을 짜냈고 일이 고되고 잠을 못 이겨 빗자루를 안고 쓰러져 잠들어버리기 일쑤였다. 일터에서 집으로 오가며 빈병이 보이면 그것을 주워다 팔아서 한 푼 두 푼 보탰다.[17]

## 5) 진실을 찾아서

김순자는 동생의 권유로 민주화실천가족운동협의회(이하 민가협)를 찾아갔다. 그녀는 민가협에서 억울함도 말하면서 힘을 낼 수 있었다. 민가협과의 만남으로 그녀의 삶은 전환되었다.

대전교도소에서 무기징역 사는 남동생한테 면회를 갔더니 우리 가족들이 너무 모르니까 민가협을 찾아가서 어려운 이야기를 하라 그래요. 어떻게 수소문해서 찾아갔지. 다 말했어요. 감옥에 있는 가족들, 동생들, 내가 당한 일들 억울한 걸 말할 곳이 없잖아요. 친척도 안 들어주고 형제도 자식도 안 들어주고 아무도 내 말에 귀 기울일 사람도 없고 말할 수도 없어요. 이 말을 어디 가서 하겠어요. 물어볼 곳이 없어. 고모가 아는 변호사한테 물어봤대요. 변호사가 하는 말이 '아주머니요, 내가 변호사니까 나한테 이런 말 하지 누구한테 그런 말 하겠어요.' 말을 할 수 있다는 게 너무 좋은 거예요. 말을 하니 들어주는 사람도 있고 그걸로 책을 쓰려는 사람도 있고 우리를 이렇게 이해하는 사람도 있다, 암울하게만 살았는데 힘이 나더라고요.[18]

민가협은 1974년 전국민주청년학생총연맹(민청학련) 사건을 계기로 만들어진 '구속자가족 협의회'를 모태로 하며, 1985년 12월 12일에 만들어진 단체이다. 민가협은 남조선민족해방전선준비위원회(남민전) 사건, 재일교포간첩단 사건 등 유신독재 시절부터 정치적 박해를 받고 있던 가족들과 1985년 미문화원 사건, 민정당 연수원 점거농성 사건 등 민주화를 요구하다가 구속된 수많은 학생들의 가속들로 구성되었다. 민가협은 창립부터 양심수 실태를 조사하고 이를 사회적으로 널리 알림으로써 '양심수' 존재에 대한 사회적 관심을 불러일으켰고 1995년에는 세계최장기수 김선명 석방 캠페인 등을 비롯해 국제사면위원회 등 세계적인 인권단체와의 연대활동을 벌였다. 민가협은 인권 이슈를 사회적으로 공론화하기 위해 1993년 9월부터 매주 목요일 '양심수 석방과 국가보안법 철폐를 위한 목요집회'를 시작했다. 김순자는 그 자리에 참여했다.

감옥에서 나와 먹고살기 바쁜데 목요일 집회에 꼭 나갔지. 민가협 수련회 갈 때 외손녀 백일 안 된 애를 업고 갔어요. 애가 우는 소리 안 해서 민가협 엄마들이 애가 온 줄 몰랐대요. 애를 맡겨놓은 딸은 엄마가 이런 거 하는 게 싫지. 사위도 최루탄 가스 맞고 될 수 있음 안 갔으면 좋겠다 하고. 그래서 내가 그럴라면 나한테 애 맡기지 말라고 했더니 안 맡길 수 없잖아요. 나도 봐줘야 하고 그걸 업고 집회를 다녔어요. 민가협 하면서 세상에 눈을 떴죠. 민가협 가기 전만 해도 나는 간첩이 아니다, 억울하다고만 생각했는데 민가협 다니면서 세상을 보고 듣게 되었죠. 또 나는 중학교가 먼전지 고등학교가 먼저 다니는 덴지 대학교가 뭔지도 몰랐는데 집회 다니면서 대학교란 대학교는 안 가본 데가 없으니까.

한번은 보안관찰 때문에 밤 11시 넘어 전화가 왔어요. 형사가 저보고 낼 서울대학교 데모하는 데 가지 말래요. 나를 가라고 알려주는 거지.(웃음) 전혀 몰랐는데 그 전화가 와서 갔죠. 아이고 그날 최루탄을 위에서 비행기가 뿌리고 난리도 아니었어요. 서울대는 내 집처럼 다니고, 세상을 보는 게 너무너무 넓어져버린 거야. 옛날에 살던 시골에 가면 개울가의 바위가 얼마나 큰지 너무 커서 거기서 놀고 그랬어요. 아주 큰 바위로 봤는데 지금 가보면 바위가 작아 보이잖아요. 바위가 줄어들었냐. 밭도 엄청 컸는데 지금은 놀이터만 해. 그것들이 줄어들었냐, 그게 아니지. 시야가 넓어져서 그게 작게 보이는 거래요. 강원도 산골짜기 김순자가 서울에 와서 활보하고 다녀.[19]

김순자는 민가협 사람들을 만나고 집회를 나가면서 세상에 눈을 뜨기 시작했다. 억울하다고만 생각했으나 점차 세상을 보고 듣고 자신의 생각을 만들어가기 시작했다. 그런 상황에서 보안관찰은 더 이상 그녀의 삶을 옭아매는 족쇄로 작용하지 않았다. 오히려 형사의 말을 듣고 집회를 하러 나갔다. 이제 단지 억울함을 호소하는 것을 넘어 사건의 진실을 알고 싶어졌다.

억울한데 지식이 부족하니까. 아버지 사촌동생이 아버지 집에 와 있었고 나도 친정에 갔다가 만나본 관계로 감옥에 갔지만, 다른 건 알 길이 없어요. 조사관의 말이 맞는지, 외당숙의 말이 맞는지 답답하고. '때려잡자 김일성' 하는데, 뭐하는 김일성이기에 때려잡자는 거냐, 김일성이를 아무나 만나보냐고요. 외당숙은 남과 북으로 부모형제가 헤어진 게 미국이 방해해서 그렇다, 혁명을 위해서 목숨을 걸고 왔다고 하는데 그게 뭔 말인지. 또 외당숙은 나 혼자 친정 갔을 때 봤지 가족이 다 같이 한자리에서 만나본 적이 없어요. 아버지 어머니는 북에서 내려온 그 사람한테 밥을 해준 게 죄다, 해서 붙잡혀 갔는데, 아니 자기 형제를 밥 안 해주면 그게 죄지, 패륜이죠.[20]

김순자는 민가협에서 인권변호사를 만났다. 검찰청에 수사기록을 떼러 갔으나 검찰청은 이미 시효가 지났다며 떼어주지 않았다. 그는 담당자에게 물었다. "역사도 시효가 있나요?" 인권변호사에게 도움을 요청하려고 해도 구할 수 있는 자료가 없었다. 그러던 중 2005년 진실·화해를위한과거사정리위원회(이하 진실화해위원회)가 만들어진 사실을 민가협을 통해 알았다.[21] 진실화해위원회에 진실규명을 청구하길 바랐으나 가족들은 생각이 달랐다.

진실화해위원회에서 재심하자고 큰동생하고 상의했지. 동생은 아직도 많은 사람들이 못하는데 우리가 빨리 서두를 일이 아니라면서 말해요. '누님 또 한 번 상처받지 말고 계세요. 천천히 해요.' 난 밑져야 본전이지. 이제 다시 감옥 갈 일은 없을 텐데 뭐. 그리고 너무 화가 나는 거예요. 또 한 번 상처받는 게 중요한 게 아니라 억울한 거 밝혀야 하는데 누굴 만나야 억울함을 밝히냐고요. 감정이 폭발하더라고.[22]

큰동생은 세상을 의심하며 또다시 상처받길 원치 않았다. 그러나 김순자는 억울함을 풀고 자신이 왜 '간첩'이 되었는지 알고 싶어서 혼자 가서 진실규명을 청구했다.

억울함을 풀어야죠. 사람 사는 세상에 억울함이 이대로 가면, 우리 산 사람들이 돌아가신 분에게 엄청난 죄를 범하는 거 같아요. 아버지가 다 지고 가셨잖아요. 진실을 따라 사건을 조사해서 처벌하는 게 아니고 사건이 이미 짜여져서 몇 명까지 죽여라 지시가 내려온대요. 수사관들이 누구를 죽여야 할까 고민을 한대요. 간첩의 올가미를 씌워야 하는 거죠. 조사받을 때 '어차피 아버지는 가시니까, 아버지한테 씌워라' 그러대요. 근데 아버지가 하지 않은 일을 뭐를 씌워요. 내가 차라리 지고 가고 싶지. 그것도 모르고 '나를 죽여주시오, 가족들을 다 내보내 주세요' 수사관한테 그랬더니, 죄는 그럴 수 없고 법은 그럴 수 없대요. 아이고, 죄는 뭐고 법이 뭔데? 내가 대신 죽겠다는 거 검사한테 가서 말하라면서 아주 코웃음 치더라고.[23]

더 잃을 게 없다는 것은 그에겐 크나큰 용기가 되었고 결국 2006년 진실화해위원회에 신청을 했다. 그러나 2007년 각하 결정이 내려졌고 2009년 7월 재신청을 했지만 또다시 각하되었다. 그러나 포기하지 않고 진실화해위원회 조사보고서를 들고 재심을 신청하여 결국 5년 만에 무죄판결을 받았다.

## 2. 진실화해위원회를 통한 진실규명 시도

### 1) 진실규명 신청과 각하

김순자는 수사관들에 의해 강제연행된 뒤 불법구금된 상태에서 고문, 가혹행위로 인한 허위자백을 근거로 간첩행위 등을 한 것으로 조작되었다며 2006년 11월 30일 진실화해위원회에 진실규명을 신청했다. 그러나 2007년 2월 28일 진실화해위원회는 이 사건 신청인 김순자가 실정법 위반을 인정하고 있고, 확정판결 사건으로 재심사유를 발견할 수 없다는 이유로 각하했다.[24]

당시 진실화해위원회 인권침해국장으로 일한 이명춘 변호사는 김순자의 진실규명 청구가 각하된 이유를 다음과 같이 말했다.

구술자: 김순자 님이 진실화해위원회 신청하는 경위는 저는 몰라요. 처리 과정은 제가 결정을 했었는데, 어느 날 조사관이 와서, 이야기를 하는 거예요. 요런 사건이 왔는데, 진항식이란 이런 사람들이 다 실체가 있는 것 같다. 그래서 조사를 할 수가 없다. 그리고 재심사건 재심 때 당시 법 조항에 의해서 이런 사건을 판결이 있는 사건을 조사할라면 재심사유가 있어야 된다. 재심사유는 고문이나 불법구금 이런 것들을 특별하게, 수사기관의 불법사항을 확인하거나, 아주 명백한 증거가 드러나면 재심을 할 수 있고, 그 사안을 확인해야 우리도 조사할 수 있다. 이렇게 조항이 되어 있어요. 근데 나중에 알아보니까 김순자 님이 당신의 의사표시를 명확하게 할 수 있는 사람이 아니에요. 상대방이 우리로서는 재심사유를 확인해야 하니까 물어보면 그걸 이해를 못하는 상황이, 그렇게 감옥을 살고 억울해도. 그래서 당신이 김순자 선생 자체가 고문 안 당한 거 같아요.

면담자: 본인은….

구술자: 자체는 전반적인 고문 속에서 이 양반은 시키는 대로 쓴 거 같애. 이렇게 써 하면은 이렇게 쓴 거 같애. 뭔 말인지 알겠죠. 이미 다른 데서 고문 다하고 와서 김순자 씨 아무것도 모르는데 뭐, 시집가서 시댁일이 아니

친정일이야 이게. 친정 일에 대해 자기가 뭐 알겠어. 자기가 듣는 이야기이지. 진술서를 써 그러니까 쓴 거야. 이 양반이 고문당할 일이 없어. 조사관이 물어봤어요. '당신 고문당했어요?' '안 당했다.' 이런 사람들은 구속도 좀 늦게 하는 수가 있어요. 날은 정확하게 몰라요. 구속 날짜도 정확하지 않고 사건의 실체가 있다 이러는 거야. 그럼 재심사유를 확인할 수 없잖아. 그래서 왔어. 조사과정에서. 당사자가 다 이해하더냐? 그렇대. 괜찮겠느냐? 당사자 다 설득했느냐? 그렇대. 이런 사유 때문에 조사를 못한다고 설득을 했대. 그럼 조사할 수 없는 것은 각하를 하는 거거든요. 재심사유가 없다고. 각하를 했어. 결재 다 받고 처리했어.

너무나 억울하지만 왜 억울한지 그리고 어떤 근거에 의해 재심을 청구하는지 명확하게 설명할 수 없었던 것이다. 그러나 김순자는 동생 김태룡과 함께 재심을 재청구했다.
　김순자와 함께 찾아온 김태룡은 사건의 왜곡을 주장했고 이를 들은 이명춘은 직권으로 조사를 개시했다.

그때 사건은 인제 종결됐는데, 김태룡 님이 찾아와요. 김순자 님하고 같이. 이 양반들이 각하를 했는데, 김순자 님이 그걸 형제간들하고 논의하는 과정에서 신청한 사실과 이렇게 처리된 사실을 알게 된 거 같애. 근데 그쯤해서 간첩사건들이 조작됐다고 발표가 한두 개 됐어, 여러 건이. 그러니까 찾아온 거죠. 가능한지 알고. 그래서 인제 조사관이 있고 있는 상태에서 요러요러 해서 요러요러 했다 각하를 했다 그랬더니. 거까진 좋다 이거야. 김태룡 선생이 '그러면 내가 반국가 단체 구성한 건 어떻게 됐냐.' 반국가 단체 구성, 표현을 그렇게 해요. 그게 무기징역 받게 되는 계기가 됐지. 그러냐? 뭔 이야기냐? 했더니, 요 이야기하고 좀 다른데, 당신이 '그 진현식을 찾으러 북에서 두 명이 공작원이 파견됐는데, 그 사람을 만났다. 그 사람이 뭐 주고 간 것도 사실이다. 그러나 내가 그 사람하고 국가를 전복하기 위한 모의한 적은 전혀 없다. 이건 왜곡된 거다'라고 이야기를 해요. 아 그 조작됐냐, 조사를 해봅시다! 근데 인자 이미 형식적 절차는 끝났어. 그래가지고 조사개시를 하고, 조사개시에 의해서 조사를 하고 결정을 해서 본인에게 처리하는 게 절차인데. 김순자 선생은 조사개시 결정을 못했고, 김태룡 선생은 조사개시를 할라니까 이미 근거가 없는 거야. 그러면 직권조사라는 제도가 있어요. … 그래가지고 인자 내가 직권으로, 직권으로 조사관을 선정해서 니가 이거 조사해라, 당사자 조사 다 하고, 수사관 있으면 수사관도 조사 다 하고, 다 해라. 그래서 어느 정도 재심사유와 조작 사실이 확인되면 직권 조사 사항으로 올려서 조사 개시를 하고 곧 이어서 몇 가지 마무리 조사만 해서 조사를 마무리 짓자. 이렇게 이야기를 했어요. 그래가지고 조사관을, 니가 이 문제를 조사해라라고 해서 조사를 했어요. 조사를 대강 당사자들 이야기도 듣고 왜곡된 부분 확인하고 고문 사실 이런 것들 주로 확인하게 된 거예요.

진실화해위원회 조사관이 작성한 보고서에 따르면 김순자 등은 삼척경찰서 등의 수사관들에 의해 불법구금된 채 구타, 물고문, 잠 안 재우기 등의 가혹행위를 당했고 그에 따라 사건의 실체가 조작되었기 때문에 진실·화해를위한과거사정리기본법(이하 기본법이라 한다) 제2조 1항 4호에서 규정한 진실규명의 범위에 해당하며, 수사관들의 불법구금, 가혹행위 등도 형사소송법 제320조 7호, 제422조가 정한 재심사유에 해당하므로 기본법 제2조 제2항의 요건을 충족했다.[25] 진실화해위원회는 이 사건에 대해 재심사유를 발견할 수 없다는 이유로 각하결정을 내렸으나 신청인들이 각하의 사유를 보완한 후[26] 2009년 7월 재신청하여 위법 또는 현저히 부당한 공권력 행사로 인한 중대한 인권침해 행위를 규명하기 위해 조사를 진행했다.[27]

진실화해위원회는 이 사건을 '공권력 행사로 인한 중대한 인권침해'에 해당한다는 결론을 내렸다.

> 본 사건은 신청인들이 북한 공작원으로 남파되었던 진현식의 은닉을 도와 불고지 한 혐의를 근거로 삼척경찰서, 치안본부 대공분실, 강원도경 대공분실에서 신청인들에게 대해 국가보안법위반 혐의로 짧게는 10여 일에서 길게는 38여 일간 불법구금하고 고문과 협박을 가하여 허위자백하게 하고, 범죄 사실을 입증할 만한 뚜렷한 증거도 없이 간첩행위를 인정하여 확정판결을 받은 사건이다. 신청인들의 일관된 진술과 이를 뒷받침하는 참고인들의 진술이 있고, 수사기록상 신청인들이 불법구금한 사실이 인정되고 재판에서도 역시 고문을 통해 허위자백을 강요하였다는 일부 신청인의 진술이 있는 등 이 사건 사실관계를 조작했다는 점이 충분하다. 결국 위 사건은 '위법한 공권력 행사로 인한 중대한 인권침해'에 해당한다.[28]

중대한 인권침해에 해당한다는 결과에도 불구하고 조사 개시를 하지는 못했고 재심청구는 결국 각하되었다. 이명춘은 그 이유에 대해서 정권 교체를 들었다.

**구술자:** 그런데 그때 권력이 바뀌었어요. 그래가지고 조사지를 올렸어. 그런데 보통 위원들이 눈감고 넘어가주는데 당시 이명박, 박근혜 때문인가, 이명박 때문인가 인간이 끝까지 안 놓는 거야. 그래서 결국 조사를 못 했어. 그래서 조사를 했다는 말은 잘못 정리된 거고, 조사기록만 남아 있어. 그래가지고 조사 개시를 못 하고 기록만 남기고.

**면담자:** 조사를 하기 위한 근거를 만들어놓은 기록만 남기고….

**구술자:** 그렇죠. 근데 그 조사를 좀 더 일반 조사 개시를 하고, 그때는 조금만 조사하고, 고문 가혹행위 불법구금만 조사하고, 조사 개시를 하고 실체는 그다음 조사를 하고 결정을 보는데. 이 사건은 김순자 건 때문에 실체 조사까지 했어야 돼요. 실체조사를 얼추 끝내고, 고문 가혹행위를 조사를 했기 때문에 요걸로 조사 개시를 할라고 했는데. 권력이 바뀌어서 이미 형식상으로 진실화해위원회 법에 의해서 조사를 못 하는 사건이다라고 해서 결국 그래서 주저앉았어. 그래서 진실화해위원회에서는 사건을 현실적으로 조사를 한 기록만 남아 있지, 결정은 아무것도 못 했어요.

**면담자:** 그 위원이요?

**구술자:** 진실화해위원회 위원.

**면담자:** 그 위원은 그런 판단을 왜 하셨다고 생각하세요?

**구술자:** 형식적인 법 절차를 주장을 한 거고. 그것은 약간의 직권조사라는 재량 사항이에요. 그 진실화해위원회법에 의하면 필요하다고 인정할 경우 이렇게 되어 있거든요. 진실위원회 전원위원에서 필요하다고 인정할 경우라고 표현했는데, 필요하다고 표현하단 게 뭐겠어? 재량사항이지. 그 필요성을 부인한 거죠. 그래서 사건은 그렇게 묻혔어요.[29]

그러나 비록 본격적인 조사로 이어지지는 못했지만 진실화해위원회의 조사기록은 이후 재심청구를 하는 데 중요한 근거가 되었다.

## 2) 진실화해위원회의 진술청취

앞서 서술했듯이 진실화해위원회의 조사기록은 이후 재심 재판에서 주요한 근거로 활용되었다. 진실화해위원회 조사팀은 피해 당사자를 비롯해 이들의 친척과 친구 그리고 당시 수사관 등 사건 관련인의 진술을 청취했다.[30] 이 진술청취에 따르면 피해자들은 고문을 비롯한 상당한 가혹행위를 당했다. 윤정자는 직접 고문을 당하지는 않았으나 잠을 재우지 않는 가혹행위를 당했다. 그리고 조사 내용을 재판에서 부인하면 남편(진항식)과 아들(진형대)가 사형을 당할 것이니 부인하지 말라는 협박을 당했다.

> 삼척경찰서에서 조사받을 때 수사관들이 때리지는 않았으나 의자에 가만히 앉아 있게 하는 등 잠을 자지 못하도록 하여 정신이 하나도 없었습니다. 그러나 남편(진항식)이나 아들(진형대)에게는 매를 무지하게 때린 것 같습니다. 수사관들끼리 '진항식이나 진형대는 매를 못 이겨서 진술을 했다'고 했습니다. 삼척경찰서에서 조사받을 때 수사관이 검찰이나 법원에 가서 조사받은 내용을 부인하면 남편이나 아들이 사형될 것이니 절대 부인하지 말라고 협박을 해서 검찰, 법원에서 절대 부인할 생각을 하지 못했습니다.[31]

김순자 역시 고문에 대한 협박으로 거짓 자백을 했다. 그녀는 "서울 남영동에서 수사관이 나에게 '진항식을 조사하는데 (네가) 다대포에 다녀온 적이 있다고 말을 했다'고 해서 그런 적이 없다고 하니까 신발을 벗어 때리며 물고문, 전기고문을 하겠다고 해서 무서워서 무조건 갔다 왔다고" 했다. 그러나 "뭘 타고 갔는지 어디서 내렸는지 알수가 없어서 수사관에게 사실은 간 적이 없다고 진술을 번복하자" 때 렸다고 진술했다. 또한 춘천 강원도경에서 조사받을 때는 "김대중을 지지한다고 했다며 수사관들이 구두를 벗어서 머리, 얼굴, 손등을" 내리쳤고 "수사관이 내가 사진을 찍어서 간첩을 가져다주었다고 해서 아니라고 하자 또 구타를 하면서 인정하지 않으면 막대기로 가슴이나 성기를 찌르겠다고 협박을" 했다고 진술했다. 또한 검사에게 조사를 받을 때에도 수사관들은 고문과 형량으로 협박을 했다. "수사관이 내일은 검사에게 조사를 받으러 가는데 '여기서 조사받은 대로 시인을 해야 한다. 그렇지 않으면 또 고문을 당할 것이다. 법정에 가서도 여기서 조사받은 대로 다 시인해야지 그렇지 않으면 괘씸죄로 더 큰 형량을 받을 것이다'라고" 했고 "검사에게 조사받는 내내 수사관이 옆에서 있어서 검사 질문에 무조건 인정하는 답을 해야만" 했다고 그녀는 진술했다.[32]

여성 피해자들이 주로 고문을 하겠다는 위협을 당했다면 남성 피해자들은 고문을 직접 당했다. 특히 수사관들은 자백을 받아내려고 고문을 비롯한 가혹행위를 적극적으로 '활용'했다. 진형대는 수사관들로부터 물고문, 전기고문 등을 받았다.

서울 남영동 치안본부에서 조사받을 때 잠을 제대로 자지 못하게 해서 정신이 항상 몽롱한 상태였다. 수사관들이 큰아버지인 진현식으로부터 북한

이 좋다 등의 이야기를 들었다는 내용의 쪽지를 보여주며 그대로 쓰라고
해서 그런 사실이 없다고 하자 쪽지를 치우더니 때리기 시작했다. 땅바닥
에 꿇어앉게 하더니 수사관이 내 허벅지를 밟고 올라섰다. 그리고 구둣발
로 걸어차서 (내가) 쓰러지면 등을 밟고 올라섰다. 조사실에 있던 야전침
대에서 봉을 꺼내더니 닥치는 대로 때려서 허벅지가 다 터지고 옆구리에도
상처가 났다. 그렇게 반나절을 계속 맞았다. 너무 괴로워서 책상 밑으로 도
망갔는데 수사관들이 발로 걸어찼다. 그러더니 수사관 셋이 들어와 물고문
을 하였다. 또 너희 아버지도 전기고문을 당하고 있다며 너도 시키는 대로
하지 않으면 전기고문을 하겠다고 협박을 하였다. 고문을 심하게 당해 부
인하지 못하고 쪽지 내용대로 베껴 쓰기를 몇 번 반복하고, 그것을 외워 쓰
지 못하면 또 때리기 시작했다. 아버지 진항식에게 송수신을 하는 방법을
배우지 않았냐고 해서 부인했더니 인정해야만 아버지도 살 수 있다고 하
고, 아버지 비명소리가 들려와 수사관이 시키는 대로 인정을 하였다.

검찰 조사에서도 상황은 다르지 않았다. "수사관이 검찰로 데려가
검사에게 조사받았습니다. 처음에는 부인을 했더니 검사가 '지금까
지 이렇게 진술했는데 왜 여기서 부인하냐'고 하자 옆에 있던 수사관
이 손으로 얼굴을 때리고 발길질을 해서 허위사실을 인정할 수밖에"
없었다고 그는 진술했다. 또한 수사관들은 "어디서 조사를 받건, 재
판을 할 때건 지금 여기(남영동)에서 한 대로 해야 너희 아버지가 살
수 있다고" 했고 그는 그렇게만 알고 있었다. "이후에 사실을 밝히려
고 시도해도 그때마다 구타를 당해서 재판 때 그런 사실을 말했다가
는 다시 끌려갈까 겁이 났습니다. 무엇보다 재판에서 경찰조사 받은

대로 해야 아버지가 산다고 해서 그 말만 믿었다"라고 진술했다.[33] 그는 당시 그러한 수사관들을 믿고 허위사실을 인정한 것을 후회했다. 자신의 발언으로 아버지가 사형을 당했다는 자책감 때문이었다.[34]

김태룡도 자백을 강요받으며 고문을 당했다. "남영동에서 조사받는데 간첩으로 실제로 활동한 것처럼 자백하라고 해서 사실이 아니라고 하자 수사관이 사정없이 뺨을 내리기 시작"했다.

얼굴에 감각이 없어졌습니다. 당시 귀 뒤쪽을 몽둥이로 맞아 지금도 귀가 잘 들리지 않습니다. 그리고 양 어깨를 몽둥이로 너무 맞아 팔을 움직이지 못했고, 엎드린 채로 허벅지를 맞아 살갗이 찢어져 피투성이가 되어 대변을 보기 힘들 정도였습니다. 또한 팔을 뒤로 돌려 묶고 다리를 묶어서 얼굴을 위로 향하게 하여 욕조에 집어넣고 수도꼭지를 틀어서 정신을 잃었습니다. 그리고 발목을 묶고 무릎을 꿇게 하고 손을 묶은 다음 양팔 사이로 무릎을 넣게 하더니 오금지('오금'의 사투리_인용자 주)에 각목을 끼우고 두 사람이 양쪽에서 들고 책상 위에 걸쳐놓고 뱅글뱅글 돌렸습니다. 한 번은 발가벗긴 채로 성기를 때리며 성적 희롱을 하면서 '자백을 하지 않으면 네 마누라를 데려와 이 꼴을 만들겠다'며 협박을 했습니다.

춘천 대공분실에서도 "구타와 잠을 재우지 않는 건 기본"이었고 물고문도 다시 시작되었다. "수사관들이 발목에 전선을 묶어놓고 엄지손가락에 전선을 감아서 전기고문을 하였습니다. 신발을 벗어서 구두 뒤축으로 얼굴과 목덜미를 때리고 오금지에 몽둥이를 끼우고 꿇어앉게 하고 허벅지를 발로 밟아 거의 정신이 나간 상태가 되었습니다."

검찰에서도 협박은 계속되었다. 그는 "검사가 수사기관에서 자백한 것과 동일하게 자백하고 재판에서도 인정하면 중형은 면할 수 있다고 해서 인정을" 했으나 "조사 도중 일부 부인하자 서기가 뺨을 때리면서 죽고 싶지 않으면 부인하지 말라고 해서 겁이 나서" 허위 사실을 모두 인정할 수밖에 없었다.[35]

진윤식도 자백을 강요받으며 구타와 고문을 당했다. 특히 그는 자신이 다니던 회사에서 노동조합 활동을 하고 있었는데 수사기관은 이를 사건과 연결하려고 했고 이를 부인하자 전기고문을 당했다.

삼척경찰서에서 조사받을 때 진현식과의 관계에 대해 알지 못한다고 하자 수사관이 혁대를 풀어서 얼굴을 때렸고, 그로 인해 입술이 찢어져 피가 났다. 그리고 진술을 제대로 하지 않는다며 등과 머리를 때렸다. 남영동 치안본부에서는 욕조에 장작을 올려놓고 꿇어앉게 하더니 각목으로 때렸다. 진현식과 간첩 한 내용을 자백해라며 계속 구타하였는데 얼굴에서 피가 나자 구타를 멈추었다. 춘천 강원도경에서도 비슷한 내용으로 조사를 받으며 손, 발, 각목으로 구타를 당했고, 잠도 제대로 재워주지 않아 정신이 몽롱한 상태였다. 당시 노조활동을 하고 있었는데 이와 관련해 진항식에게 정보를 제공했다고 범죄사실을 조작하려고 해서 부인하자 수사관이 나를 의자에 묶은 후 손으로 돌리는 발전기와 전기선을 가져와 양쪽 손가락에 선을 연결한 뒤 삐삐전화기 같은 발전기를 돌려 정신을 잃었다. 이런 전기고문을 두 번 정도 당했다.

또한 그는 "경찰조사를 받는 중 검사실에 가서 검사 조사를 받았는데, 옆에 경찰 수사관이 있어서 부인하면 끌려가 또 고문을 당할 것이라는 생각에 허위사실을 인정할 수밖에 없었다"고 진술했다.[36]

연행 당시 군복무 중이던 김태일은 이미 군대 내 구타로 인해 팔을 깁스한 상태였다. 그런데도 수사당국은 사건을 조작하고 자백을 받아내기 위해 구타와 고문을 자행했고 그의 팔은 다시 부러졌다.

강릉 군부대 사무실로 연행되어서 계급장 없는 군복으로 갈아입고 서빙고 대공분실로 이동해서 조사를 받았는데, 평생자술서를 쓰다가 생각나서 쓰지를 못하면 곡괭이 자루처럼 생긴 몽둥이로 양쪽 어깨 죽지를 때리고 다른 수사관은 따귀를 때리고 주먹으로 때려서 실신을 하였다. 구타는 조사받는 과정에서 심심하면 때렸다. 오금지에 몽둥이를 끼운 다음 꿇어앉게 하고 그 위를 밟아서 참지 못하고 기절하였는데 깨어보니 몸과 바닥에 물이 흥건하였다. 수사관들이 때려서 코피도 수없이 흘렸고 코뼈도 돌아갔다. 또한 손발을 묶고 얼굴에 수건을 걸쳐지게 하고 짬뽕 국물을 부었는데 이 고문을 최소 6번 이상 당했다. 전기고문도 당해서 기절을 하였다. 연행 직전에 고참한테 구타당해 팔을 깁스한 상태였는데 수사관들은 아랑곳하지 않고 구타를 하여 다시 팔이 부러져 민간 병원으로 갔던 기억이 있다.

그에게도 구타와 더불어 회유가 진행되었다. 그는 "잠을 자지 못하게 해서 비몽사몽 상태로 조사를 받았는데 깜박 졸면 수사관들이 '협조해주면 너를 원만하게 처리해주겠다' '어머니와 아버지도 석방시켜준다'고 회유도 하였다"고 진술했고 "군 검사 앞에서 서빙고에서 고문에 못 이겨 허위로 자백을 한 것이라고 모두 조작되었다고 하자 검사가 다시 보내서 조사받게 한다고 해서 '다시 끌려가면 죽는다. 살려달라'고 하자 검사가 '나는 때리지 못하는 줄 알아' 하면서 검사 혼자 조서를 작성하고 지장을 찍으라고 해서 다시 서빙고로 불려가 조사받을지 모른다는 두려움에 지장을 찍었다'라고 당시의 상황을 술회했다.[37]

진창식은 삼척경찰서에서는 구타를 당하지 않았으나 남영동 대공분실에서 고문을 당하기 시작했다.

삼척경찰서에서는 형인 진항식을 잡아와 거꾸로 매달아놓았다며 바른대로 말하지 않으면 자신도 매달아놓겠다고 협박을 당했지만 구타를 당하지는 않았다. 그러나 서울 남영동 대공분실에서는 평생 자술서를 여러 번 쓰게 했는데 내용이 조금 틀리면 물이 가득 담긴 욕조에 머리를 집어넣고 물고문을 했다. 그러고는 똑바로 하지 않으면 여기에 고춧가루 등을 타서 담가버리겠다고 협박을 당했다.

춘천 대공분실에서는 수사관이 "치안본부 수사관을 피의자로 오해해서 치안본부 수사관이 험악한 말로 욕을 하며 똑바로 하라는 말을 하였고, 그 때문에 강원도경 대공분실 수사관이 기분이 나빴는지 조사실에 들어가서는 나에게 살벌하게 욕을" 했고 "진술서를 쓰라고 하는데 하지 않았다고 하자 때리기 시작"했다. "손발로 온몸을 때리는 것은 다반사였고 각목으로 어깨를 때렸다. 손을 뒤로 묶어놓고 어깨 너머로 침대각목을 걸쳐놓고" 비틀었다. "수사관이 기분이 나쁘면 젊은 수사관이 나에게 모포를 덮어씌우고는 마구 짓밟고 때려서, 죽을지도 모른다는" 공포감이 들었다. "특히 진항식과 같이 통일혁명당 강원도위원회를 구성하지 않았느냐며 자백하라고 하면서 엄청난 고문을" 받았고 "춘천 대공분실에서 한 달 정도 조사받은 후 여관에 구금되어 불려 다니며 조사받을 때 여관에서 친척들을 보았는데 그중 김달회가 깁스한 것을 보았다"고 그는 진술했다. 수사관들은 존재하지 않는 통혁당 강원도위원회를 만들어내기 위해 고문을 가하며 자백을 강요했던 것이다.

또한 그는 "송치되기 전에 오○○ 검사에서 조사를 받았는데 검사를 만나서 북한을 찬양한 적이 없다고 말하자 검사가 내 뒤에 서 있던 경찰들에게 '이 사람 뭐야? 조사를 뭐 이렇게 했어? 데려가'라고 하자 경찰들이 대공분실 조사실로 나를 데리고 들어가 약 20분간 뺨을 때리고 바닥에 엎어치고 발로 밟고 주먹으로" 때렸고 "그날 정말 죽는 줄 알았다"고 술회했다.[38]

피해자들은 김달회의 골절 사실을 공통적으로 기억했다. 앞서 적었듯이 진창식은 김달회가 깁스한 것을 보았다고 했고 김순자도 "김달회 삼촌이 깁스를 하고 여관으로 들어오기에 무심코 '많이 맞으셨어요' 하고 물었더니 삼촌이 '많이 맞았다'고 했다"고 기억했다. 이에 대해 당시 춘천경찰서 대공분실 수사관이던 조○○는 "김○○ 씨가 조사하는 중에 김달회한테 질문을 하는데 김달회가 말을 잘 안 하자 바로 말하라며 막대기를" 휘둘렀는데 "그게 잘못 맞았는지 팔에 골절이 발생했습니다. 당시 선상골절이라는 진단이 나온 걸로 기억하며, 그 때문에 깁스도 했습니다. 나의 기억으로는 경찰 직원 중 운전수 등이 병원에 데리고 다녔던 것으로 기억되며, 아마 병원 진료 기록이 수사기록에 편철되어 있을 것"이라고 진술했다. 그는 김달회가 검찰에

송치될 때에도 깁스를 한 채로 간 것으로 기억했다.[39]

　사형을 당해 확인이 불가하지만 상술한 내용을 비추어볼 때 간첩단의 '수괴'로 지목되었던 진항식과 김상회에게는 더 가혹한 고문이 자행되었을 것이라고 어렵지 않게 추정해볼 수 있을 것이다. 앞서 서술했듯이 진항식과 관련하여 동생 진창식은 삼척경찰서에서 "형인 진항식을 잡아와 거꾸로 매달아놓았다"며 똑같이 당하기 싫으면 바른 대로 말하라는 협박을 받았고 수사관 조○○는 진항식이 삼척경찰서에서 연행된 뒤 자백하지 않아 많이 맞았고, 거꾸로 매달렸다는 소식을 들었다고 진술했다.[40]

제5장

# 다시 법정에 서다 1:

### 김순자, 윤정자, 김순옥

## 1. 재심청구에 나선 여성 3인

앞서 살펴본 바대로, 진실화해위원회는 삼척가족간첩단 사건에 대한
재심 신청 및 이의신청에 대해 두 차례 모두 기각 결과를 내놓았다.
특히 2009년의 두 번째 시도는 이의를 신청할 수 있는 기한을 초과하
여 신청했다는 '행정적' 이유로 기각되는 불운을 겪었다. 이렇듯 삼척
가족간첩단 사건은 끝내 진실화해위원회로부터 '진실규명' 결정을 받
지 못했다.

　하지만 이의신청 시도는 또 다른 차원에서 성과를 가져왔다. 신청
을 기각한다는 위원회의 공식 결론과는 별개로, 사연을 접한 진실화
해위원회 산하 인권조사국에서 직권으로 자체 조사를 추진했기 때문
이다. 이는 진실화해위원회의 설립 이유인 "위법 또는 현저히 부당한

공권력 행사로 인한 중대한 인권침해 행위를 규명"한다는 대의의 정당한 발로였다. 몇 개월간의 자체 조사를 바탕으로 진실화해위원회 인권조사국은 2010년 5월 11일자로 비공식 조사결과보고서를 작성했다.[1] 그리고 이를 통해 삼척가족간첩단 사건은 "불법구금과 고문을 통한 사실관계 조작 등 '위법한 공권력 행사로 인한 중대한 인권침해' 사건"이라고 자체 결론 내렸다.

이는 사건에 연루되어 간첩으로 몰렸던 진 씨와 김 씨 가족들에게 큰 희망을 심어주었다. 조사결과보고서를 확보하고서야 이를 바탕으로 관련 가족들은 간첩 혐의를 벗기 위한 재심 신청에 나설 수 있었다. 비슷한 사정으로 진실화해위원회의 공식적인 '진실규명' 결정을 받지 못한 일련의 과거사 관련 사건들이 연이어 재심개시 결정을 획득하고 있었던 당시 상황도 삼척가족간첩단 사건 관계자들에게 재심 청구에 나설 용기를 북돋아주었다.[2]

먼저 재심을 청구한 것은 삼척가족간첩단 사건 피고인 중 3인의 여성들이었다. 고故 김상회의 딸 김순자와 고 김상회의 아내 김경옥, 고 진항식의 아내 윤정자였다. 이들은 1965년경부터 1975년 사이 남파되었던 진현식 및 진현식과 관련된 남파공작원을 만난 사실로 인해, 여타 가족들과 함께 1979년 6월 중순에 연행되어 서울 남영동 치안본부와 강원도 경찰국 대공분실에서 조사를 받고, 1979년 12월 20일 춘천지방법원에서 국가보안법 및 반공법 위반죄로 유죄선고를 받은 바 있다. 그 직후 제기한 항소에서 여타 가족들은 모두 항소 기각되었으나, 이들 여성 3인만은 감형을 받았다. 청구인 김순자는 징역 7년 및 자격정지 7년에서 징역 5년 및 자격정지 5년으로, 청구인 윤정자와 김경옥은 각 징역 5년 및 자격정지 5년에서 징역 3년 6개월 및 자격정지 3년 6개월로 감형되었던 것이다. 그 이후 이들은 한 차례 더 대법원 상고를 시도했으나, 1980년 9월 9일자로 기각되어 형이 확정되었다. 이에 3인의 여성은 각각 5년과 3년 6개월이라는 장기간의 징역형을 복역하고서야 출소할 수 있었다.[3]

그리고 1980년의 형 확정 이후, 30여 년이 흐른 2010년 11월 9일자로, 이들은 서울고등법원에 재심을 신청했다. 다만 1983년 7월 9일의 사형집행으로 진작에 남편을 잃은 고 김상회의 아내 김경옥은 이미 2001년 6월에 사망하여, 그의 아들 김태룡이 소송을 대리해야만 했다. 그 직후 2010년 11월과 12월, 삼척가족간첩단 사건으로 사형부터 무기징역에 이르기까지 형벌을 받아야 했던 진 씨와 김 씨 일가 내 남성들 역시 3인 여성들의 재심 신청의 뒤를 이어 재심을 신청했다.

가족간첩단 사건으로 엮인 진 씨와 김 씨 두 가족 중 각 집안의 여성들 3인만이 남성 가족들과는 별도로 먼저 재심청구에 나섰던 데에는 현실적인 요인이 있었다. 진 씨와 김 씨 관련 가족 모두 1979년 춘천지방법원에서 유죄를 선고받은 이래, 여성 3인만큼은 1980년 제기한 항소심에서 서울고등법원으로부터 감형을 받은 유일한 경우였다. 이에 재심을 신청할 경우, 다른 가족들은 춘천지방법원의 문을 두드려야 했으나, 여성 3인은 서울고등법원에 신청해야 했다. 즉 재심을 신청하는 관할권이 달랐던 것이 가장 큰 이유였다. 또 다른 한편으로 여성 3인은 삼척가족간첩단 사건 피고인 중 가장 낮은 형을 선고받았던 만큼, 상대적으로 형벌의 무게가 덜했던 이들의 재심 결과는 곧 더 무거운 형을 선고받았던 여타 가족들의 재심 가능 여부를 판가름할 수 있는 바로미터가 될 수도 있었다. '민주화실천가족운동위원회'(이하 '민가협')에 참여하고, 진실화해위원회 재심 신청 역시 가장 적극적으로 나섰던 이가 여성 3인 중의 한 명인 고 김상회-김경옥 부부의 장녀 김순자였음도 먼저 용기 있게 나설 수 있는 배경이었다.

물론 앞서 살펴보았듯이, 상대적으로 선고 형량이 낮고 재심에서 감형을 받았다고 해서 재심청구에 나섰던 여성 3인의 삶의 고통이 그만큼 덜할 수는 없었다. 과거 고문과 협박을 받으며 하지도 않은 간첩행위를 했다고 인정해야 했고, 이러한 강제적 진술이 자신의 남편과 아버지, 혹은 형제 자식을 사형과 무기징역으로 몰고 가는 데 일조했을 수 있다는 사실이 고통을 부가했다. 설상가상으로 이들은 징역형을 살고 나온 후 자기 자신을 추스를 겨를도 없이 산산조각 난 남은 가족들을 오롯이 부양하고 돌봐야 했다. 몸과 마음에 찾아온 각종 후유증과 뼈아픈 생활고, 빨갱이라는 주변의 냉대와 연좌제로 인한 극심한 고통을 참으며 이들은 살아남아야 했다. 물론 고 김경옥의 경우처럼 모진 아픔이 결국 담도암 발병으로 이어져, 투병생활 끝에 2001년 6월에 사망하기도 했다.[4]

하지만 진실화해위원회의 조사결과보고서를 손에 들고 이들은 한없이 두렵고 높기만 했던 법원의 문을 용기 내어 두드렸다. 재심을 청구하기 위해 가장 우선적으로 취한 조치는 변호사 선임이었다. 김순자, 윤정자, 고 김경옥(아들 김태룡이 대리) 3인은 법무법인 청솔(서울시 양천구 신정4동 1013-6 청솔빌딩 2층)을 변호인으로 선임했고, 이들의 업무 담당변호사는 김용기 변호사, 임종석 변호사, 이한본 변호사가 맡게 되었다.[5] 당시 법무법인 청솔을 택했고 청솔 측 역시 재심을 맡은 결정적 배경에는, 진실화해위원회 진실규명 신청 과정에서 인연을 맺었던 진실화해위원회 인권침해 조사국장(3급) 이명춘 변호사와의 인연이 자리했다. 진실화해위원회에 들어오기 전에 이명춘 변호사는 법무법인 청솔의 변호사였고, 이들의 사연에는 분명히 재심의 여지가 있다고 판단되어 법무법인 청솔을 소개했다. 그리고 청솔은 이 사건을 맡았다.

3인의 청구인을 대신하여, 법무법인 청솔은 2010년 11월 서울고등법원에 1980년 5월 1일자로 3인 청구인이 선고받았던 국가보안법 위반 등의 사건에 대해 재심청구서를 제출했다. 당시 재심청구서에서 밝힌 '재심청구 요지'는 다음과 같았다.

수사기관은 청구인들에 대한 일련의 공소사실에 대한 유죄증거 수집을 위하여 무리하게 수사를 진행하여, 청구인들에 대한 구속영장이 집행되기 전까지 **31일에서 최장 76일을 불법체포 감금한 상황에서 수사를 진행**한 바 있습니다. 이는 형법 제124조 불법감금죄에 해당하나, 공소시효 기간인 7년이 만료된 상황으로 유죄의 확정판결을 받을 수 없어, 형사소송법 제420조 제7호, 제422조 재심사유에 해당합니다.

또한 청구인들은 수사기관으로부터 조사를 받을 당시, 조사관들로부터 **자백을 강요**당하면서 **무차별적으로 구타와 고문과 같은 가혹행위를 수반하여 조사가 이루어진 바** 있습니다. 청구인들의 **공소사실의 대부분의 유죄 증거는 청구인들의 자백**이라 할 수 있는데, 위처럼 수사기관에서 장기간동안 불법 감금된 상태에서 구타와 고문을 수반하여 청구인들로부터 자백을 받은 피의자 신문조서와 협박이 수반된 위압적 상황에서 진술한 참고인들의 진술조서 등은 **모두 임의성 없는 진술들**이며, **검사 작성의 조서들 또**

**한 심리적 억압의 연장선**에서 이루어진 것으로 밝혀진 정황이 있습니다. 이는 형법 제125조 폭행, 가혹 행위죄에 해당하나 역시 공소시효기간이 만료한 경우로서 형사소송법 제420조 제7호, 제422조 재심사유에 해당합니다.[6]

(강조는 필자, 이하 동일)

즉 3인의 청구인은 수사관들에 의해 불법체포, 불법구금 당한 상태에서 수사를 받았고, 그 과정에서 고문, 가혹행위를 당하며 허위자백을 강요받았다. 그리고 이러한 불법감금과 폭행·가혹행위하의 임의성 없는 진술을 근거로 간첩행위 등을 했다고 처벌받았으므로, 관련 형법 및 형사소송법에 의거하여 재심사유에 해당한다는 것이 본 재심청구의 핵심이었다.

이와 관련하여 증거 제시가 가장 중요한 법조계의 특성상, 재심 신청을 뒷받침할 만한 근거는 다양한 자료로 제시되었다. 우선 '불법구금'과 관련해서는 1979년 당시의 수사기록 및 진실화해위원회가 진행한 조사과정의 관련자 진술 등이 인용되었다. 청구인들에 대한 수사기록 중 각 '피의자동행보고' 및 공판기록 구속영장에 따르면, 삼척경찰서는 강원 삼척군 원덕면 갈남1리에 거주하던 청구인 윤정자를 1979년 6월 14일 남편 진항식과 같이 연행했다. 이어서 김경옥은 6월 15일, 김순자는 6월 21일 각 연행되었던 것으로 기록되어 있다. 그런데 이후 청구인 김순자는 7월 21일. 윤정자와 김경옥은 8월 28일에서야 각 구속영장이 집행되었다. 이는 곧 청구인들이 구속영장이 발부되기 전까지 청구인 김순자 31일(6월 21일~7월 21일), 윤정자 76일(6월 14일~8월 28일), 김경옥 75일(6월 15일~8월 28일) 동안이나 불법으로 구금되어 조사를 받았음을 의미한다. 또한 진실화해위원회의 조사에서 1979년 당시 청구인들의 수사를 맡았던 대공분실 수사관 신영일과 조금만 등의 진술 역시 이를 뒷받침했다. 이들은 "당시에는 관행적으로 국가보안법 혐의자에 대해서는 체포영장이나 구속영장을 발부받아 연행한 적이 없었으며, 임의동행 형식으로 검거하였다. 조사가 길었던 건 기억하는데 정확한 날짜는 잘 모르겠다"는 취지로 진술했다.

두 번째로 '폭행·가혹행위' 여부 역시 각종 자료를 통해 근거가 제시되었다. 우선 1979년 9월 18일 1차 공판 당시 공동피고인이자 청구인 김경옥의 남편 김상회의 진술이 근거로 제시되었다. 그는 당시 군사기밀을 누설하여 간첩한 사실이 있느냐는 검사의 신문에 "안 했는데 경찰에서 자꾸 했다고 하라고 해서 했다"고 발언했다. 1979년 12월 6일 2차 공판 자리에서도 "군사기밀을 누설하지 않았지만 하지 않았다고 수사기관에서 말할 그럴 분위기는 못되었다"고 말했다. 김상회 외에도 여러 공동피고인들이 이와 같은 취지의 답변을 했던 사실 역시 적시되었다. 대표적으로 김순자의 작은아버지이자 김상회의 동생인 김건회는 춘천지방법원 1차 공판에서 검사의 신문에 "그런 사실이 없다. (조서에) 그렇게 기재된 것은 (수사기관에서) 조서를 기재하는 사람이 그렇게 쓴 것이다"라고 했고, 또 다른 공동피고인 진창식 역시 1979년 12월 법원에 제출한 탄원서 및 항소문에 "판결문 범죄사실 대부분이 경찰 고문에 못 이겨 그렇게 쓰라 하여 썼다"고 밝혔다.

진실화해위원회 조사에서 이뤄진 청구인 김순자와 윤정자의 진술 역시 이를 뒷받침했다. 김순자는 "서울 남영동에서 수사관이 나에게 진항식을 조사했는데, 다대포에 다녀온 적이 있다고 말을 했다고 하여, 그런 적이 없다고 하니까, 신발을 벗어 때리며, 물고문, 전기고문을 하겠다고 해서 무서워서 무조건 갔다 왔다고 했다. 다녀왔다고는 했으나 뭘 타고 갔는지 어디서 내렸는지 알 수 없어서 수사관에게 사실은 간 적이 없다고 진술을 번복하자 또 때렸다"고 수사 당시의 폭행에 대해 전했다. 청구인 윤정자도 "삼척경찰서에서 조사받을 때 수사관들이 때리지는 않았으나 의자에 가만히 앉아 있게 하는 등 잠을 자지 못하도록 하여 정신이 하나도 없었다. 그러나 남편(진항식)이나 아들(진형대)에게는 매를 무지하게 때린 것 같다. 수사관들까지 '진항식이나 진형대는 매를 못 이겨서 진술을 했다'고 했다. 삼척경찰서에서 조사받을 때 수사관이 검찰이나 법원에 가서 조사받은 내용을 부인하면 남편이나 아들이 사형될 것이니 절대 부인하지 말라고 협박을 해서 검찰, 법원에서 절대 부인할 생각을 하지 못했다"고 밝혔다.

1979년 당시 대공분실 수사관이었던 조금만도 진실화해위원회 조사 시 "(수사관) 김용주 씨가 조사하는 중에 김달회한테 질문을 하는데 말을 잘 안 하자 바로 말하라며 막대기를 휘둘렀다. 그런데 그게 잘못 맞았는지 팔에 골절이 발생했다. … 그 때문에 깁스도 했다", "진항식의 경우도 삼척경찰서에서 연행된 뒤 자백하지 않아 많이 맞았고, 거꾸로 매달렸다는 소리도 들었다" 등의 진술을 했다. 이를 통해 삼척가족간첩단 사건 수사 당시 폭행·가혹행위가 있었으므로 분명한 재심사유에 해당함을 주장했다.

이 밖에도 재심청구서에서는 원심 당시 참고인들의 진술조서의 문제가 함께 제기되었다. 삼척가족간첩단 사건 참고인들 중 청구인 윤정자와 김경옥에 대한 참고인은 아예 없었다. 유일하게 청구인 김순자의 범죄사실에 관해 진술한 참고인만 있었는데 이는 진옥남, 김강연, 신옥순 등 3인에 해당했다. 그런데 청구인 김순자의 범죄사실 중 일부를 증언한 이들 참조인 역시 수사관의 협박과 강요에 의해 허위 진술을 할 수밖에 없었다는 정황이 진실화해위원회 조사 당시 드러났다. 대표적으로 참고인 김강연은 "진술조서는 제가 작성한 것도 아니고 수사관이 작성한 것이다. … 김순자로부터 '이북에서도 잘들 산다'는 이야기를 들은 적이 없다"고 밝히면서, 그 당시 허위진술을 한 이유는 "수사관들이 김순자가 말했다고 하면서 겁을 주고 욕설을 하니까 그러면 그게 맞는 것 같다고 할 수밖에 없었다. 수사관이 나에게 '몽둥이로 밑구멍을 쑤셔야 정신을 차리겠냐'고 했는데 이 말은 지금도 잊혀지지 않는다. 치가 떨리고 끔찍해서 지금까지 경찰이 무섭다"고 진술했다.

물론 재심청구서에서조차 3인의 청구인이 남파된 간첩 진현식을 만나거나 식사 제공 및 은닉을 도왔다는 것을 부인하지는 않았다. 그러나 이는 친인척관계라는 연줄로 엮여 청구인들의 집에서 진현식이 일정 기간 머물렀기에 불가피했던 터였다. 그러나 과거 수사기관은 이를 고정간첩단 사건으로 왜곡 조작하여 이들 3인의 청구인을 간첩으로 몰고 갔다. 무엇보다 이 과정에서 적법 절차에 의한 구금 없이 장기간을 불법구금하고, 원하는 범죄사실의 자백을 얻기 위해 고문과 협박을 가한 것이다. 이는 형사소송법 제420조 7호, 제422, 및 제420조 5호 및 제422조에서 규정하고 있는 각 재심사유에 모두 해당되는 것이며, 이에 입각해 2010년 11월 서울고등법원에 재심개시를 요청한 것이다.[7]

## 2. 재심과정과 변론 요지서

법무법인 청솔이 김순자, 윤정자, 고 김경옥(아들 김태룡이 대리) 3인을 대리하여 국가보안법위반(기타) 사건에 관하여 1980년 5월 1일 선고·확정된 판결에 대해 청구한 재심은 2010년 11월 12일자로 서울고등법원에 '2010재노77 국가보안법위반(기타)사건'으로 접수되었다. 규정된 절차에 따라 서울고등법원은 법무법인 청솔에 '의견서' 제출을 요구했다.[8]

이에 따라 법무법인 청솔은 2010년 12월 '변호인 의견서'를 제출했다. 이는 재심청구서를 간단명료하게 정리한 내용이었다. 수사관의 불법체포와 감금이 있었고, 폭행·가혹행위가 존재했던 만큼 형사소송법 제420조 제7호와 제422조에 따라 재심사유가 명백히 존재한다는 점을 우선적으로 강조했다. 나아가 청구인들에 대한 유죄판단은 결국 불법구금과 병행된 폭행·협박 등으로 얻어낸 임의성 없는 '허위자백'에 기초한 것이며, 이러한 자백 내용에 대한 뚜렷한 증거가 부족한 상황임을 재차 밝혔다. 유죄를 받는 데 일부 증거가 된 참고인들의 진술 역시 허위진술이었음을 적시했다. 그리고 이와 같은 사정을 참작하여, 재심개시결정을 내려주기를 사건이 배당된 서울고등법원 제10형사부에 요청했다.[9]

하지만 무슨 이유에서인지 서울고등법원에 의한 재심 결정 여부 판단은 1년이 넘도록 이루어지지 못했다. 그 기간 중에 재심청구 대리인이었던 법무법인 청솔 대신, 피고인들의 변호는 법무법인 정도가 맡는 것으로 변경되었다. 진실화해위원회에서 삼척가족간첩단 사건이 조작되었을 가능성이 있다고 판단하고 진실화해위원회의 자체 조사가 이뤄질 수 있도록 결정한 당시 진실화해위원회 인권조사국장이었던 이명춘 변호사가 법무법인 정도 대표변호사로 취임한 것이 계기였다. 사건을 더 정확히 파악하고 대응하기 위한 변호단의 재구성이었다. 이에 따라 담당변호사는 이명춘, 김용기, 이영근 변호사 3인이 맡게 되었다.[10]

재심청구 이후 긴 시간을 기다린 끝에서야 2012년 5월 25일 법원의 답변이 이뤄졌다. 서울고등법원 제10형사부가 재심 여부를 결정하고 통고한 것이다. 법원은 삼척가족간첩단 사건 수사과정에 대한 진실화해위원회의 조사 결과를 바탕으로 사건의 공동피고인들과 수사 관련자들의 진술, 피고인들의 진술 등을 종합하여 보면, "피고인들 및 공동피고인들이 영장 없이 불법구금된 상태에서 수사를 받았을 뿐 아니라, 수사관들로부터 구타·물고문 등 가혹행위를 받은 사실을 인정할 수 있다"고 판단했다. 그리고 이와 같은 불법구금 및 가혹행위는 형법 제124조, 제125조에 해당하는 범죄로서 형사소송법 제420조 제7호 소정의 재심사유에 해당한다고 보았다. 다만 각 공소시효가 이미 끝난 기간이어서 위 범죄에 대하여 유죄의 확정판결을 얻을 수 없으므로, "결국 이는 형사소송법 제422조 소정의 재심사유인 '확정판결을 얻을 수 없는 때'에 해당한다"고 결정문에 적시했다. 즉 서울고등법원의 선고 80노244호 판결(1980년 5월 1일) 중 3인 청구인에 대한 재심 개시 결정이었다.[11]

2012년 7월 10일 첫 공판을 시작으로 재심이 개시되었다. 그동안 법무법인 정도는 변호인을 보강했고 이한본, 임종석 변호사 2인이 변호인단에 합류했다.[12] 재심은 원심의 공소사실을 하나하나 반박하고, 유죄의 증거가 효력이 없거나 아예 증거 자체가 없음을 드러내야 하는 만큼 철저히 대비해야 했다. 이와 관련하여 과거 3인의 피고인이 1980년 형 확정 당시 유죄로 판결 받았던 내용을 살펴볼 필요가 있다. 3인의 적용범죄 죄목 및 관련 법조항은 〈표 5-1〉과 같았다.

이와 같은 적용범죄는 검사가 제기한 공소사실을 모두 유죄로 판결 받은 결과였다. 3인 피고인에 대한 원심의 공소사실 내용을 좀 더

〈표 5-1〉 **3인 피고인의 적용범죄 및 관련 법조항**

| 피고인 | 적용범죄 | 적용 법조 |
|---|---|---|
| 김순자 | 간첩의 점 | 구舊 국가보안법 제2조[13] 형법 제98조 제1항[14] |
| | 간첩방조의 점 | 구 국가보안법 제2조 형법 제98조 제1항 |
| | 반국가단체 지령을 받은 자와 회합의 점, 편의제공의 점 | 구 반공법 제5조 제1항[15] 구 반공법 제7조[16] |
| | 반국가단체 찬양의 점 | 구 반공법 제4조 제1항[17] |
| 윤정자 | 간첩방조의 점 | 구 국가보안법 제2조 형법 제98조 제1항 |
| | 회합의 점, 금품 수수의 점 | 구 반공법 제5조 제1항 구 국가보안법 제5조 제2항[18] |
| | 반국가단체 구성원과 통신연락 방조의 점 | 구 반공법 제5조 제1항 형법 제32조 제1항[19] |
| 김경옥 | 간첩방조의 점 | 구 국가보안법 제2조 형법 제98조 제1항, 제32조 제1항 |
| | 반국가단체의 지령을 받은 자가 목적수행을 위해 무기 기타 물건을 이동한 점 | 구 국가보안법 제3조 제3호[20] |

구체적으로 살펴보면 다음과 같았다.

우선 김순자의 경우다. 첫째 간첩의 죄에 대해서는 1968년 12월 22일 친정아버지 김상회의 집에서 남파간첩 진현식을 만난 이후, 1969년 2월 진현식으로부터 "이북에는 고등학교까지 무상이고 대학은 돈이 없어도 재주만 있으면 누구나 갈 수 있다. … 병이 나면 치료는 누구나 받을 수 있다" 등의 북한 찬양을 듣고 평양을 동경하게 되었으며, 3월에는 옥양목 천에 '사천만 조선인민의 위대한 수령이신 김일성 장군 만세 통일혁명당 강원도위원회'라는 수를 놓아달라는 부탁을 받고 4월 초순경까지 시댁과 친정을 오가며 이를 이행했으며, 그 무렵 노동당에 입당하여 공작금 5천 원을 받고 진현식의 간첩활동에 적극 참여할 것을 결의했다. 그리고 이를 위해 1969년 2월 중순에는 동막버스길 옆의 검은색 기와집 주인에 대해 알아오라, 동막리 부녀회장직을 맡아 사람을 포섭하라, 친인척에게 이북을 선전하라 등의 과업지령을 받고 반국가단체의 지령을 받은 자가 그 목적수행을 위해 간첩했다.

둘째, 1969년 10월 하순 역시 친정에서 진현식으로부터 그의 여동생인 진옥남과 접선케 해달라는 지시를 받고 진옥남을 찾아가 북괴를 찬양하며 접선을 설득하고 진현식의 쪽지를 진옥남에게 전달하는 등 반국가단체의 지령을 받은 자가 그 목적수행을 위해 간첩을 방조했다.

셋째, 1977년 3월 중순에는 강원도 삼척군 진항식의 집에서 "북에서 전문이 왔는데 부산 다대포 해수욕장 부근에 자금을 묻었으니 파보도록 하라"는 진항식의 지시를 받고 진항식이 북괴와 무전연락하는 간첩인 점을 알면서도 지시에 따라 위 장소를 찾아갔으나 군인들이 지키고 있어 출입할 수 없음을 확인하고 동생인 김태룡에게 이를 알려주고, 6월 초순에는 진항식을 방문하여 이를 보고하여 북괴의 이익이 됨을 알면서도 간첩 진항식과 회합하며 편의를 제공했다.

넷째, 1977년 6월에는 서울 종로구 관철동 소재 여관에서 종업원으로 일하는 고모 김강연을 찾아가 포섭 가능성을 타진하고자 "이북이 살기 좋다던데요"라고 말하며 은밀히 북괴를 찬양하여 반국가단체를 이롭게 했다.

피고인 윤정자를 살펴보면 간첩방조, 회합, 금품 수수 등의 죄였다. 구체적인 내역으로는 우선 1965년 7월 밤 자신의 집에서 남편 진항식과 취침 중 6·25 당시 월북한 시숙 진현식 및 정윤규 등의 무장간첩이 침투했고 진현식으로부터 북괴의 우월성에 대해 세뇌교육을 받았다. 이때 진항식이 진현식에게 받은 공작금 5만 원도 다음 날 전달받았다. 다음 해인 1966년 7월경부터 1968년 11월경까지는 남편 진항식에게 북괴의 우월성을 교양 받으며 포섭되었고, 1968년 10월 하순 북괴무장간첩 진현식, 김홍로 등이 재차 침투하자 반국가단체를 자진 지원할 목적 아래 진항식을 따라 그들과 접선회합하고 진항식이 받은 공작금 70만 원을 전달받아 보관했다. 또한 1968년 11월 하순까지 다락방에 은신한 이들에게 매일 2회의 식사를 주는 등 편의를 제공했고, 1973년 3월 중순부터 10월 15일경까지 역시 진현식을 은신시키고 제반 편의를 제공하며 간첩을 방조했다. 이후 1974년 7월 16일 밤 북괴무장간첩 김 모 씨 등이 침투하자 약 2시간 정도 회합하며 진항식이 받은 공작금 50만 원을 받아 보관했고, 1975년 4월 10일 밤에 역시 김 모 씨 이 모 씨 등의 북괴무장간첩이 재침투하자 역시 진항식을 통해 현금 70만 원을 받아 보관하고, 이들의 은신, 식사 제공 등 편의를 제공하며 지속적으로 간첩을 방조했다.

윤정자의 공소사실에는 '반국가단체 구성원과 통신연락 방조'의 죄도 있다. 1977년 3월 16일 자신의 집 사랑방에서 남편 진항식이 북괴에 대하여 암호를 무전 송신하여 반국가단체와 통신할 때, 무전기에 연결된 안테나선 등을 내주며 범행을 용이케 하는 등의 행위를 했고, 이후에도 이를 반복하며 진항식이 반국가단체와 통신하는 것을 용이케 했다는 것이다.

마지막으로 피고인 김경옥의 경우는 첫째로 간첩방조의 죄가 물어졌다. 1968년 12월 22일 남파간첩인 시외사촌동생 진현식과 김홍로가 찾아오자 집에서 식사를 대접하고 남편 김상회와 함께 북괴의 우월성에 대한 감화교육을 받았다. 아울러 부상당한 진현식을 잘 돌봐달라는 진항식의 부탁을 받고 이러한 간첩행위에 적극 결의하여 1968년 12월 22일부터 1973년 3월까지 진현식을, 그리고 김홍로는 1969년 10월까지 은닉, 보호하고 식사 등을 제공하며 간첩을 방조했다. 둘째는 1969년 8월경 진현식, 김홍로의 칼빙총 1정과 실탄 등을 남편과 함께 교부받아 뒷산 묘지 근방에 숨겨둠으로써 무기 기타 물건의 이동행위를 하고, 1975년 4월 중순 역시 이사 간 서울 성수동 소재 주거지에서 차남 김태룡이 진항식의 집에 가서 만난 남파간첩 김 모 씨와 이 모 씨로부터 받아온 북괴제 권총 1정 등도 남편 김상회와 함께 1976년 6월 하순까지 보관하며 무기 기타 물건의 이동행위를 했다는 것이다.[21]

이에 대해 변호인단은 원심의 유죄판결상의 증거와 진술상의 문제를 지적하고 이를 인정받아 사법부의 재심을 허가받았던 것인 만큼,

더욱 철저한 준비에 나섰다. 다시 한 번 충실하게 기존 공소사실의 문제와 허점을 지적하는 데 대응의 초점을 맞췄다. 재심과정에서의 변호인단의 의견은 대표적으로 법무법인 정도가 서울고등법원 제10형사부에 제출한 〈변론 요지서〉(2012. 12.)에 잘 드러난다. 이는 과거 수사 및 재판기록에 대한 전면 재조사부터 진실화해위원회의 조사결과 보고서, 그리고 삼척가족간첩단 사건 피의자에 대한 변호인단의 자체 조사를 종합 정리한 결과였다.

변론 요지서는 크게 세 부문의 내용으로 나누어 피고인들의 무죄를 주장하고 있다. 이는 (1) 공소사실 전반에 대한 변호인 의견, (2) 증거에 대한 검토, (3) 공소사실에 대한 구체적인 검토로 이루어졌다. 이는 과거 1979~1980년 수사와 원심의 모순은 물론, 피고인 측이 주장하는 당시 사건의 진실을 피력하고 있는바, 그 내용에 대해 차례대로 살펴보자.

### 1) 공소사실 전반에 대한 변호인 의견

#### (1) 피고인 김순자에 대하여

첫째. 김순자가 진현식을 만나 그의 간첩활동에 적극 참여할 것을 결의하고 그 목적수행을 위해 과업지령을 받고 그 수행상황과 군사기밀을 탐지, 제보함으로써 간첩했다는 혐의와 관련해서다. 이에 대한 변호인 측 반박은, 무엇보다 김순자와 진현식 사이에 직접적이며 긴밀한 접촉이 없었다는 점이다. 김순자가 친정집에 숨어 있던 진현식을 보았어도 먼 친척이라는 이유로 난생처음 만나 인사를 나눴을 뿐이지, 노동당 가입이나 군사기밀 제보 등 구체적인 대화를 나누고 보고를 할 정도로 접촉한 적이 없기에 위 관계는 성립될 수 없었다.

둘째. 진현식의 지시를 받아 그의 여동생 진옥남을 찾아가 북괴를 찬양하며 접선을 설득하고 진현식이 쓴 쪽지를 전달하여 반국가단체의 지령을 받은 자가 그 목적수행을 위해 간첩을 방조했다는 혐의도 피고인이 진현식과 구체적인 접촉이 없었다는 점에서 반박될 수 있었다. 또한 아버지 김상회로부터 진현식의 쪽지를 진옥남에게 전달해주라는 부탁을 받아 전달한 사실은 있으나, 김순자는 이를 친족 간의 의례적 안부 서신으로 여겼을 뿐이었다. 그 외에 김순자가 행한 북괴의 찬양이나 설득 등은 전혀 없었다.

셋째, 1977년 3월 진항식으로부터 부산 다대포 해수욕장 부근에 묻었다는 자금에 관한 지시를 받고 상황을 보고하며 간첩 진항식과 회합함과 동시에 편의를 제공했다는 혐의에 대해서도 마찬가지였다. 김순자와 진항식은 먼 친인척이라는 의례적 관계였을 뿐 그러한 연락을 한 적도 없고, 진항식 역시 자신의 형인 진현식을 가족이라는 도리에 이끌려 도운 사실이 있을 뿐 간첩이라거나 반국가단체 구성원이 아니었다는 점이다.

넷째, 김순자가 포섭 가능성을 타진하고자 고모 김강연을 찾아가 "이북이 살기 좋다던데요"라고 말하여 반국가단체를 이롭게 했다는 혐의에 관해서도 변호단은 김순자가 북괴를 찬양하는 언동을 한 사실 자체가 없다고 반박했다.

(2) 피고인 윤정자에 대하여

첫째, 윤정자가 진현식 등에게 식사 등 제반 편의를 제공하여 간첩방조를 했다는 혐의에 관하여, 피고인은 남편 진항식뿐만 아니라 진현식의 모친인 시어머니의 뜻에 따라 가족들의 식사를 차리는 의례적 수발을 했을 뿐, 국가기밀 수집·탐지 등 간첩의 업무와는 무관하고 간첩의 범행을 용이하게 할 의도도 전혀 없었다.

둘째, 진현식으로부터 진항식이 받은 공작금을 전달받았다는 혐의에 관해서는, 진현식 자체가 낙오·고립된 무장간첩이었기에 고액의 돈을 줄 능력도 없었고, 진항식이 생활비 조로 부인인 윤정자에게 어느 정도의 돈을 주었다고 하더라도 이는 가장으로서 가족의 생계를 위한 행동이었다. 더욱이 윤정자는 1975년경 남파한 간첩 김 모 씨, 이 모 씨와는 직접 접촉한 사실도 없고 금품을 수수한 사실도 없다.

셋째, 진항식이 북괴와 무전기로 통신연락하는 것을 도왔다는 혐의에 관해서는, 진항식이 북괴와 무전연락을 취했다는 사실 자체도 없었을 뿐만 아니라 윤정자 역시 그에 대해 아무런 관련이 없었다.

### (3) 피고인 김경옥에 대하여

첫째, 진항식 등의 간첩행위를 적극 지원할 것을 결의하고 그 목적수행을 위하여 진현식(1968년 12월 22일부터 1973년 3월경까지) 등을 은닉, 보호하고 식사를 제공하는 등 간첩을 방조했다는 혐의 등에 관하여, 김경옥은 윤정자와 마찬가지로 남편의 부탁이나 지시에 따라 주부로서 가족의 수발에 전념한 것일 뿐이며 간첩행위를 용이하게 할 의도나 구체적인 인식이 없었다.

둘째, 간첩들로부터 칼빙총 1정 및 북괴제 권총 1정 등을 남편 김상회와 함께 받아 보관함으로써 '무기 기타 물건의 이동행위'를 했다는 혐의 역시 위 행위는 남편 김상회가 했고 김경옥은 관여하지 않았다. 또한 '무기 기타 물건의 이동행위'하의 '무기'라는 개념에는 반국가단체 구성원이 월남할 당시 소지했던 무기는 포함되지 않으므로 혐의 자체가 성립 불가하다.

### (4) 고문, 협박, 회유에 의한 허위자백

재심 신청 과정에서 재판부로부터 이미 인정받았듯이, 삼척가족간첩단 사건 피고인들이 수사기관에서 자백했다는 조서나 진술은 영장 없이 불법구금된 상태에서 경찰에서의 고문(구타, 잠 안 재우기 등), 협박, 회유(가족의 안위에 대한 위협이나 선처의 회유 등)에 의한 것이어서 임의성 없는 허위의 것이다. 검찰 단계 조사 역시 언제든 경찰에 의해 다시금 고문을 받을 수 있다는 두려움의 연장선상에서 이루어진 것이기에 증거능력이 부정될 수밖에 없다.

### 2) 증거에 대한 검토

원심 판결이 유죄증거로 삼은 것들은 공소사실에 부합하는 피고인들의 일부 법정진술 및 신문조서·진술조서, 일부 증인과 참고인들의 법정진술, 진술조서 등이었다. 하지만 이는 변호인단에 의해 아래와 같은 이유로 문제가 있으며, 피고인들의 유죄를 인정할 만한 유력한 증거가 없음이 지적되었다.

### (1) 불법감금 상태에서의 조서 작성

재심 신청서에서도 지적되었듯이, 피고인 김순자는 31일간, 김경옥은 75일, 윤정자는 76일간 영장 없이 불법구금되어 있었다. 이에 대해 검사는 임의동행 형식을 취하는 한 문제가 없다고 주장했으나, 임의동행이란 어디까지나 구금되는 이유나 권리의 고지 등 적법절차가 지켜지는 하에서 피구금자의 '자발적 의사'에 따라 수사에 협조하는 것을 전제로 하는 것이다. 그러나 이 사건의 경우 피고인들은 아무런 고지나 이유를 듣지 못하고 일상생활 중에 무차별 연행되었다는 점에서 임의동행으로서의 적법성을 인정할 수 없다.

(2) 고문 등에 의한 불법증거 수집

삼척가족간첩단 사건으로 유죄를 선고받았던 김태룡이나 진창식 등 관련자들은 조사 당시 극심한 구타 및 물고문·전기고문 등 다양한 고문이 자행되었음을 매우 상세히 진술하고 있다. 피고인 김순자의 경우도 신발로 매를 맞았고, '물고문, 전기고문을 하겠다'는 위협을 받았다. 피고인 윤정자는 의자에 앉혀두고 잠을 재우지 않았고 남편 진항식이나 아들 진형대가 매를 못 이겨 자백을 했다며 압박했다. 또한 법원에 가서 조사받은 내용을 부인하면 남편이나 아들이 사형될 것이라며 극한의 협박을 받았다. 이에 따른 피의자 신문조서는 임의성 없는 진술에 불과하며, 검사 및 재판 단계에서까지 수사기관원이 배석하는 등 이러한 임의성 없는 심리상태가 계속될 수밖에 없었다.

(3) 참고인들의 진술조서 등

수사기관에서 이루어진 피고인들의 친인척, 지인 등에 대한 참고인 진술조서나 진술서 등의 내용 역시 대부분 남에게서 전해들은 전문

증거였다. 게다가 이조차 수사기관에 의해 '이미 피고인 자신이 자백했다'거나 피고인이 허위자백을 제시하며 진술자의 허위진술을 유도한 정황이 농후하여 증거가치가 없다. 대표적으로 과거 법정에서 증언한 공동피고인 진창식의 친구 권상구의 경우, 진실화해위원회의 조사에서 피고인의 허위자백이 기재된 조서를 제시받았고, 자신의 신상에도 영향을 미칠 수 있다는 두려움에 허위진술을 했다고 자인했다.

### 3) 공소사실에 대한 구체적인 검토

#### (1) 남파간첩 진현식 관련 기초 사실

진현식은 삼척가족간첩단 사건의 피고인 모두와 친인척 관계로, 정황상 남파되었다가 북한으로 귀환하려던 무장 공작원으로 추정되고 있다. 진현식이 친동생인 진항식의 집을 찾아온 것은 진항식이 모시고 있던 어머니를 보기 위한 것이었으며, 친척이던 김상회의 집에 장기간 은신한 이유는 월북하던 중 산에서 추락하는 중상을 입었기 때문으로 파악되고 있다. 즉 간첩으로서의 남파 목적 및 활동과는 상관없이 진항식과 김상회의 집을 찾은 것은 가족을 만나거나 부상에 따른 은신 등 소극적 이유였다. 더욱이 진현식은 부상 이후 전문적인 치료를 받지 못한 채 1973년경 김상회의 집에서 쫓겨나듯 퇴거해야만 했다. 이에 수년 이상 체류하면서도 특별한 간첩행위를 할 만한 상황이 아니었고, 실제로도 공동피고인들에 따르면 외부와의 접촉이 전혀 없었다고 한다. 그렇다면 그 가족인 피고인들의 국가보안법, 반공법 위반의 혐의 역시 입증되었다고 단정할 수 없다.

## (2) 피고인 김순자에 대한 간첩혐의 부분

김순자의 간첩혐의는 1968년 12월 22일 밤 친정에서 진현식을 만났고, 약 3개월 후인 다음 해 2월 진현식에게 북한찬양을 들었으며, 이후 부탁을 받아 3월경부터 4월 초순까지 '김일성' 등의 글자를 수놓아주었고 노동당에도 입당하며 공작금을 받았다는 것이다. 그리고 진현식의 간첩활동에 적극 참여할 것을 결의하고 과업지령을 받고 활동했다는 것 등이다.

그러나 김순자가 실제 한 행동은, 첫째, 친정에 다니러 왔다가 진현식의 존재를 알았다는 것, 둘째, 친정에 있는 동안 아버지 김상회의 부탁으로 천에 글자를 수놓은 사실, 셋째, 역시 김상회의 부탁으로 진현식이 그의 동생인 진옥남에게 전달해달라는 쪽지를 전달한 것에 불과하다.

김순자는 사건 당시 이미 결혼하여 시댁에서 생활하고 있었고 단지 이 사건 무렵 첫아이를 출산한 후 잠시 친정에 왔다가 진현식의 존재를 알았을 뿐이었다. 더욱이 엄격한 시댁에서 사는 갓 결혼한 20대 초반 부녀자로서 약 5개월 이상 수시로 친정과 시댁을 오가며 정보를 탐지할 만한 입장이 되지 못했다. 노동당 가입이나 과업의 지시·보고와 같은 공소사실 역시 전혀 사실무근이다. 아버지 부탁으로 천에 쓰인 글씨대로 자수를 놓았다는 일부 사실만으로 유죄를 인정할 수 없다. 해당 자수 역시 증거물로 존재하지 않아, 어떤 내용이었는지조차 알 수 없다. 더욱이 간첩죄에 있어서의 군사상 기밀은 국가 안전에 위험을 초래할 우려가 있어 기밀로 보호해야 할 실질가치를 가지고 있어야만 하는 것으로, 김순자의 과업지령인 인근 기와집 주민의 정보

등은 이에 해당하지도 않는다.

## (3) 피고인들의 간첩방조 혐의 부분

간첩방조 혐의로 거론된 김순자가 진현식의 쪽지를 그의 여동생인 진옥남에게 전달했다거나, 윤정자와 김경옥이 진현식에게 식사 등을 제공한 것 등의 행위는 일단 사실이다. 하지만 이는 간첩의 활동을 방조하거나 이롭게 할 의사의 일환으로 이루어진 것이 아니라 단순한 안부전달 및 식사를 챙기는 친족 간의 의례적 행위였다. 특정한 증거나 정황 없이 단순한 숙식 제공 및 서신 교환을 도와주었다는 사실만으로 간첩방조죄가 성립할 수 없다는 기왕의 대법원 판례도 있다(1986년 2월 25일, 선고 85도2533 판결; 1972년 3월 28일, 선고 72도227 판결).

## (4) 반국가단체 구성원으로부터의 금품 수수 부분

우선 피고인 윤정자는 진현식으로부터 진항식이 교부받은 공작금 명목의 돈을 받은 사실이 없다. 진현식은 일시 침투하는 무장 공작원으로 추정되는바, 남한 내에 장기 거주하는 고정간첩과 같이 많은 현금을 조달할 수도 없었다. 더욱이 1968년경 부상으로 김상회의 집에 장기은신하며 외부 연락이 단절되어 금전 조달은 불가능했기에, 공작금 수수 자체가 불가능했다. 게다가 당시 진항식은 경제활동을 돕던 동생 진창식이 군 입대를 하여 생활이 어려워져 소유하던 종토 밭도 팔아 생활비를 마련했는데, 진현식으로부터 다액의 공작금을 받았다면 그럴 필요도 없었을 것이다. 이와 별개로 관련 대법원 판례에 따르면 평소의 친분관계에 따른 금품 수수는 국가보안법상 편의제공죄에 해당하지 않음은 물론, 금품 수수 자체가 국가의 존립·안전이나 자유민주적 기본질서를 위태롭게 할 위험이 없는 경우는 처벌할 수 없다 (1990년 8월 24일, 90도1285 판결; 1996년 11월 12일, 96도2158 판결).

## (5) 반국가단체 구성원과의 회합, 편의제공 부분

김순자가 간첩 진항식으로부터 부산 다대포 해수욕장 부근의 매몰된 현금을 찾아오라는 지시를 받고 이행했으나 실패하고 그 경위를 보고했다는 것 역시 사실무근이다. 또한 1968년 진현식이 친정인 김상회의 집에 은신할 때에도 별다른 접촉이 없었던 김순자가 수년이 지나 진현식도 사망한 1977년, 진항식으로부터 그런 지시를 받아 공작을 수행했다는 것 역시 말이 안 된다.

## (6) 반국가단체의 활동을 찬양, 동조한 부분

김순자가 고모인 김강연을 찾아가 북괴를 찬양했다는 혐의 역시 그러한 사실 자체가 없다. 김강연 스스로도 진실화해위원회에서의 진술은 물론, 이 사건 법정 증인으로도 출석하여 이를 명백히 부인했다.

## (7) 반국가단체 구성원과의 통신연락 방조

윤정자가 남편 진항식이 북한과 무전연락하는 것을 돕기 위해 안테나선 등을 내줘서 방조했다는 혐의 역시 사실무근이다. 더욱이 진항식이나 김상회 모두 친인척인 진현식을 숨겨는 주었으나, 신고할 경우의 보복과 수사기관에 적발될 우려에 장기간 노심초사했는데, 고뇌의 근원인 진현식이 이미 사라진 1977년경까지도 계속 북한과 통신연락을 취해왔다는 사실 자체가 있을 수 없다.

(8) 반국가단체의 지령을 받은 자가 그 목적수행을 위하여 무기 기타 물건을 이동한 부분

김경옥이 남편인 김상회와 함께 진현식 등이 가져온 권총 등을 매몰하거나 보관했다는 부분에 대하여, 일단 김상회는 가상의 입장에서 처벌에 대한 두려움 때문에 이를 숨길 수밖에 없었으나 김경옥은 가담시키지 않았기에 위의 죄목은 성립될 수 없다. 다른 한편으로 국가보안법 제3조 제13호에 의한 '무기 기타 물건의 이동 죄'는 규정 취지상 국내에 잠입한 반국가단체 구성원 자신이 들여온 것은 포함하지 않는 개념이며, 이를 포함한다고 해석하더라도 무기 등을 그 본래의 용도로 사용할 목적에 의한 이동 등이 아닌 단순 은닉·이동만으로는 처벌할 수 없다.[22]

이러한 변론 요지서를 통해 3인 피고인과 법무법인 정도는 다음 사실을 재차 분명히 밝히고자 했다.

- 피고인들에 대한 이 사건 공소사실은 대부분 사실과 다르다.
- 자백한 취지의 진술증거는 수사기관에 의해 불법구금된 상태에서 가혹행위 및 위협을 당한 결과로서 임의성 없는 진술이다. 이에 증거능력이 없다.
- 나머지 참고인 등의 진술 등도 강압적 조사의 결과물이거나 수사기관이 주도적으로 작성한 것에 자포자기로 서명한 데 불과하므로, 그 증명력

을 인정할 수 없다.

- 이 외에는 공소사실을 뒷받침할 만한 유력한 증거가 존재하지 않는다.

- 이에 따라 피고인들에 대한 공소사실 전부에 대하여 형사소송법 제325
조[23]에 따라 무죄가 선고되어야 마땅하다.


## 3. 재심의 결과─승소와 그 영향

재심에 대한 판결 선고는 2013년 4월 25일 이뤄졌다. 2010년 11월
12일 재심을 청구한 지 약 2년 6개월 만이자, 그에 대한 답변으로
2012년 5월 25일 재심 결정을 받은 지 약 1년이 지난 뒤였다. 서울고
등법원 제10형사부의 판결 주문은 다음과 같았다.[24]

원심판결[25] 중 피고인들에 대한 부분을 파기한다. 피고인들은 각 무죄.

재판부가 밝힌 무죄의 이유는 크게 두 가지로 나뉘었다. 하나는 검
사 제출 증거들의 증거능력에 대한 판단이고, 다른 하나는 구체적 공
소사실에 대한 판단이었다. 먼저 증거부터 살펴보자. 1979년 원심이
피고인 3인의 공소사실에 대해 모두 유죄를 선고했던 당시 그 직접적
인 증거는 다음과 같았다.

① 피고인들 및 공동피고인들(공동피고인 진창식, 김건회, 김달회, 진윤식은
일부)의 법정진술

② 검사 작성의 피고인들 및 공동피고인들에 대한 각 피의자 신문조서

③ 사법경찰관 사무취급 작성의 피고인들 및 공동피고인들(공동피고인 진창식, 김건회, 김달회, 진윤식은 일부)에 대한 각 피의자 신문조서

④ 진옥남, 신옥순에 대한 각 검찰 진술조서

⑤ 진옥남, 김강연, 신옥순에 대한 각 경찰 진술조서

⑥ 피고인 김순자 및 공동피고인 진항식, 김태룡, 진창식, 진형대, 김상회의 각 진술서(또는 자술서)

⑦ 압수된 별지목록 기재물건(증 제1내지 99호증)의 현존


반면 2013년도 서울고등법원 제10형사부는 위의 증거와 관련하여 여러 기록을 검토하고 다음과 같은 사실들을 인정했다.

첫째, 수사과정에서 불법구금과 가혹행위가 있었다는 점이다. 3인의 피고인은 모두 법원 영장 없이 연행되었고 장기간 불법구금되었다. 또한 불법구금 기간 동안 수사관들은 피고인들 및 공동피고인들에게 구타, 물고문 등으로 강압적 조사를 했고, 그 과정에서 공소사실을 자백하는 진술서 및 신문조서가 작성되었다. 이러한 사실은 진실화해위원회 조사 당시의 피고인들 및 당시 대공분실 수사관 신영일·조금만의 진술에 의해서도 뒷받침된다.

또한 피고인들 및 공동피고인들은 이 사건 수사과정에서 광범위하게 고문 및 가혹행위를 당했다. 대표적으로 공동피고인 진창식은 수사 당시 고문에 못 이겨 모든 공소사실을 인정할 수밖에 없었으며, 죽을지도 모른다는 엄청난 공포감을 느꼈다고 진술했다. 검찰 조사 당시에도 구타 등 가혹행위를 한 경찰관이 동석했으며, 고문했던 경찰

관 등이 1심을 받을 때나 2심을 받을 때에도 와 있었다고 이번 법정에서 밝혔다. 피고인 김순자도 구타와 협박을 당했고, 윤정자의 경우는 잠을 재우지 않은 채 혐의를 인정하지 않으면 남편과 아들이 사형을 당할 것이라고 협박받은 바 있다.

둘째, 피고인들과 공동피고인들의 각 원심 법정진술, 이들에 대한 각 검찰, 경찰 피의자 신문조서 및 이들 작성의 진술서를 볼 때, 그 임의성에 강한 의심이 든다는 것이다. 그리고 임의성에 다툼의 여지가 있을 때에는 이에 대한 증명을 검사 측이 해야 하지만, 그러한 증명이 이뤄지지 않았다. 이에 따라 법원은 임의성 없는 자백의 증거능력 배제를 규정한 형사소송법 제309조 및 임의성 없는 진술의 증거능력 배제를 규정한 형사소송법 제317조에 의해 그 증거능력을 인정하지 않았다. 임의성 없는 진술의 증거능력 부정은 오판의 방지뿐만 아니라 진술자의 기본적 인권침해를 방지하기 위한 것이다.

셋째, 압수된 원심판결 관련 기재 물건과 관련해서다. 1979년 진항식의 집과 김상회의 집 등을 수색하여 발견한 권총 등의 증거물 등은 모두 사전 혹은 사후의 영장 발부도 없이 압수된 것으로, 소유자 등이 임의 제출했다는 증거도 없는 상황이라는 점이다. 당시는 긴급체포에 해당하지도 않았고, 범행 중 또는 범행 직후의 범죄장소라고 볼 수도 없는 곳에서 영장 없이 압수·수색된 것이므로 이것들은 형사소송법 제308조의2에 의하여 모두 증거능력이 없는 것으로 결론 내려졌다.

이를 바탕으로 재판부는 구체적 공소사실에 대한 판단도 이어갔다. 우선 피고인 김순자에 대해서다. 첫째, 김순자의 '간첩 및 간첩방조의 점'에 대해 재판부는 검사가 제출한 증거들 중 증거능력이 인정되는 것들만으로는 피고인이 반국가활동의 목적수행을 위하여 기밀을 탐지하거나 전달하는 등의 행위를 했다고 인정하기 어렵고, 증거도 없다고 보았다. 공소사실에서 김순자가 탐지·수집했다는 국가기밀의 내용 역시 '부근의 검은색 기와집의 주인이 누구인지, 팔송정에 군부대가 고정배치되어 있는지' 등으로 평소 일상생활을 통해 누구나 알 수 있는 사실에 불과하여 간첩죄에서 말하는 '국가기밀'과도 배치된다고 보았다.

김순자의 공소사실 중 '회합 및 편의제공의 점' 역시 김순자가 진항식의 지시로 다대포에 간 사실이 없다고 전면 부인하고 있으며, 검사가 제출한 증거만으로는 이러한 사실을 인정하기 어렵고 달리 증거도 없다고 판단했다. '반국가단체 찬양의 점'도 피고인 김순자가 공소사실을 전면 부인하고 있다는 점에서 이와 같았다. 더욱이 증인 김강연 역시 김순자로부터 북괴를 찬양하는 등의 이야기를 들은 사실이 없고 경찰의 압박하에 경찰이 쓰는 대로 그대로 두었다는 취지로 진술했다. 이 밖에는 이를 인정할 만한 증거가 제시되지 못했다.

피고인 윤정자의 공소사실에 대한 판단 역시 유사했다. 우선 '간첩방조의 점'과 관련하여 검사가 제출한 증거들 중 증거능력이 인정되는 증거들만으로는 윤정자가 진현식 등의 간첩 범행을 용이하게 하고자 하는 의사로 식사를 제공하는 등의 행위를 했다고 단정할 수 없고, 달리 이 점을 인정할 만한 증거가 없다고 보았다. '회합 및 금품 수수의 점' 역시 마찬가지였다. 증거능력이 인정되는 증거들만으로는 이북에서 내려온 이들을 만났거나 금품을 받은 사실이 있었다 하더라도 이것이 반국가단체를 이롭게 할 목적이었다거나, 국가의 존립·안전 및 자유민주적 기본질서를 위태롭게 할 위험이 있는 경우였다고 단정하기 어렵다는 것이다. 남편 진항식의 간첩 통신을 도왔다는 '반국가단체 구성원과 통신연락 방조의 점' 역시 피고인 자체가 이를 전혀 모른다고 부인했고, 증거능력이 인정되는 증거들만으로는 이를 인정하기 어렵다고 판단했다.

피고인 김경옥의 '간첩방조의 점' 역시 증거능력이 인정되는 검사 제출 증거들만으로는 이 같은 행위를 했다고 단정할 수 없다고 여겨졌다. 공소사실 중 '무기 기타 물건을 이동한 점'의 경우는 진현식 등이 보관해달라는 등의 이유로 넘겨준 무기·기타 물건을 단순히 보관한 것만으로는 구 국가보안법 제3조 제3호 위반죄가 성립한다고 보기 어렵다고 판단되었다. 해당 법의 무기 등 이동죄에 있어서의 무기의 개념에는 반국가단체의 구성원 또는 그 지령을 받은 자가 잠입 시에 갖고 들어온 무기나 그 자들이 국내의 간첩 등에게 전하여 준 무기는 포함되지 않는다는 판례가 주효했기 때문이었다(대법원 1982. 2. 9. 선고 81도3040판결 등).

즉 재판부는 변호인단의 변론 요지서 내용을 대폭 수용한 가운데, 임의성 없는 진술 및 불법 수집된 증거들의 증거능력을 인정하지 않았다. 이를 바탕으로 피고인들에 대한 구체적인 공소사실을 검토했고, 형사소송법 제364조 제2항과 제6항에 의거하여[26] 원심판결 중 피고인 김순자, 윤정자, 고 김경옥에 대한 부분을 파기하고 변론을 거쳐 각 범죄의 증명이 없는 경우에 해당한다고 판단했다. 이에 따라 3인의 피고인들은 최종적으로 형사소송법 제325조 후단에 의하여 모두 무죄를 선고받았다.[27] 이러한 무죄판결로 인해 1979년 이래 30여 년

이 훌쩍 넘는 시간 동안 3인이 겪었을 지독한 고통이 사라질 수는 없었지만, 적어도 그 분통함과 억울함은 조금이나마 덜 수 있었다.

재심 무죄판결은 3인의 피고인 외에도 삼척가족간첩단 사건으로 함께 억울한 고초를 겪었던 여타 가족들에게도 결정적인 중요성을 띠었다. 재판을 담당한 서울고등법원 제10형사부 판사단이 김순자, 윤정자, 김경옥 3인 피고인의 범죄 여부를 정확히 파악하기 위해, 삼척가족간첩단 사건 관련 여타 공동피의자들의 자료도 함께 제출할 것을 요구했던 까닭이었다. 이러한 자료를 바탕으로 재판부는 3인 피고인에 관한 판단 시, 나머지 공동피고인들의 불법 감금과 고문 등 가혹행위 증거 역시 활용하며 삼척가족간첩단 사건의 문제를 집중적으로 파고들었고, 그 결과 검사 제출 증거의 증거능력을 배제하고 최종적으로 무죄를 판단할 수 있었다. 3인 여성의 뒤를 이어 여타 삼척가족간첩단 사건 관련 총 9인[28] 역시 춘천지방법원 제2형사부에 이미 2010년 12월 진작부터 재심을 청구해 놓았었지만, 3인 여성이 먼저 무죄를 선고받은 2013년 4월 25일 이전까지 재심개시 결정조차 받지 못한 상황이었다. 이러한 가운데 3인의 무죄판결은 나머지 삼척가족간첩단 사건 관계자들의 재심개시를 촉구하는 강력한 압박 수단이 될 수 있었다.[29] 실제로 진항식 외 7인의 '2010재고합4,5' 사건의 재심개시 판결은 2014년 2월 18일에, 김태일의 '2010재고합5' 사건의 재심개시 판결은 2014년 2월 18일에 춘천지방법원으로부터 각각 받을 수 있었다.[30]

하지만 삼척가족간첩단 사건에 휩싸이며 험난함을 견뎌야 했던 진 씨와 김 씨 가족의 삶은 즉각 순조로워지지 못했다. 김순자, 윤정자,

고 김경옥 3인의 재심 무죄판결에 대해 검사 측이 즉각 항소했기 때문이다.

## 4. 검찰의 상고와 대법원의 무죄 확정

김순자, 윤정자, 고 김경옥 3인 피고인의 재심에 대한 판결은 서울고등법원 제10형사부 재판부에 의해 2013년 4월 25일 무죄로 선고되었다. 1980년 이후 무려 33년이 넘어서야 인정받은 무죄였다. 하지만 검찰 측은 자신들의 과오로 남겨질 이러한 판결을 그대로 받아들이지 않았다. 정확히 일주일 후인 2013년 5월 2일, 3인 피고인 김순자, 윤정자, 고 김경옥(대리: 아들 김태룡)에 대한 검사의 상고 소송이 이뤄졌다. 이는 대법원 제3부에 의해 사건명 '2013도5918'으로 접수되었다.[31]

서울고등검찰청 변철형 검사 명의로 대법원장에게 발송된 검찰 측의 〈상고이유서〉에는 당시 검찰 측의 입장이 잘 드러나 있다. 서울고등검찰청의 〈상고이유서〉를 살펴보면 다음과 같다.[32]

우선 검찰은 원심에서 불법구금·고문 등을 이유로 피고인 및 공동피고인들(이하 '피고인 등'이라 함)의 수사기관 작성 조서 및 압수물에 대한 증거능력을 배제한 것은 설득력이 있다고 순순히 인정했다. 그 대신 검찰 측이 문제를 삼은 것은 1979년 1심 법정에서의 피고인 등의 진술까지 증거에서 배제한 점이었다. 검찰이 판단하기에, 원심은 "불법구금·고문 등의 심리적 압박 상태가 1심 법정에서도 계속적으로 영향을 미쳤을 것이라는 **선입견에 사로잡혀**" 피고인 등이 1심 법정에

　　　　　　　　제2부 사건 이후의 삶과 재심과정

서 했던 진술까지 과도하게 증거능력에서 배제했다는 것이다. 가혹행위가 가능했던 수사기관은 비공개 장소이지만, 법정은 공개된 장소인 점, 변호인 역시 사전 면담이 가능했던 상황이므로 그 결과로서의 1심 법정진술에 대해서는 증거능력이 인정되어야 한다는 주장이었다. 그리고 이를 감안할 때, 원심의 판단은 공판중심주의라는 형사절차법상의 대원칙에서 벗어난다고 했다.

검찰이 이러한 주장을 펼친 이유는 1심 공판 당시 피고인들의 다음과 같은 진술 기록을 적극 드러내며 증거로서 인정받고자 했기 때문이다. 대표적으로 1심 제2회 공판 당시 피고인 김순자가 변호인의 "이 사건 공소사실을 전부 인정하는가요"라는 신문에 공소사실을 모두 인정했다는 기록, "왜 이런 범행을 하였는가요"라는 변호인의 신문에 "좋아서 도운 것은 아니고 친척이 집에 와서 부탁해서 알 수 없이 했다"라는 진술 등이었다. 또한 최후 변론 때 피고인 김순자와 윤정자가 "관대히 처벌하여 주시면 대한민국에 충성을 다하겠습니다"라고 한 발언과, 고 김경옥의 "신고하면 죽인다고 해서 신고 못하고, 자수시킬려고 있는데 못하였으니 다른 피고인들보다 피고인의 죄가 더 많습니다"라고 한 기록 역시 내세웠다. 또한 검찰에 따르면, 피고인들이 1심에서 실형을 선고받은 뒤 항소하면서 대부분의 공소사실을 인정하는 항소이유서를 자필로 작성하여 항소심에 제출했다는 것이다. 이러한 점을 볼 때 1심 피고인 등의 진술 증거능력을 배제한 원심의 판단은 '법리 오해 내지 채증 법칙 위배에 기인한 것'이라고 주장하며, 피고인 등의 법정진술에 대해 증거능력을 부여한 뒤 공소사실에 대한 합리적 의심이 없을 정도로 입증이 되었는지 재차 판단해야 한다고 상고이유를 밝혔다.

검찰은 각 공소사실에 있어서도 피고인 3인이 1979년 1심에서 발언했던 내용들을 인용하며, 공소사실을 입증할 만한 증거가 될 수 있다고 주장했다. 먼저 김순자의 '간첩 및 간첩방조 부분'에 대해서는 피고인이 1979년 1심 공판 시 진현식을 친정집에서 만난 적이 있는 것과 이북의 무상교육 및 탁아시설 등에 대해서 들은 사실이 있다는 것, 또한 '김일성' 이름이 들어간 자수를 놓아준 것, 진옥남에게 진현식 작성 메모를 전달한 것 등을 인정했던 진술을 인용했다. 또한 팔송정 주변 군부대 정보에 관한 과업 지시를 받은 것 역시 김순자가 1심 법정에서 인정했음을 강조하며, 검찰은 이것이 김순자가 남파간첩 진현식과 수차례 접촉하면서 세뇌교육을 받았고, 간첩행위 및 간첩방조 행위를 했다는 증거라고 주장했다.

김순자의 공소사실 중 '회합·편의제공 및 반국가단체 찬양 부분' 역시 1979년 1심 법정에서 김순자가 진항식으로부터 돈을 묻어놓았다는 부산 다대포에 가봐 달라는 부탁을 받았다는 사실을 인정했고, 진항식을 간첩이라 인식할 수 있었음에도 회합했다는 점에서 문제 삼았다. 그리고 이러한 김순자의 제반 '반국가적 활동상'을 염두에 둘 때, 김강연이 원심 증언에서 부인했던 김강연에게의 북한 찬양 발언 역시 했던 것으로 보는 것이 타당하다고 주장했다.

윤정자에 대해서도 검찰은 같은 의견을 내놓았다. 1심 법정은 물론 항소이유서에서도 진현식이 남파간첩임을 알면서도 숙식 등의 편의를 제공한 것에 대해 "남편을 따라 방조한 죄인 큰 대죄를 뉘우치옵고 죽어 마땅한 줄 압니다"라고 인정한 사실을 비롯하여, 금전적 지원을 받기를 바랐다는 취지의 상고이유서 작성 등에 이르기까지 모든 것을 종합해 볼 때, "피고인의 범의 또한 넉넉히 인정"된다는 것이었다.

마지막 피고인 고 김경옥에 대해서 역시 예외가 아니었다. 김경옥이 1심 법정에서 공소사실을 모두 인정했고 항소이유서에도 "단호히 신고를 하지 못하고, 숙식과 편의를 제공해준 것은 사실이다"라고 밝히고 있는 점 등에 비추어, 피고인은 단순한 혈육의 정이 아닌 진현식 등의 간첩활동을 용이하게 하기 위해 각종 편의를 제공한 사실이 인정된다고 주장했다

그런데 검찰은 〈상고이유서〉에서 과거 1심 공판 당시 피의자들이 했던 진술을 문제 삼는 데서 한 발 더 나아가, 또 다른 '상고이유'를 내세웠다. 이전의 재판에서는 전혀 언급되지 않은 새로운 내용이었다. 이는 바로 '전부 무죄 확정시 문제점'이라는 항목이었다. 이는 삼척가족간첩단 사건이 터지고 원심과 재심이 이뤄졌던 1979년과 1980년이 아닌, 2013년 시점의 한국 검찰의 인식과 상황을 잘 드러내는 내용이기에 아래에 직접 인용한다.

〔전부 무죄 확정시 문제점〕

• 최근 유신정국 당시 제정된 대통령 긴급조치 등 위헌적 법령 적용으로 억울하게 처벌받았던 사람들, 독재정권에 반대하였다는 이유로 불법체포·감금된 상태에서 가혹행위 등을 견디지 못해 허위자백하여 억울하게 처벌받았던 사람들의 재심청구가 줄을 잇고 있습니다.

• 우리 사법부는 이런 사건들에 있어 합리적인 법해석 등을 통해 무죄들을 선고하여 아픈 과거사를 정리하고 있고, 이런 사법부의 노력에 진심

으로 경의를 표하는 바입니다.

- 원심 법정에서의 피고인들의 일부 진술, 그리고 피고인들의 변소에 부합하게 진술하려고 노력했던 그 친인척들의 진술들만을 살펴보더라도, 피고인들은 적화통일을 위한 무장간첩 남파가 출몰하던 시기에 상당기간 동안 남파간첩들과 접촉하며 그들에게 숙식 등 각종 편의를 제공했던 사실 자체를 부인할 수는 없습니다.

- 본건은 우리시대가 낳은 소위 '억울한' 공안사건과는 차원을 달리하는 사건입니다. 사법부는 해당 사건의 성격에 따라 그 실체적 진실에 걸맞은 법해석 내지 증거판단을 하여야 합니다.

- **피고인들에 대해 무죄가 확정된다면, 국가는 피고인들에게 배상 내지 형사보상을 해 줘야 할지도 모릅니다.**

- **그리고 원심의 해석대로라면, 본건 '삼척 간첩단 사건'의 주범인 피고인 윤정자의 남편 상피고인 진항식, 피고인 망 김경옥의 남편 김상회 등에게도 무죄가 선고되어야 되고, 이에 대해서도 국가배상 등을 해 줘야 하는 상황이 발생할 수도 있어 심히 우려가 됩니다.**

이를 종합하면 검찰 측 논지의 핵심은 다음과 같았다. 수사과정에서 불법 감금과 가혹행위가 있었다 하더라도, 공소사실을 일부 인정한 피고인들의 1심 법정진술의 경우에는 증거능력을 인정해야 하고, 이를 고려할 때 무죄로 판결한 원심 판단은 시정되어야 한다는 것이다. 무엇보다 **그렇지 않을 경우,** 국가는 이들 3인의 피고인에게 배상 내지 형사보상을 해줘야 할 수 있으며, 더 나아가 삼척가족간첩단 사건으로 유죄를 받았던 다른 공동피고인들 역시 무죄가 선고되어야 하고, 이들에게도 국가배상 등을 하게 되는 상황이 **"심히 우려"**된다는 것이다. 즉 검찰이 내건 상고이유의 무게중심은 여타 피의자에 대해서까지 무죄로 번복될 상황과, 이들에게 주어야 할지도 모를 향후의 국가배상금 여부에 놓여 있었다. 2013년 당시 검찰에게는 사건의 진실 추적보다, 유신독재 시절부터 이어져온 검찰의 위상 수호와 국가배상금에 대한 절약이 더욱 절실한 문제였던 것이다.

물론 검찰의 상고에 김순자 등 3인도 대응했다. 재심에 이어 이들의 변호를 맡은 법무법인 정도는 사건명 '2013도 5918'에 대하여 대법원 제3부에 검찰 측 상고이유에 대한 〈답변서〉를 제출했다. 재판부에 제출하는 의견서나 답변서가 항시 그러하듯 해당 〈답변서〉 역시 긴 분량으로 준비, 제출되었다. 그러나 이미 재심에서 공소사실에 대하여 주로 변론한 내용을 제외하고 검찰 측 상고의 새로운 주장인 1심 법정진술에 대한 증거능력 관련 부분을 먼저 살펴보면 다음과 같은 요지였다.[33]

- 피고인 진술의 임의성에 다툼이 있을 때에는 그 임의성을 의심할 만한 합리적이고 구체적인 사실을 **검사가 증명해야 할 것**이고, 검사가 그 임의성의 의문점을 없애는 증명을 하지 못한 경우에는 그 진술증거는 증거능력이 부정된다.
- 피고인의 법정진술이라 할지라도, 이미 수사기관에서 불법체포와 감금, 극심한 고문 속에 조작된 진술을 담은 조서가 작성되었고, 가족의 안위에 대한 불안 속에 "검찰이나 법정에 가서 부인하면 언제라도 다시 돌아올 수 있다"고 협박한 수사관들이 법정 방청석에까지 항상 동석했던 상

태에서는 임의성 없는 심리상태나 트라우마가 단기간 내에 치유될 수 없었음이 분명하다.

- 실제 피고인 등은 저마다 시기나 경위는 다르나, 재판을 거듭하면서야 비로소 허위자백을 번복하고 사실을 밝히는 진술을 할 수 있었다.
- 이를 감안할 때 피고인들 및 공동피고인들의 1심 법정진술의 임의성에는 강한 의심이 들 수밖에 없는데, 그러한 임의성에 대한 의문을 없애는 **검사의 적극적인 입증은 없는 상황**이다.

변호인단은 폭력적인 경찰 수사단계는 물론, 검찰 조사 및 재판 과정에 이르기까지 수사관들의 계속된 관여가 피고인들을 지속적으로 압박하고 있었다는 점, 이 속에서 재판이 개시된다고 피고인들이 즉각적으로 자유로운 분위기에서 발언할 수는 없다는 상식적인 사실을 지적하고 있었다. 더 나아가 이러한 임의성에 대한 의문을 해소할 수 있는 증거를 검찰 측이 새롭게 제시하고 있는 상황도 아님을 꼬집고 있는 것이다.

이미 피고인들의 유죄증거로 재심대상판결에서 나왔던 증거 대부분은 그 증거능력을 상실했거나 유죄를 인정할 만한 수준에 이르지 못했던 상황이었다. 피고인 김순자의 경우 진현식이 요구한 자수를 놓아준 사실만이 있을 뿐, 이 역시 아무런 목적의식 없이 행한 것이며, 그 외에는 공소사실에 적시된 행위들을 했다는 증거가 없다. 윤정자와 고 김경옥의 1심 법정이나 항소이유서의 진술 역시 이 사건 공소사실에 대한 자백이 아니라 공소 외의 진현식의 은거와 침식 제공 부분에 그치고 있다.

이렇듯 변호인단의 〈답변서〉를 살펴보면 검찰 측이 새로운 증거도 없이 무리하게 상고를 했음이 잘 드러난다. 하지만 검찰이 더 중시한 또 하나의 상고이유가 있었음은 앞에서 지적한 바 있다. 삼척가족간 첩단 사건을 비롯한 과거 조작사건들이 계속 "무죄 확정"될 것에 대한 우려와 이에 대한 연쇄적 국가배상 가능성이었다. 이는 사건의 진실보다 검찰의 위신과 '국가 이익'을 중시하는 검찰의 민낯을 드러내는 부분이었다. 이에 대해 법무법인 정도는 〈답변서〉의 결론 부문에서 다음과 같이 반박했다.

검사의 논지는 이유 없으므로 검사가 제기한 상고를 기각하고 원심의 결론을 유지해 주시기 바라며,

참고로, 검사가 '전부 무죄 확정시의 문제점'으로 들고 있는 바와 같이 이 사건의 경우에는 '시대가 낳은 억울한 공안사건'과는 차원을 달리하며, '삼척 간첩단 사건'의 주범인 공동피고인 진항식이나 김상회 등에게도 무죄가 선고될 여지가 있기에 심히 우려된다는 취지는 적절한 상고이유가 될 수 없음을 떠나 전쟁과 분단이라는 틈바구니 속에서 친형제가 남과 북으로 갈라지는 이산을 겪은데 더하여 세월이 흐른 뒤 예기치 못하게 조우하게 되었고 부상으로 말미암아 수년을 은거할 수밖에 없었던 상황 오로지 그 하나로부터 '고정간첩'이라는 어마어마한 누명을 쓰고 두 집안의 가장 모두 사형당하고 장남과 동생이 무기징역형을 받은 것을 비롯하여 당시만 해도 10대 청소년에 불과했던(공동피고인 김태일, 진형대 등) 가족에 이르기까지 온가족 모두가 중형을 선고받고 남은 친족들 상당수가 시름을 못 이겨 자살로 생을 마감하는 등 **그야말로 멸문이 되다시피 참화를 겪은 것이 엄연한**

국가기관에 의한 고문, 조작의 결과인데 지금에 와서 여전히 '간첩단', '주범'의 인식으로 접근하는 것은 과거 자행된 인권유린의 과오에 대한 자정적 인식의 결여요 진정한 과거사 정리의 취지마저 몰각시키는 논지에 지나지 않을 것입니다.

이에 대한 최종 판단은 대법원의 몫이었다. 2013년 11월 14일 대법원 제3부는 검사 측이 제기한 상고에 대해 "상고를 모두 기각한다"고 판결했다. 대법원은 김순자, 윤정자, 고 김경옥의 손을 들어준 것이다. 판결문은 그 이유로 다음을 들었다.[34]

원심판결 이유를 **기록에 비추어 살펴보면**, 원심이 그 판시와 같은 이유를 들어 피고인들에 대한 이 사건 각 공소사실에 대하여 범죄의 증명이 없다고 판단하여 **무죄를 선고한 것은 정당**하고, 거기에 논리와 경험의 법칙을 위반하여 사실을 그릇 인정하거나 자백의 임의성 및 증거능력, 공판중심주의 등에 관한 **법리를 오해한 위법이 없다.**

이는 재판장 1인을 위시하여 3인의 주심까지, 총 4인 대법관의 일치된 의견이었다. 1979년부터 시작된 고통스러운 기나긴 3인의 여정이 대법원 선고를 통해 그나마 억울함을 덜고 법적인 무죄를 최종 공인받는 순간이었다.

제6장

# 다시 법정에 서다 2:

## 진항식 외 7인과 김태일

재심의 청구는 형사소송법에 의거하여 "원판결의 법원이 관할"하기 때문에 1979~1980년에 걸쳐 사건에 대해 형을 확정 선고한 법원을 기준으로 셋으로 나누어 진행되었다. 전장에서 살펴보았듯이 1980년 5월 1일 서울고등법원에서 감형 선고를 받은 김경옥, 김순자, 윤정자 등은 2010년 11월 서울고등법원에 재심을 청구했다. 그리고 1979년 12월 20일 춘천지방법원에서 선고된 형량이 항소심에서도 유지되었던 8인, 즉 진항식, 진창식, 진윤식, 진형대, 김상회, 김건회, 김달회, 김태룡은 2010년 11월 춘천지방법원에 재심을 청구했으며, 1979년 12월 4일 동해안경비사령부 보통군법회의에서 형이 확정된 김태일은 2010년 12월 춘천지방법원에 재심을 청구했다.

본장에서는 '진항식 외 7인'과 '김태일'의 재심과정을 살펴보려 한다. 양자의 재심은 형식적으로는 별개로 취급되었지만, 같은 날짜

(2014년 2월 18일) 동일한 재판부에 의해 재심개시가 결정되었고, 서울고등법원에서 이루어진 재심(항소심)의 공판 담당 검사, 재심(항소심) 재판부가 동일했으며, 두 항소심 판결에 대한 상고이유서 또한 동일한 검사에 의해 제출되었다는 점에서 알 수 있듯이 실질적으로는 별개로 독립하여 진행되었다고 보기 어렵다. 먼저 재심청구와 법원 재심개시 결정 과정에 대해 살펴보고, 이어서 춘천지방법원의 제1심, 서울고등법원의 항소심 판결, 그리고 대법원 확정판결에 이르기까지 법원의 재심과정과 판결 내용에 대해 검토하려 한다.

## 1. 재심청구와 법원의 재심개시 결정(2010년 11월~2014년 2월)

### 1) 재심청구

1979년 12월 20일 춘천지방법원에서 79고합39호 국가보안법 위반 등 사건으로 유죄판결을 받은 진항식 외 7인은 2010년 11월 법무법인 청솔(담당변호사 김용기, 임종석, 이한본)을 변호인으로 하여 원판결에 대한 재심을 청구했다. 진항식, 김상회, 김건회, 김달회는 이미 사망했기 때문에 그들의 자녀인 진형대(망 진항식의 아들), 김순자(망 김상회의 딸), 김태영(망 김건회의 아들), 김태서(망 김달회의 아들)가 대리 청구인이 되었다. 또한 1979년 12월 4일 동해안경비사령부 보통군법회의에서 보군형 제61호 국가보안법 위반 등 사건으로 10·26사건 이후 비상계엄하에서 단심재판으로 형이 확정된 김태일은 2010년 12월 법무법인 청솔(담당변호사 김용기, 임종석, 이한본)을 변호인으로 원판결에 대한 재심을 청구했다.

진항식 외 7인, 그리고 김태일의 재심청구서에서는 각각 원판결 (79고합39호, 보군형 제61호)의 요지를 설명하고 증거관계를 검토하여 해당 판결이 청구인들에 대한 장기간 불법구금과 폭행·가혹행위에 의해 이루어진 임의성 없는 허위자백, 수사관의 협박과 강요에 의한 참고인들의 허위진술에 근거한 것임을 주장했다.

재심청구서에서는 구체적인 재심 사유로서 먼저 장기간의 불법구금을 들었다. 진항식 외 7인의 재심청구서에서는, 수사기록 중 청구인들에 대한 각 '피의자동행보고'에 따르면 진항식과 진형대는 1979년 6월 14일 연행되었고, 진창식과 진윤식, 김상회, 김건회, 김달회는 각각 6월 15일 연행되어 조사를 받기 시작했지만, 공판기록에 따르면 청구인들에 대한 구속영장은 7월 21일에 집행되었음을 지적했다. 또한 당시 수사를 담당했던 치안본부 대공분실 수사관 신영일은 진실화해위원회의 조사에서 "당시에 체포영장이나 구속영장을 발부받은 바 없다. 당시에는 관행적으로 국가보안법 혐의자에 대해서는 임의동행 형식으로 검거하였다. 약 20일 정도 있었던 것으로 생각된다"고 진술했고, 대공분실 수사관 조금만은 "당시에 피의자가 너무 많아 지금 춘천의 중앙초등학교 옆에 있었던 광성여관이라는 곳에서 있게 했으며, 춘천경찰서 경찰들이 따로 감시를 나갔다. 당시에는 관행적으로 국가보안법 혐의자에 대해서는 체포영장이나 구속영장을 발부받아 연행한 적이 없으며, 임의동행 형식으로 검거하였다. 조사가 길었던 건 기억하는데 정확한 날짜는 모르겠으나, 약 한 달 반 정도 여관에서 지냈던 것으로 기억한다"고 진술했음을 제시했다. 이상의 기록과 진술을 종합해 볼 때, 청구인들은 구속영장이 발부되기 전까지 진항식, 진형대는 38일(6월 14일~7월 21일), 진창식, 진윤식, 김상회, 김건회, 김달회는 각 37일(6월 15일~7월 21일), 김태룡은 36일(6월 16일~7월 21일) 동안이나 불법으로 구금되어 조사를 받았던 사실이 명백하다고 강조했다.

김태일의 경우, 1977년 11월경 입대한 이래 사건 당시 제57연대 5대대 53중대에 소속된 군인의 신분이었다. 치안본부 대공분실에서 1979년 7월 11일 109보안부대로 김태일에 대한 수사 후 결과통보를 요청한 사실을 알 수 있으므로 최소한 그 무렵 연행되어 조사를 받다가 같은 달 20일 구속영장이 발부되어 다음 날인 21일 보통군사법원 검찰부장에게 송치되었기 때문에 청구인(김태일)은 구속영장이 발효하기 전까지 최소한 10일 이상 영장 없이 불법체포·감금상태로 조사를 받았음을 지적했다.

이상과 같은 청구인들에 대한 수사기관의 구금은 적법한 구속영장의 집행에 의하지 않았을 뿐 아니라 청구인들의 의사에 반하여 이루어진 불법구금으로서, 형법 제124조의 불법감금죄에 해당하나, 이는 형사소송법 제249조 제1항 제4호에 정한 공소시효기간 7년이 이미 경과하여 유죄의 확정판결을 받을 수 없는 상황이므로 형사소송법 제422조에 규정한 "확정판결을 받을 수 없을 때"에 해당되기에 같은 법 제420조 제7호에서 정한 '재심사유'에 해당한다고 주장했다.

이와 함께 재심사유로서 '폭행·가혹행위'를 들었다. 진항식 외 7인의 경우, 청구인 김상회가 춘천지방법원 1차 공판(1979년 9월 18일)에서 군사기밀을 누설하여 간첩한 사실이 있느냐는 검사의 신문에 대해 "안 했는데, 경찰에서 자꾸 했다고 하라고 해서 했다", 2차 공판(1979년

12월 6일)에서 "군사기밀을 누설하지 않았지만 하지 않았다고 수사기관에서 말할 그럴 분위기는 못되었다"고 진술했음을 지적했다. 또한 청구인 김건회도 춘천지방법원 1차 공판에서 군사기밀 탐지에 관한 검사의 신문에 "그런 사실이 없다. 절대로 한 적이 없다. 그렇게 기재된 것은 (수사기관에서) 조서를 기재하는 사람이 그렇게 쓴 것이다"라고 진술했던 사실을 환기했다.

청구인 진창식은 1979년 12월 14일 법원에 제출한 탄원서에서 "경찰관들이 '너희 형(진항식)과 태룡이가 너를 (통일혁명당 강원도위원회에) 가입시켰기 때문에 이렇게(고문) 해야 한다'며 벌을 주어서 벌을 이기지 못하고 그렇다고 썼다"고 호소했으며, 이후 서울고등법원에 제출한 항소이유서에서는 "진항식 심부름으로 진현식에게 약과 부식을 가져다준 일이 없는데도 경찰 조사 시 수사관들이 고문을 하여 그렇다고 (진술서를) 썼다. 판결문 범죄사실 대부분이 경찰 고문에 못 이겨 그렇게 쓰라 하여 썼다"고 주장했음을 지적했다. 청구인 김건회도 서울고등법원에 제출한 항소이유서에서 "조서를 받을 때 경찰에서 20여 일 동안 하루에 한 번씩 오라 하여 묻는바 한 일이 없는데 무엇이라고 알려드릴 말이 없습니다. 계장님네 마음대로 적어주시면 제가 도장을 찍어드린다 하여 안 한 사실을 많이 적었기에 (공소사실을) 부인합니다. 조서 받은 분에게 검찰청에 가서 검취 할 때 안 한 사실을 안 했다 한다 하니 만일 공소(사실)대로 안 했다 하여 서류가 빠꾸되면 다시 우리가 또 와서 조사를 하게 되면 그때는 죽을 줄 알라 하여 겁이 나서 검찰에 그대로 하였다"고 주장했음을 제시했다.

이와 같은 검사 신문에 대한 진술내용이나 진창식, 김건회가 제출한 항소이유서 및 탄원서의 내용과 더불어 진실화해위원회의 조사에서 당시 수사관 조금만이 진술한 내용을 '폭행·가혹행위'의 근거로 들었다. 조금만은 진실화해위원회 조사에서 "김용주 씨가 조사하는 중에 김달회한테 질문을 하는데 김달회가 말을 안 하자 바로 말하라며 막대기를 휘둘렀다. 그런데 그게 잘못 맞았는지 팔에 골절이 발생했다. 당시 선상골절이라는 진단이 나온 걸로 기억하며, 그 때문에 깁스도 했다. 나의 기억으로는 경찰 직원 중 운전수 등이 병원에 데리고 다녔던 것으로 기억되며, 아마 병원 진료 기록이 수사기록에 편철되어 있을 것이다. 그리고 확실치는 않지만 김용주 씨가 위에서 이 건으로 혼 좀 났을 것이다. 검찰에 송치될 때에도 깁스를 한 채로 간 것으로 기억한다"라고 진술했으며, "진항식의 경우도 삼척경찰서에서 연행된 뒤 자백하지 않아 많이 맞았고 거꾸로 매달렸다는 소리도 들었다", 또한 검찰 송치 이후 "주심문관이었던 김용주가 검찰에 가서 사건 설명도 하고, 피의자가 부인하면 가서 피의자와 대질조사도 하고 했던 것 같다"고 진술한 사실을 근거로 제시했다.

김태일의 경우, 서빙고 대공분실에서 갖은 고문이나 구타를 당했다고 일관되게 주장하고 있음을 강조했다. 특히 진실화해위원회의 조사에서 김태일이 밝힌 고문, 협박, 회유 등에 관한 구체적인 진술 내용을 재심청구서에 다음과 같이 제시했다.

강릉 군부대 사무실로 연행되어서 계급장 없는 군복으로 갈아입고 서빙고 대공분실로 이동해서 조사를 받았는데 평생자술서를 쓰다가 생각나서 쓰지를 못하면 곡괭이 자루처럼 생긴 몽둥이로 양쪽 어깨 죽지를 때리고 다른 수사관은 따귀를 때리고 주먹으로 때려서 실신을 하였다. 구타는 조사 받는 과정에서 심심하면 때렸다. 오금지에 몽둥이를 끼운 다음 꿇어앉게 하고 그 위를 밟아서 참지 못하고 기절하였는데 깨워보니 몸과 바닥에 물이 흥건하였다. 수사관들이 때려서 코피도 수없이 흘렸고 코뼈도 돌아갔다. 또한 손발을 묶고 얼굴에 수건을 걸쳐지게 하고 짬뽕 국물을 부었는데, 이 고문을 최소 6번 이상 당했다. 전기도문도 당해서 기절을 하였다. 연행 직전에 고참한테 구타당해 팔을 깁스한 상태였는데 수사관들은 아랑곳하지 않고 구타를 하여 다시 팔이 부러져 민간인 병원으로 갔던 기억이 있다. … 잠을 자지 못하게 해서 비몽사몽 상태로 조사를 받았는데, 깜박 졸면 수사관들이 '협조해주면 너를 원만하게 처리해 주겠다', '어머니와 아버지도 석방시켜 준다'고 회유도 하였다. … 군 검사 앞에서 서빙고에서 고문에 못 이겨 허위로 자백을 한 것이라고 모두 조작되었다고 하자 검사가 다시 보내서 조사받게 한다고 해서 '다시 끌려가면 죽는다. 살려 달라'고 하자 검사가 '나는 때리지 못하는 줄 알아' 하면서 검사 혼자 조서를 작성하고 지장 찍으라고 해서 다시 서빙고로 불려가 조사받을지 모른다는 두려움에 지장을 찍었다.

재심청구서에서는 이상과 같은 몇몇 청구인들의 진술과 진실화해위원회의 조사 내용 등을 종합해 볼 때, 청구인들은 불법구금 상태에서 수시로 구타와 고문, 협박 등 가혹행위를 받으며 수사기관의 의도에 따른 진술을 강요당했고, 이러한 억압상태는 검찰 조사까지도 이어졌음을 짐작할 수 있다고 주장했다. 이상의 사실은 형법 제125조의 폭행, 가혹행위죄에 해당하나 이 역시 공소시효기간의 만료로 유죄의 확정판결을 받을 수 없는 사정이 있기에 형사소송법 제420조 제7호, 제422조에 정한 재심사유에 해당된다고 했다.

이와 더불어 '진항식 외 7인'에 대한 원판결에서 청구인 김태룡, 진창식, 진형대, 김건회, 김달회가 이웃 주민과 친구 등에게 '북한은 잘 산다는 등'의 북한에 대해 찬양 동조했다는 공소사실에 대해서도 김태룡과 김건회는 항소이유서에서, 진창식과 김건회, 김달회는 공판에서 이를 부인했음을 지적했다. 또한 청구인들이 북한을 찬양한 사실을 들었다고 참고인으로서 진술한 권상구, 윤남수, 정의택, 엄상복 등이 진실화해위원회의 조사에서 당시 수사관의 협박과 강요에 의하여 '허위'로 진술했음을 인정한 사실을 근거로 제시하여 허위자백과 허위진술에 의해 유죄로 인정되었음을 주장했다.

요컨대 두 재심청구서는 '피의자동행보고' 등 수사기록, 사건 공판기록, 청구인들의 항소이유서와 탄원서 등 원판결(79고합39호, 보군형 제61호)에 관한 기존 재판기록을 입수, 재검토하여 얻은 결과와 함께 청구인들뿐 아니라 신영일, 조금만 등 사건 당시 수사관, 그리고 사건 당시 참고인으로서 조사받았던 청구인들의 친구들과 주변인 등 관련자들에 대한 진실화해위원회의 조사 결과를 재심 사유를 입증하는 핵심 근거로 삼았다. 이를 통해 청구인들이 남파된 간첩 진현식과 친인척 관계에 있어 인간적 정情으로 인해 은닉을 돕거나 만난 사실이 있을 뿐인데, 수사기관은 고정간첩단 사건으로 왜곡 조작한 것임을 주장했다.

## 2) 법원의 재심개시 결정

'진항식 외 7인', '김태일'의 재심청구서는 2010년 11~12월에 걸쳐 관할 법원인 춘천지방법원에 제출되어 서울고등법원에 대한 김순자, 김경옥, 윤정자의 재심청구와 비슷한 시기에 이루어졌다. 그런데 김순자 외 2인의 재심청구는 청구서 제출 후 1년 6개월가량 지난 2012년 5월 25일 서울고등법원에서 재심개시를 결정한 반면, '진항식 외 7인'과 '김태일'의 재심청구는 재심청구서 제출 후 3년이 지나도록 관할 법원의 결정이 이루어지지 않았다.

2012년 5월 김순자 외 2인의 원판결에 대한 법원의 재심개시가 결정되자 그 직후인 2012년 6월 '진항식 외 7인', '김태일'의 재심청구 담당변호사는 이를 참고자료로서 춘천지방법원 담당 재판부에 제출하고, 김순자 외 2인의 사건과 재심청구한 두 사건은 동일 사건 공범인 공동피고인의 관계에 있고, 증거 및 사실관계가 공통의 동일한 그 것임을 강조했다. 하지만 두 사건에 대한 재심개시 결정이 쉽사리 내려지지 않는 가운데 김순자 외 2인의 재심은 '2010재노77 국가보안법위반 등' 사건으로 재판 절차가 진행되었고, 재심개시 결정 이듬해 4월 25일 서울고등법원에서 무죄판결을 받게 되었다. 그 직후인 2013년 5월 14일 두 사건의 재심청구 담당 변호인은 '2010재노77 국가보안법위반 등' 사건에 대한 서울고등법원의 무죄판결문을 담당 재판부에 참고자료로 제출했으나, 수개월이 지나도 재심개시 결정이 이루어지지 않자 8월 28일 변호인 의견서를 거듭 제출하여 재심개시 결정을 촉구했다.

두 사건의 재심청구에 대한 법원의 결정이 내려지지 않은 가운데 김순자 외 2인에 대한 서울고등법원의 무죄 선고에 대해 검사는 상고했고, 2013년 11월 14일 대법원은 검사의 상고를 기각하는 판결을 내렸다. 두 사건의 담당변호사는 담당 재판부에 변호인 의견서를 제출하여 대법원 판결로 확정된 서울고등법원 2010재노77 사건에 대한 판결의 재심개시결정 이유나 증거 및 사실관계 판단은 재심청구한 두 사건에 있어서도 특단의 사정이 없는 한 합리적 근거 없이 배척하기 힘든 증명력을 갖는 것이므로 관련 사건이 이미 확정된 사정 등을 감안하여 조속한 시일 내에 재심개시 결정을 내려달라고 요청했다.

김순자 외 2인의 사건에 대한 대법원의 무죄 확정판결 후 3개월이 지난 2014년 2월 18일 춘천지방법원 담당 재판부(판사 정문성(재판장), 장민석, 김주현)는 '춘천지방법원 1979년 12월 20일 선고 79고합39 판결 중 피고인들에 대한 부분', 그리고 '동해안경비사령부 보통군법회의 1979년 12월 4일 선고 79보군형 제61호 판결' 모두에 대해 다음과 같이 동일하게 판단하여 재심개시를 결정했다.

살피건대, 이 사건 기록에 의하여 알 수 있는 삼척고정간첩단 사건 수사과정에서 관련자들을 상대로 불법구금, 가혹행위 등이 폭넓게 이루어졌음을 인정한 '진실·화해를위한과거사정리위원회'의 조사결과, 위 조사에서의 진창식, 진형대, 진윤식, 김강연, 조금만, 신영일, 윤남수, 정의택, 엄상복 등 삼척고정간첩단 사건 관련 피고인들과 수사 관련자들의 진술, 피고인 김태일의 진술 등을 종합하여 보면, 피고인 내지 피고인들과 공범관계에 있는 진항식, 김태룡, 진창식, 진형대, 진윤식, 김상회, 김건회, 김달회, 김순자, 윤정자, 김경옥 등이 수사과정에서 사법경찰관들로부터 불법체포·구금을 당하거나 구타·물고문 등 가혹행위를 당한 사실을 인정할 수 있고, 따라서 재심대상판결의 공소의 기초가 된 수사에 관여한 수사관이 그 직무에 관하여 형법 제124조 소정의 불법체포·구금감금죄 및 형법 제125조 소정의 폭행·가혹행위죄를 범한 사실이 증명되었다고 할 것이다.

한편, 피고인들과 위 공동피고인들이 수사기관에서 조사를 받은 것은 1979년이고, 이 사건 수사관들의 불법체포·불법감금죄는 그 법정형이 7년 이하의 징역과 10년 이하의 자격정지이고, 폭행·가혹행위죄는 그 법정형이 5년 이하의 징역과 10년 이하의 자격정지이므로 형사소송법 부칙(20007년 12월 21일 공포 법률 제8730호) 제3조, 구 형사소송법(2007년 12월 21일 법률 제8730호로 개정되기 전의 것) 제249조 제1항 제4호에 의하여 이미 5년의 공소시효가 완성되었음이 분명하다고 할 것이어서, 이는 형사소송법 제422조 소정의 '확정판결을 얻을 수 없는 때'에 해당한다고 볼 것이고, 앞서본 바와 같이 수사관들이 불법구금, 구타·고문 등 가혹행위를 함으로써 직무상 범죄를 저질렀다는 점이 확정판결을 대신할 정도로 증명된 이상, 이 사건은 형사소송법 제420조 제7호에서 정한 재심사유가 있는 경우에 해당한다고 할 것이다.[1]

위에서 확인할 수 있듯이 춘천지방법원 담당 재판부는 진실화해위원회의 조사 결과를 통해 삼척가족간첩단 사건의 수사과정에서 피고인들이 사법경찰관들에 의해 불법체포·구금을 당하고, 구타·물고문 등 가혹행위를 당한 사실을 인정할 수 있으며, 공소사실의 기초가 된 수사에 관하여 수사관들이 형법 제124조에서 규정한 불법체포·구금감금죄 및 형법 제125조에서 규정한 폭행·가혹행위죄를 범한 사실이 증명되었다고 판단했다. 다만, 이와 같은 사건 담당 수사관들의 불법체포·불법감금죄, 폭행·가혹행위죄 모두 공소시효가 완성되어 형사소송법에서 규정한 '확정판결을 얻을 수 없는 때'에 해당하므로 재심사유가 있다고 결정한 것이었다.


## 2. 춘천지방법원의 재심(1심) 무죄판결

2014년 2월 18일 재심개시 결정에 따라 '진항식 외 7인'에 대한 2010 재고합4 국가보안법위반(간첩) 등 사건, '김태일'에 대한 2010재고합5 국가보안법위반(간첩) 등에 관한 사건은 춘천지방법원 제2형사부에 배정되어 재판이 진행되었다.

먼저 '진항식 외 7인'에 대한 2010재고합4 국가보안법위반(간첩) 등 사건은 재심개시 결정 후 10개월이 지난 2014년 12월 12일 춘천지방법원에서 무죄가 선고되었다. 원판결의 공소사실을 토대로 검찰은 '진항식 외 7인'의 피고인들에 대해 전체 49쪽에 달하는 공소사실을 제기했다. 그 요지를 정리하면 〈표 6-1〉과 같다.


〈표 6-1〉 피고인들에 대한 검찰의 공소사실 요지[2]

진항식

| | 공소사실 | 적용법조 |
|---|---|---|
| 제1의 가, 나 1) | 1968년 10월경~1975년 10월경 피고인의 집에 은신하게 하는 등으로 간첩방조 | 구 국가보안법(1962년 9월 24일 법률 제1151호로 개정된 것, 이하 동일) 제2조 형법 제98조 제1항 후단 |
| 제1의 나 2) | 1968년 11월경 간첩에게 군사상 기밀을 탐지, 제보하여 간첩 | 구 국가보안법 제2조 형법 제98조 제1항 전단 |

| | | |
|---|---|---|
| 제1의<br>다 1) | 1968년 12월경~1973년 3월경 피고인 김상회에게 금전을 지원하여 간첩을 피고인 김상회의 집에 은신하게 하거나, 피고인 진창식에게 약과 부식 등을 간첩에게 전달하는 등으로 간첩방조 | 구 국가보안법 제2조<br>형법 제98조 제1항 후단 |
| 제1의<br>다 2) | 1970년 6월경~1973년 7월경 피고인 진윤식으로부터 국가 중요기업에 관한 기밀을 탐지, 수집하여 간첩 진현식에게 제보하는 등 간첩 | 구 국가보안법 제2조<br>형법 제98조 제1항 전단 |
| 제1의<br>라 | 1974년 7월경~1975년 4월경 군사상 기밀을 탐지, 수집하여 간첩 | 구 국가보안법 제2조<br>형법 제98조 제1항 전단 |
| 제1의<br>마 1), 5),<br>7), 9) | 1975년 4월경 간첩 김 모 등과 회합, 이들로부터 금품 수수 | 구 반공법(1968년 3월 18일 법률 제1997호로 개정된 것, 이하 동일) 제5조 제1항 |
| 제1의<br>마 2), 3),<br>8) | 1975년 4월경 간첩 김 모, 이 모를 피고인의 집에 은신시키면서 편의를 제공하고, 피고인 김태룡, 진형대를 간첩에게 안내하여 군사상 기밀을 제보하게 하여 간첩방조 | 구 국가보안법 제2조<br>형법 제98조 제1항 후단 |
| 제1의<br>마 4) | 1975년 4월 13일 피고인 김태룡, 진창식과 함께 간첩과 반국가단체인 통일혁명당 강원도위원회를 구성하여 간부로 종사하고, 내란 예비·음모 | 구 국가보안법 제1조 제2호<br>형법 제90조 제1항, 제87조 제2호 |
| 제1의<br>마 6) | 1975년 4월 13일 반국가단체(북한)의 구성원과 통신연락할 목적으로 예비·음모 | 구 반공법 제5조 제3항, 제1항 |
| 제1의<br>바 1), 3) | 1975년 9월경 및 1977년경 반국가단체(북한)의 활동을 찬양, 동조 | 구 반공법 제4조 제1항 |
| 제1의<br>바 2) | 1976년 7월경 부산 다대포 소재 군부대에 관한 군사상 기밀을 탐지, 수집하여 간첩 | 구 국가보안법 제2조<br>형법 제98조 제1항 전단 |
| 제1의<br>바 4) | 1975년경~1979년경 반국가단체(북한)과 통신 | 구 반공법 제5조 제1항 |
| 제1의<br>바 5) | 1974년 8월경~1979년 반국가단체(북한)를 찬양하는 표현물 보관 | 구 반공법 제4조 제2항 |

# 김태룡

| 공소사실 | | 적용법조 |
|---|---|---|
| 제2의<br>가 1), 2), 4) | 1969년 5월경~1971년 5월경 간첩 진현식 등에게 국가 주요 산업시설의 규모와 군사상 기밀을 제보하여 간첩 | 구 국가보안법 제2조<br>형법 제98조 제1항 전단 |
| 제2의<br>가 3) | 1969년 7월경 간첩에게 물품을 제공하고 불온삐라를 살포하여 간첩 방조 | 구 국가보안법 제2조<br>형법 제98조 제1항 후단 |
| 제2의<br>가 5) | 1971년 5월경 반국가단체(북한)의 지령을 받은 자가 그 목적 수행을 위하여 군사상 기밀 누설 | 구 국가보안법 제2조<br>형법 제98조 제2항 |
| 제2의<br>나 1), 4)의 가 | 1975년 4월경 간첩으로부터 금품 수수 | 구 반공법 제5조 제1항 |
| 제2의<br>나 2) | 1975년 4월 13일 피고인 진항식, 진창식과 함께 간첩과 반국가단체인 통일혁명당 강원도위원회를 구성하여 간부로 종사하고, 내란 예비·음모 | 구 국가보안법 제1조 제2호<br>형법 제90조 제1항, 제87조 제2호 |
| 제2의<br>나 3) | 1975년 4월 13일 반국가단체(북한)의 지령을 받은 자가 그 목적 수행을 위하여 군사상 기밀 누설 | 구 국가보안법 제2조<br>형법 제98조 제2장 |
| 제2의<br>나 4)의 나) | 1975년 4월 13일 반국가단체(북한)의 구성원과 연락할 목적으로 예비·음모 | 구 반공법 제5조 제3항, 제1항 |
| 제2의<br>나 5) | 1975년 4월경 반국가단체(북한)의 활동을 찬양, 동조 | 구 반공법 제4조 제1항 |
| 제2의<br>나 6) | 1975년 4월 14일 반국가단체(북한)의 지령을 받은 자가 그 목적 수행을 위하여 무기 기타 물건을 이동 | 구 국가보안법 제3조 제3호 |
| 제2의<br>다 1), 2), 3) | 1975년 6월경~1979년 2월경 반국가단체(북한)의 활동을 찬양, 동조 | 구 반공법 제4조 제1항 |
| 제2의<br>다 2) | 1977년 5월경 부산 다대포 부근 북한 공작금 매몰, 발굴을 시도, 그 결과를 보고하여 반공법 및 국가보안법 위반자에 대한 편의제공 | 구 반공법 제7조 |

**진창식**

| 공소사실 | | 적용법조 |
|---|---|---|
| 제3의<br>가 | 1969년 1월경~1973년 3월경 간첩 진현식에게 음식 등을 배달하는 등으로 간첩방조 | 구 국가보안법 제2조<br>형법 제98조 제1항 후단 |
| 제3의<br>나 1) | 1969년 9월경~1972년 5월경 간첩 진현식에게 군사상 기밀을 제보하여 간첩 | 구 국가보안법 제2조<br>형법 제98조 제1항 전단 |
| 제3의<br>나 2), 3) | 1971년 12월경 및 1972년 5월경 반국가단체(북한)의 지령을 받은 자가 그 목적 수행을 위하여 군사상 기밀 누설 | 구 국가보안법 제2조<br>형법 제98조 제2항 |
| 제3의<br>다 1), 4) | 1975년 4월경 반국가단체(북한)의 구성원으로부터 금품 수수 | 구 반공법 제5조 제1항 |
| 제3의<br>다 2) | 1975년 4월 13일 진항식, 김태룡과 함께 간첩과 반국가단체인 통일혁명당 강원도위원회를 구성하여 간부로 종사하고, 내란 예비·음모 | 구 국가보안법 제1조 제2호<br>형법 제90조 제1항, 제87조 제2호 |
| 제3의<br>다 3) | 1975년 4월 14일 반국가단체(북한)의 지령을 받은 자가 그 목적 수행을 위하여 군사상 기밀 누설 | 구 국가보안법 제2조<br>형법 제98조 제2항 |
| 제3의<br>다 5), 6) | 1975년 6월경 및 1976년 9월경 반국가단체(북한)를 찬양하거나 계를 조직, 운영하여 북한에 동조 | 구 반공법 제4조 제1항 |

## 진형대

| | 공소사실 | 적용법조 |
|---|---|---|
| 제4의 가 1) | 1973년 9월경 간첩 진현식에게 식사 등을 운반하는 등으로 간첩방조 | 구 국가보안법 제2조<br>형법 제98조 제1항 후단 |
| 제4의 가 2), 나 | 1973년 10월경~1975년 4월경 간첩 진현식에게 군사상 기밀을 제보하여 간첩 | 구 국가보안법 제2조<br>형법 제98조 제1항 전단 |
| 제4의 다 | 1975년 5월경~1979년 2월경 반국가단체(북한)와 통신 | 구 반공법 제5조 제1항 |
| 제4의 라 | 1975년 8월경~1979년 5월 군사상 기밀 탐지, 수집하여 간첩 | 구 국가보안법 제2조<br>형법 제98조 제1항 전단 |
| 제4의 마 | 1975년 5월경~1979년 4월 하순경 북한방송 청취, 정책에 동조하거나 다른 사람에게 반국가단체를 찬양 | 구 반공법 제4조 제1항 |

## 진윤식

| | 공소사실 | 적용법조 |
|---|---|---|
| 제5의 가, 나 | 1969년 10월경~1973년 7월경 반국가단체(북한)를 자진 지원할 목적으로 군사상 기밀 누설 | 구 국가보안법 제5조 제1항 및 제2조<br>형법 제98조 제2항 |

## 김상회

| 공소사실 | | 적용법조 |
|---|---|---|
| 제6의 가 | 1968년 12월경~1973년 3월경 간첩 진현식 등에게 숙식을 제공하고 차남인 피고인 김태룡, 동생인 피고인 김달회, 김건회에게 간첩방조를 하게 하는 등으로 간첩방조 | 구 국가보안법 제2조 형법 제98조 제1항 후단 |
| 제6의 나 | 1969년 1월경 간첩 진현식 등에게 군사상 기밀 제보하여 간첩 | 구 국가보안법 제2조 형법 제98조 제1항 전단 |
| 제6의 다 | 1969년 8월경 및 1975년 4월경 반국가단체(북한)의 지령을 받은 자가 그 목적 수행을 위하여 무기 기타 물건을 이동 | 구 국가보안법 제3조 제3호 |
| 제6의 라 | 1974년 4월경 반국가단체(북한) 구성원으로부터 금품 수수 | 구 반공법 제5조 제1항 |
| 제6의 마 | 1975년 5월경 북한 방송을 듣고 반국가단체(북한)에 동조 | 구 반공법 제4조 제1항 |

## 김건회

| 공소사실 | | 적용법조 |
|---|---|---|
| 제7의 가 | 1969년 8월경 간첩 진현식에게 군사상 기밀을 제보하여 간첩 | 구 국가보안법 제2조, 형법 제98조 제1항 전단 |
| 제7의 나 | 1969년 8월경 간첩 진현식이 다른 사람을 포섭하는 것을 도와 간첩방조 | 구 국가보안법 제2조 형법 제98조 제1항 후단 |
| 제7의 다 | 1978년 4월경~1978년 7월경 다른 사람에게 반국가단체(북한)를 찬양하고, 계를 조직하는 등으로 북한에 동조 | 구 반공법 제4조 제1항 |

김달회

| 공소사실 | | 적용법조 |
|---|---|---|
| 제8의 가 | 1969년 4월경~1979년 8월경 간첩 진현식에게 군사상 기밀을 제보하여 간첩 | 구 국가보안법 제2조 형법 제98조 제1항 전단 |
| 제8의 나 | 1975년 11월경~1977년 11월경 계를 조직하거나 다른 사람에게 반국가단체(북한)를 찬양하는 등으로 반국가단체를 이롭게 하는 행위를 함 | 구 반공법 제4조 제1항 |
| 제8의 다 | 1976년 6월경 반국가단체(북한)의 지령을 받은 자가 그 목적 수행을 위하여 무기 기타 물건을 이동 | 구 국가보안법 제3조 제3호 |

담당 재판부[판사 강성수(재판장), 이희경, 이소진]는 판결문에서 위 검찰의 공소사실에 관한 개별증거에 대한 판단에 앞서 피고인들 및 공동피고인들이 이 사건의 수사과정에서 불법구금과 고문 및 가혹행위를 당했다고 적시했다. 삼척경찰서에서 작성한 '피의자동행보고'에 의거하여 피고인들과 공동피고인들은 법원의 영장 없이 연행되어 최소 10일에서 30일 가까이 불법구금되었다고 보았다. 또한 피고인들을 조사했던 당시 대공분실 수사관 신영일과 조금만이 진실화해위원회 조사에서 진술한 내용, 피고인들(진항식, 김태룡, 진창식, 진형대, 진윤식, 김상회, 김건회, 김달회)과 공동피고인들(김순자, 윤정자)이 원심(제1심, 항소심) 법정에서 진술한 내용뿐 아니라 항소이유서 및 탄원서의 진술내용, 그리고 진실화해위원회 조사에서 진술한 내용을 근거로 수사과정에서 자행된 불법구금과 고문·가혹행위, 협박과 회유 등의 사실을 인정했다.

피고인들 및 공동피고인들 외에도 항소심 법정에서 증인으로 출석하여 "경찰이 무릎을 꿇게 하고는 '고문실로 가봐야 제대로 말하겠느냐'며 가혹행위와 협박을 가하였고, '윤정자가 이미 다 말했으니 말하라'고 하여 경찰이 불러주는 대로 진술하였다"고 한 진복자의 진술내용, 그리고 제1심 법정에서 증인으로 출석하여 "피고인 진창식으로부터 공소사실과 같이 북한을 찬양하는 말을 들었다"고 진술한 권상구가 진실화해위원회 조사에서 당시 법정증언이 경찰의 협박에 의한 것이었다고 진술한 내용, 경찰의 수사과정에서 공동피고인 김순자로부터 북한을 찬양하는 말을 들었다고 진술했던 김강연, 그리고 피고인 진형대로부터 북한을 찬양하는 말을 들었다고 진술했던 윤남수, 정의택, 엄상복이 진실화해위원회 조사에서 그와 같은 자신들의 진술이 수사관들의 협박과 강요에 의한 것이었다고 진술한 내용을 근거로 삼았다. 또한 피고인 김달회에 대해 1979년 9월 9일 춘천교도소에 입소 당시 작성된 '신체감정서'에 기재된 김달회의 신체 중 우측 허벅지에 '7번', 즉 '다친 자리'라고 표시되어 있다는 점도 근거로 들었다.

재판부는 〈표 6-1〉의 공소사실 증명을 위하여 검사가 제출한 증거로서 ① 피고인들 및 공동피고인들에 대한 각 검찰 피의자 신문조서, ② 피고인들 및 공동피고인들에 대한 각 경찰 피의자 신문조서, 피고인들 및 공동피고인들이 경찰에서 작성한 자술서 내지 진술서, ③ 피고인들 및 공동피고인들이 아닌 주변인들에 대해 검찰에서 작성된 피의자 신문조서 및 진술조서, ④ 피고인들 또는 공동피고인들이 아닌 주변인들에 대해 경찰에서 작성된 피의자 신문조서 및 진술조서, ⑤ 일부 피고인들과 일부 공동피고인들, 그리고 그 주변인들에 대한 각 자술서 내지 진술서, ⑥ 경찰이 작성한 압수조서, 검증조서, ⑦ 피고인 진항식, 김상회에 대한 전과통보서, ⑧ 압수된 증 제1~99호증이 있음을 열거했다.

먼저 재판부는 공소사실을 인정하는 취지의 ① 피고인들 및 공동 피고인들에 대한 검찰 피의자 신문조서는 다음과 같은 대법원 기존 판례에 비춰 그 진술의 임의성을 판단해야 한다고 적시했다.

임의성이 없는 진술의 증거능력을 부정하는 취지는, 허위진술을 유발 또는 강요할 위험성이 있는 상태 하에서 행하여진 진술은 그 자체가 실체적 진실에 부합하지 아니하며 오판을 일으킬 소지가 있을 뿐만 아니라 그 진위를 떠나서 진술자의 기본적 인권을 침해하는 위법 부당한 압박이 가하여지는 것을 사전에 막기 위한 것이므로, 그 임의성을 의심할 만한 합리적이고 구체적인 사실을 피고인이 증명할 것이 아니고 검사가 그 임의성의 의문점을 없애는 증명을 하여야 할 것이고, 검사가 그 임의성의 의문점을 없애는 증명을 하지 못한 경우에는 그 진술증거는 증거능력이 부정된다 할 것이다. 또한 기록상 진술증거의 임의성에 관하여 의심할 만한 사정이 나타나 있는 경우, 법원은 직권으로 그 임의성 여부에 관하여 조사를 하여야 하고, 임의성이 인정되지 아니하여 증거능력이 없는 진술증거는 피고인이 증거로 함에 동의하더라도 증거로 삼을 수 없다. (대법원 2006년 11월 23일 선고 2004도7900판결 참조)

피고인이 비록 검사 앞에서 조사받을 당시는 자백을 강요당한 바 없다고 하여도 검사 이전의 수사기관에서 고문 등 가혹행위로 인하여 임의성 없는 자백을 하고 검사의 조사 단계에서도 임의성 없는 심리상태가 계속되어 동일한 내용의 자백을 하였다면 검사 앞에서의 자백도 임의성 없는 자백이라

고 볼 수밖에 없다. (대법원 1992년 11월 24일 선고 92도2409판결 참조)

　위와 같은 대법원 판례에 입각하여 앞서 이 사건의 수사과정에서 피고인들 및 공동피고인들이 당했다고 인정되는, 즉 ㉮ 피고인들 및 공동피고인들이 삼척경찰서 등에서 불법 체포된 후 장기간 불법구금 상태에서 조사를 받은 점, ㉯ 경찰 수사관들에 의하여 수사과정에서 피고인들 및 공동피고인들에 대한 구타 등 고문·가혹행위가 광범위하게 이루어진 것으로 보이는 점, ㉰ 피고인들 및 공동피고인들에 대한 검찰조사 시에도 위와 같이 가혹행위를 한 경찰관이 배석하여 위협적인 분위기를 조성하면서 자백하지 않을 경우 가족관계에 있는 다른 피고인이 무사하지 못할 것이라는 취지의 협박을 하거나, 자백 진술을 번복하는 경우에는 다시 구타 등 가혹행위를 한 후 다시 검찰에서 자백취지의 진술을 받아낸 점 등을 종합하면, 피고인들과 공동피고인들의 경찰 진술뿐만 아니라 검찰에서의 진술까지도 임의성이 없는 상태에서 이루어졌다고 의심할 만한 사유가 있고, 검사가 그 임의성의 의문점을 없애는 증명을 하지 못하고 있으므로, 이 부분은 증거능력이 없다고 판단했다.

　이와 함께 ② 피고인들과 공동피고인들에 대한 각 경찰 피의자 신문조서와 경찰에서 작성한 자술서 내지 진술서는 피고인들이 이 법정에서 그 내용을 부인하고 있으므로 형사소송법 제312조 제3항[3]에 의거하여 증거능력이 없고, ③·④·⑤ 피고인들 및 공동피고인들이 아닌 주변인에 대한 검찰 및 경찰 진술조서와 이들이 작성한 자술서 내지 진술서는 피고인들이 증거로 함에 동의한 바 없고, 진술내용과 동일하게 기재되어 있음이 원진술자의 진술에 의하여 증명되거나 작성자의 진술에 의하여 그 성립의 진정이 증명되지 아니했으므로 형사소송법 제313조⁴에 의하여 증거능력이 없으며, ⑥ 경찰이 작성한 압수조서와 검증조서 또한 피고인들이 증거로 함에 동의한 바 없고, 작성자의 진술에 의하여 그 성립의 진정이 증명되지 아니했으므로, 형사소송법 제313조에 의하여 증거능력이 없다고 판단했다. 또한 ⑦ 피고인 진항식, 김상회에 대한 전과통보서에 대해서는 두 피고인의 과거 전과 기록에 대한 것으로는 이 사건 각 공소사실을 유죄로 인정하기 부족하다고 판단했다.

마지막으로 ⑧ 압수된 증 제1내지 99호증에 대한 1심 재판부의 판단을 살펴보자. 재판부는 판결문에서 다음과 같이 대법원 판례를 인용하여 증거수집 원칙을 환기했다.

기본적 인권 보장을 위하여 압수 수색에 관한 적법절차와 영장주의의 근간을 선언한 헌법과 이를 이어받아 실체적 진실규명과 개인의 권리보호 이념을 조화롭게 실현할 수 있도록 압수·수색절차에 관한 구체적 기준을 마련하고 있는 형사소송법의 규범력은 확고히 유지되어야 하므로 헌법과 형사소송법이 정한 절차에 따르지 아니하고 수집한 증거는 물론이거니와, 이를 기초로 하여 획득한 2차적 증거 또한 기본적 인권보장을 위해 마련된 적법한 절차에 따르지 않은 것으로서 원칙적으로 유죄 인정의 증거로 삼을 수 없다. (대법원 2007년 11월 15일 선고 2007도3061 전원합의체판결; 대법원 2009년 3월 12일 선고 2008도11437 판결 등 참조)

이어서 재판부는 사건기록에 따르면, 사법경찰관 신경수는 1979년 6월 14일 피고인 진항식을 영장 없이 체포한 뒤 그의 집을 임의로 수색하여 소련제 권총 등 63점을 발견·압수했고, 사법경찰관 양항모가 1979년 6월 17일 피고인 김달회의 진술에 따라 집 뒷산 대나무 밭을 수색하여 북괴제 권총 등 6점을 압수했던 사실, 사법경찰관 함윤호가 1979년 6월 17일 피고인 김상회의 집에서 그에게서 피고인 김태룡 소유의 트랜지스터라디오 1점을 임의 제시받아 압수했던 사실, 사법경찰리 김진영 등이 1979년 6월 27일 피고인 김상회의 집 뒷산에서 권총 등 18점을 압수했던 사실, 사법경찰리 김남순이 1979년 7월 10일 피고인 진항식의 방에서 주사기 등 4점을 압수했던 사실, 사법경찰리 김진영이 1979년 7월 14일 피고인 김건회의 집 안방에서 라디오 등 2점을 압수했던 사실, 사법경찰리 황두상이 1979년 7월 19일 피고인 진항식으로부터 공기총 1점을 압수했던 사실이 있지만, 이에 대하여 사전에 또는 사후에라도 영장이 발부되었다거나, 소유자 등이 임의제출했음을 인정할 증거가 없다고 지적했다.

따라서 위와 같이 수집한 증거들은 ⓐ 적법한 현행범인 체포나 긴급체포의 경우에 해당하는 것이 아니고, ⓑ 범행 중 또는 범행 직후의 범죄장소라고 볼 수 없는 곳에서 영장 없이 압수·수색을 하고 사후에도 적법한 시간 내에 지체 없이 압수·수색영장을 청구하여 발부받지 아니한 것들이기 때문에 형사소송법상 영장주의 원칙을 위반하여 수집하거나 그에 기초한 증거로서 그 절차 위반행위가 적법절차의 실질적인 내용을 침해하는 정도에 해당할 것이므로, 형사소송법 제308조의 2[5]에 의하여 증거능력이 없다고 판단했다.

이상과 같은 판단에 근거하여 재판부는 검사가 제출한 증거들이 증거능력이 없어 증거로 쓸 수 없거나, 그 자체만으로는 이 사건 공소사실을 증명하기에 부족한 것들뿐이며, 공소사실에 일부 부합하는 듯한 피고인들과 공동피고인들 및 증인들의 법정진술 또한 그 임의성을 인정할 수 없으며, 달리 이 사건 공소사실을 인정할 만한 뚜렷한 증거가 없다고 결론지었다. 따라서 재판부는 이 사건 공소사실은 범죄의 증명이 없는 경우에 해당하므로 형사소송법 제325조 후단[6]에 의하여 피고인들에게 각 무죄를 선고했다.

이상과 같이 '진항식 외 7인'에 대한 재심(1심)에서 무죄 선고가 되고, 그로부터 5개월 뒤인 2015년 4월 10일 김태일에 대한 2010재고합5 국가보안법 위반(간첩), 반공법 위반 사건의 재심(1심)에서 무죄가 선고되었다.

김태일 사건에 대한 재심(1심) 재판부[판사 마성영(재판장), 류영재, 이석준]는 판결문에서 이 사건 재심에서 검사가 피고인이 이 사건 공소사실을 행했다는 점을 인정할 증거를 제출하지 못하여 이에 대한 증거조사절차조차 이루어진 바 없음을 지적했다. 그 이유는 김태일에 대한 1979년 12월 4일 원판결 당시 작성된 공판조서가 현존하지 않았기 때문이었다. 재심 당시 김태일의 원판결에 관한 기록은 사실상 다음과 같은 범죄사실과 증거요지, 적용 법률을 담은 판결문뿐이었다.

(판결) 이유

〈범죄사실〉 피고인은 본적지에서 농업을 하던 김상회의 3남으로 출생하여
향리 양지국민학교를 졸업하고 가정 빈곤으로 상급학교에 진학치 못하고
가사에 조력하는 한편 1968년 3월경부터 궁촌리에서 마련된 재건중학교
(토요일 및 일요일에만 수학)에 다니다가 1969년 3월 근덕중학교에 입학케
되므로 학교부근에서 자취를 하면서 통학하던 중 1970년 3월 강원도 북평
읍에 있는 북평중학교에 진학하여 1972년 2월 7일(?) 동교를 졸업하고 그
해 2월 상급학교 입학시험에 응시차 상경한 이래 서울 행당동에 있는 벽
지 제조회사인 대한산업사 잡부, 부산시 동래구 민락동에 있는 대창목재공
업주식회사 공원, 서울 금강제화주식회사 판매원 등으로 전전 종사하다가
1977년 11월 8일 군에 입대하여 소정의 교육을 마치고 1977년 12월 26일
현 소속부대에 배치되어 상병으로 복무 중에 있는 자이고 공소의 진현식은
외가당숙인 자로서 동인은 6·25사변시 월북하였다가 1968년 12월경 김홍
로(56세)를 대동 대남간첩으로 남파되어 피고인의 당시 주거지인 강원도
삼척군 근덕면 궁촌리 967번지 소재 골방에 잠입한 자인바,
(1) 북한괴뢰 집단이 국헌을 위배하여 정부를 참칭하고 국가를 변란할 목
적으로 불법조직된 반국가단체이며 대한민국을 전복시켜 저들이 말하는
남한의 공산화를 통한 통일을 실현하기 위하여 온갖 방법을 자행하고 있고
위 진현식은 위 목적을 위하여 대남간첩으로 밀파되어 불온공작을 수행하
기 위한 간첩이라는 것을 잘 알고 있음에도 불구하고 1969년 7월 일자불
상경 위 피고인의 집 골방에서 삼척에서 북평으로 가는 길에 군부대의 위
치 및 규모 등 군사기밀을 탐지, 제보하라는 지령을 받고 위 목적수행을 위

하여 1970년 3월 초순경 전 동해안경비사령부의 위치와 규모 및 부대시설 등을 탐지하여 1970년 12월말경 위 진현식에게 "후진리 국도 옆 버스 정류장 오른편에 큰 부대가 있고 부대 담벽에는 '졸면 죽는다'라고 쓰여 있으며 부대정문으로 병졸 5~6명이 열을 지어 부대를 출입하며 헌병이 부대정문 위병소 앞에서 교통정리 및 경계근무를 하고 있고 부대 울타리 안에는 군용차량 약 20대가 정렬, 정차하고 있다"는 등 당시 강원 삼척군 삼척읍 갈천리 소재 동해안경비사령부의 위치 규모 및 부대시설 등 군사에 관한 기밀을 제보하여 위 진현식의 군사목적을 위한 간첩활동을 방조하고,

(2) 1975년 4월 일자불상경 서울 성동구 성수동 1가 34 소재 피고인의 전세방에서 모친 김경옥(여, 57세)으로부터 "진현식은 삼척군 근덕면 궁촌리 소재 우리 집에 머무르다가 1973년 10월경 삼척군 원덕면 갈남리 소재 진항식 집에 가 있다가 산으로 죽으로 간다고 집을 나갔다", "진항식이가 수일전 우리 집에 왔다 갔는데 이북에서 온 성명불상자가 진항식을 만나 회합하고 동인에게 돈을 주고 갔는데 동인이 우리 집에 와서 돈 25만원을 아버지 김상회(남, 58세)에게 건네주었다"라고 함을 듣고 위 진항식은 북괴간첩 진현식에게 잠복, 회합 연락을 위한 은닉장소를 마련, 편리를 제공해주고 이북에서 넘어온 성명불상자와 회합하고 지령을 받는 자임을 인지하고 피고인의 부 김상회, 모 김경옥은 반국가단체의 구성원으로부터 지령을 받고 간첩활동 중에 있는 위 진항식과 회합하고 동인으로부터 금품의 제공을 받는 등의 행위를 한 사실을 인지하고 수사정보기관에 이를 각 고지하지 아니하고,

(3) 1977년 10월 일자불상경 군입대를 앞두고 용돈을 마련하기 위하여 경상남도 창원군 대산면 가술리 도로포장 공사장에서 일하고 있는 실형 김태룡

(남, 30세)을 찾아가 동인으로부터 "진항식이가 1976년 7월경 이북에서 부산 다대포에 묻어둔 공작금을 캐가라는 지시를 받고 현장에 가보니 군부대가 있어 실패하고 돌아와 누이 김순자(여, 36세)로 하여금 재차 발굴공작을 하도록 하였으나, 실패한 사실이 있는데 그 돈이라도 찾았더라면 너의 용돈을 줄 수가 있었을 것이다"라는 말을 듣고 위 진항식이는 반국가단체의 구성원과 통신 등으로 연락하고 지령을 받는 자임을 인지하고, 피고인의 실형 김태룡, 실매 김순자는 위 진항식과 회합하고 연락을 하고 동인으로부터 지령을 받는 자임을 인지하고서 수사정보기관에 이를 고지하지 아니한 것이다.

〈증거의 요지〉 위 판시 사실은

1. 피고인의 이 법정에서의 판시사실에 부합하는 진술

1. 검찰관 및 군사법경찰관 작성의 피고인에 대한 각 피의자 신문조서 중 판시사실에 부합하는 진술 기재

1. 군사법경찰관 작성의 참고인 김태룡, 김경옥에 대한 각 진술조서 및 춘천지방검찰청 검찰주사 임동표 작성의 상 피의자 진항식에 대한 피의자 신문조서 사본 중 판시사실에 부합하는 진술 기재

1. 군사법경찰관 작성의 수사보고서(약도 포함, 1979년 7월 14일) 중 판시사실에 부합하는 기재 등을 종합하면 그 증명이 충분하다.

〈법령의 적용〉 법률에 비추건대 판시 소위 중

판시 제1. 간첩방조의 점을 국가보안법 제2조, 형법 제98조 2항(유기징역형 선택)에

판시 제2, 3의 각 반공법위반의 점은 반공법 제8조, 국가보안법 제9조에 각 해당하는바 위 수죄는 형법 제37조 전단의 경합범이므로 동법 제38조 제2항, 제20조에 의하여 형이 가장 중한 판시 제1 간첩방조죄에 정한 형에 경합가중한 형기의 범위내에서 피고인을 징역 7년에 처하고 국가보안법 제11조, 반공법 제16조에 의하여 그 범위내에서 자격정지 7년을 병과하여 형법 제57조에 의하여 이 판결 선고전 구금일수 중 140일을 위 징역형에 산입하기로 한다.

이에 주문과 같이 판결함.

1972년 12월 4일 동경사 보통군법회의
재판장 중령 허갑, 법무사 중위 곽현수, 심판관 소령 김동열

이상과 같이 김태일에 대한 원판결 공판조서가 남아 있지 않은 상황에서 김태일의 재심은 독자적으로 진행되기 어려웠다고 할 수 있으며, 위의 인용문이 재심 당시 존재하는 유일한 범죄사실과 증거에 관한 기록임을 감안한다면 김태일의 범죄사실은 진항식, 김태룡, 김순자 등에 대한 법적 판단에 부수되는 것임을 알 수 있다. 따라서 김태일의 재심은 사실상 '김순자 외 2인', '진항식 외 7인'에 대한 재심 결과에 직접적으로 규정되지 않을 수 없는 상황이었다.

재심(1심) 재판부는 판결문에서 검사가 피고인 김태일이 공소사실을 행했다는 것을 인정할 증거를 제출하지 못했던 점을 지적했지만, 설령 위 인용문에 있는 원판결에 기재된 증거들, 즉 ① 검찰관 및 군

사법경찰관 작성의 피고인에 대한 각 피의자 신문조서 중 판시 사실
에 부합하는 진술 기재, ② 군사법경찰관 작성의 참고인 김태룡, 김경
옥에 대한 각 진술조서, ③ 춘천지방검찰청 검찰주사 임동표 작성의
진항식에 대한 피의자 신문조서 사본 중 판시 사실에 부합하는 진술
기재, ④ 군사법경찰관 작성의 수사보고서(약도 포함 1979년 7월 14일)
중 판시 사실에 부합하는 기재 등이 있다 하더라도 변호인이 제출한
진실화해위원회의 '삼척 사건결과보고서'에 의하면 위 증거들 모두
수사기관의 불법구금과 고문에 의하여 위법하게 수집된 증거임과 동
시에 임의성 없는 상태에서 진술된 것으로 증거능력을 인정할 수 없
을 것이라고 판단했다. 그에 따라 재판부는 김태일의 국가보안법 위
반(간첩)과 반공법 위반 사건 공소사실은 범죄사실 증명이 없는 경우
에 해당한다고 규정하고 형사소송법 325조 후단에 따라 무죄를 선고
했다.

### 3. 검찰의 항소와 서울고등법원의 무죄판결

#### 1) 검찰의 항소

앞서 살펴본 바와 같이 '진항식 외 7인'에 대한 2010재고합4 국가보
안법위반(간첩) 등 사건은 2014년 12월 12일 춘천지방법원에서 무죄
가 선고되었다. 이에 대해 담당 검사는 즉시 항소했는데, 검찰의 항소
이유를 살펴보자.

  '진항식 외 7인'에 대한 춘천지방법원 재심(1심) 판결은 검사가 제

출하는 증거들이 불법적으로 수집되었기 때문에 증거능력이 없거나 공소사실을 증명하기에 부족한 것들뿐이며, 공소사실에 일부 부합하는 것으로 보이는 법정진술 또한 그 임의성을 인정할 수 없기에 범죄 증명이 없는 공소사실에 해당한다고 판단했다. 이에 대해 검찰은 피고인들 전부 또는 일부에 대하여 불법구금행위 및 어느 정도의 가혹행위가 있었던 점은 부인할 수 없는 사실이라고 인정했다. 그렇지만 진실화해위원회의 조사에서 당시 대공분실 수사관 조금만, 신영일이 진술한 내용 등을 볼 때 가혹행위가 있었다는 점을 수긍한다고 하더라도 가혹행위의 구체적 범위 및 내용을 알 수 있는 별다른 증거가 없는 상황에서 피고인들 전원에 대하여 고문 등 가혹행위를 당연히 인정하는 것은 성급한 판단이라고 주장했다.

나아가 검찰은 재심(1심) 판결이 2010년 피고인들의 재심 신청 후 2014년 2월경 재심개시결정이 내려지기까지 무려 4년 가까이 재심 진행 절차가 지연되었음을 이유로 "공판 과정에서는 실질적인 심리 절차 없이" 진실화해위원회에서 이루어진 "지극히 국소적인 조사 내용만으로 피고인들 모두에 대하여 만연히 무죄를 선고"했다고 주장했다. 이 사건은 "그 참고인들만 수십 명"에 이름에도 불구하고 "그 중 불과 6명"이 진실화해위원회에서 "간략히 진술한 지엽적 내용만"을 가지고, "수십 명의 참고인들에 대한 검찰 및 경찰 진술 조서와 이들이 작성한 자술서 내지 진술서에 대한 증거능력을 모두 배척하는 것은 채증 법칙에 현저히 위배"된다고 항변했다.

또한 당시 국가보안법위반 사건의 수사관행에 따라 압수·수색 영장을 발부받지 않고 압수물들을 압수한 절차상의 형식적인 위법 사유는 인정되나, 그렇다고 하여 경찰 등이 소련제 권총 등 63점을 피고인 진항식의 집에 임의로 갖다놓고 마치 그의 집을 수색하여 발견한 것처럼 꾸민 정황은 엿보이지 않는다고 주장했다. 즉, 비록 증거능력은 배척되었으나, 일부 피고인들의 집에서 권총 수십 점 및 공기총 1정 등을 발견한 사실관계 자체는 압수조서 등의 진정성립 절차를 통하여 인정할 수 있다고 주장했다.

무엇보다 검찰이 항소이유서에서 강조하고자 했던 바는 "법정진술에 대한 증거능력"에 대한 재판부의 판단이었다. 다시 말해 피고인들 및 공동피고인들에 대한 수사기관 작성 피의자 신문조서 및 피고인 등 작성 진술서 등에 대해 증거능력이 없다는 원심의 판단에 대해 "일응 수긍할 수 있다"고 하면서도 피고인들 및 공동피고인들의 "법정진술에 대한 증거능력"마저 "만연히 배척하는 것은 부당하다"는 것이었다.

재심(1심) 판결에서는 불법구금·고문 등을 이유로 피고인 등에 대한 수사기관 작성의 조서들에 증거능력을 배제했을 뿐만 아니라 나아가 위와 같은 불법구금·고문 등의 심리적 압박 상태가 원심(1심) 법정에서도 계속적으로 영향을 미쳤을 것이라는 전제하에 피고인 등의 원심(1심) 법정에서의 진술까지 증거능력을 배제했으나 "법정은 공개된 장소이고, 변호인과 사전 면담을 통하여 변론방향을 설정한 뒤 변호인과 상의한 대로 법정에서 진술한 것"이기에 위와 같은 "선입견에 치우쳐" 피고인 등의 법정진술에 대한 증거능력을 모두 배척해서는 안 된다는 것이었다.

가령, 원심(1심) 당시 작성된 공판조서에서 "피고인 김달회는 원사건의 제2회 공판기일에서 범행사실 대부분을 부인하면서 피고인 김상회의 부탁으로 권총을 숨겨준 사실은 인정"했던 것에서 볼 수 있듯이 피고인들 및 공동피고인들이 재판장, 검사, 변호인 등의 신문내용에 구체적이고 상세하게 진술했을 뿐 아니라 심지어 이 사건 피고인들 중 일부는 증인신문 과정에서 범행 일부를 부인하기도 했다는 점을 들어 해당 법정진술 부분은 높은 신빙성이 있다고 주장했다. 검찰 측은 대법원에서 "경찰에서의 고문 등 불법행위가 있었을 경우, 그 영향이 검찰에서의 진술에도 영향을 미칠 것이라며 검사작성의 조서에 대한 증거능력을 배제한 사례는 일부 있었으나, 그 연장선상으로 피고인 등의 법정에서의 진술까지 그 증거능력을 배제한 경우는 없었다"라고 주장하면서 재심(1심)의 판단은 "공판중심주의라는 형사절차법상의 대원칙에 위배"된다고 항변했다.

요컨대, 검사의 항소이유서에서는 "불법구금행위 및 어느 정도의 가혹행위가 있었던 점"은 인정하면서도 "진정성립을 통한 증거능력 부여를 전제"로 할 경우, "피고인 김달회의 일부 진술이나 수십 명의 참고인들의 각 진술"이나 "수십 점의 권총 등이 일부 피고인들의 집에서 발견된 정황" 등을 종합해 볼 때 "최소한 공소사실 일부에 대해서는 충분히 유죄로 인정될 여지"가 있다는 것이었다. 나아가 "공판중심주의의 관점에서" 향후 항소심에서는 본 사건의 참고인들과 수사관들에 대한 증인신문을 통해 당시 고문, 가혹행위가 있었는지, 그리고 그에 따라 법정진술의 임의성이 없다고 볼 수 있는지 등을 확인하여 법정진술의 증거능력을 입증하고 검찰 및 경찰 진술조서와 진술서 등에 대한 진정성립을 인정시키는 등 "실체적인 심리"가 이루어질 필요가 있다고 주장했다.

## 2) 서울고등법원의 재심(항소심) 무죄판결

이상에서 살펴본 검사의 항소이유서 내용에서 추측해볼 수 있듯이, 항소인(검사) 측은 항소심 법정에서 1심 판결에서 배척된 검사 제출 증거들의 일부라도 그 증거능력 및 증명력을 인정받음으로써 피고인들의 범죄사실 중 일부를 입증하고자 했다. 그러기 위해 검찰 측은 첫째, 사건 전후 피고인 진항식의 수양딸로서 식모살이를 했던 윤경숙, 그리고 사건 당시 삼척경찰서 정보과 경장으로서 진항식을 검거했던 경찰관 신정, 당시 정선경찰서 정보과 순경으로 근무하면서 김상회를 체포한 경찰관 허화명, 그리고 사건 당시 진윤식, 김건회, 김달회에 대한 수사를 담당했던 안철수 등을 증인으로 신청하여 증인신문 절차를 진행함으로써 새로운 법정진술을 통해 증거능력을 인정받고자 했다. 둘째, 위법한 절차에 의해 수집된 증거에 대해 '예외'를 인정하고 있는 국내 법원 판례와 '위법수집증거 배제' 법칙의 예외를 인정한 미국 연방대법원 판례의 몇 가지 케이스를 들어 '법리'적 차원에서 재심(항소심) 법정에 출석한 증인들의 증언과 과거 피고인들의 법정진술에 대한 증거능력을 인정받고자 했다.

〈표 6-2〉에 정리되어 있는 바와 같이 피고인 진항식의 간첩방조, 진형대의 간첩방조 및 찬양고무의 범죄사실을 입증하기 위해 검찰에서는 항소심 법정증언 중에서 윤경숙과 신정의 증언에 주목했다.

먼저 윤경숙의 증언에 대해 살펴보자. 2016년 3월 21일자 항소심 공판정에 증인으로 출석한 윤경숙은 수사 당시 자술서를 쓸 때 ① 두

**〈표 6-2〉 항소인(검사) 측이 작성한 피고인 진항식과 진형대의 범죄사실과 입증 증거**

**진항식**

| 범죄사실 | 공소사실 번호 | 입증 증거 |
|---|---|---|
| 1968년 10월 하순 24시경부터 1968년 11월 하순까지 침투한 북괴남파간첩 진현식, 김흥로 등을 집 다락방에 은신시켜 매일 2회의 식사와 담배 등을 제공하여 간첩방조 | 나. 1) | 윤경숙의 재심(2심) 법정 진술 및 수사기관 진술 신정의 법정진술 진항식의 원판결 항소심 법정진술 |
| 1973년 10월 15일경 22시경 위 집(진항식 집)에서 육로복귀차 출발하는 간첩 진현식에게서 그가 사용하던 소련제 권총 1정, 동 실탄 16발, 동 탄창 2개, 난수표 1조, 쌍안경 1개, 색안경 1개, 지도 7장 등 각종 공작장비 14종을 인수한 후 동인에게 백시루떡 1뭉치, 청자담배 10갑 등을 제공하고 피고인 진형대와 함께 진현식을 부축하여 위 집에서 약 150m 떨어진 성황당까지 안내하는 등 간첩방조 | 다. 1) 하) | 윤경숙의 재심(2심) 법정 진술 및 수사기관 진술 신정의 법정진술 진항식의 원판결 항소심 법정진술 |

**진형대**

| 범죄사실 | 공소사실 번호 | 입증증거 |
|---|---|---|
| 피고인의 수양동생인 윤경숙에게, 가) 1977년 4월 초순경 14시경 위 집 내실 윗방에서 "이북이 살기 좋으니 이 다음에 이북에 가서 함께 살자"고 말하고, 나) 1978년 4월말 16시경 같은 장소에서 "이북이 살기 좋다, 6·25사변은 남한에서 먼저 침공했기 때문에 일어난 것이다"라고 말하고, 다) 1979년 3월 초순 14시경 같은 장소에서 "이북은 아이를 낳으면 탁아소에 맡기고 여자들도 일터로 나간다. 이북은 배급제로 되어 있어 누구나 공평하게 산다. 이북은 무기가 발달하여 벌써부터 총과 탱크를 만든다"라고 말하여 북괴를 각 찬양하여 반국가단체를 이롭게 하여 반공법위반 | 4. 마. 2) 가) 나) 다) | 윤경숙의 재심(2심) 법정진술 및 수사기관 진술 |
| 1973년 9월말경부터 1973년 10월경까지 전후 약 10회에 걸쳐 진항식 집 헛간에 은신중인 간첩 진현식에게 식사를 운반하여 간첩방조 | 4. 가. 1) 가) | 윤경숙의 재심(2심) 법정진술 및 수사기관 진술 |

제2부 사건 이후의 삶과 재심과정

렵고 무서운 마음이 들었지만, 당시 경찰관들로부터 고문, 협박을 당한 기억은 없다는 취지로 진술했고, ② 진항식 집 곡간에 누군가(남자)가 숨어 있었고, 곡간에 이불이 있었으며, 나중에 진복자(진항식의 조카)와 애바위에 따개비와 석을 따러 놀러 갔을 때 진복자에게 '우리집에 이상한 사람이 숨어 있다가 갔다'라고 말한 사실이 있다. ③ 진항식 집 쌀 항아리 안에 권총이 있는 것을 보았다는 내용의 증언을 했다.

항소인(검사) 측은 윤경숙의 항소심 법정증언에 대해 "경찰과 검찰에서 조사를 받은 1979년 이후 37년 만에 법정에 나와 선서를 하고 자유롭게 증언한 것"으로서 "수사기관 조사 후 수십 년이 경과된 후 자발적으로 출석하여 행하여진 것"임을 강조했다. 또한 증언 내용을 통해 사건 당시 윤경숙의 "수사기관 진술은 임의로 이루어진 것으로 그 진술 취득과정에서 위법이 개재되었다고 보기 어려울 뿐만 아니라", 설령 "절차의 하자에 관한 다툼이 있다고 하더라도" 윤경숙의 증언은 그와 같은 "절차적 위법과 단절되어 별개로 이루어진 것"임을 역설했다. 이는 윤경숙이 재심(항소심) 법정에서 과거 자신의 수사기관 진술 과정에서 고문, 협박을 당한 기억은 없다고 증언했지만, 임의동행 형식으로 수사기관에 15일이 넘는 기간 동안 구금된 상태에서 진술한 것이었기 때문에 절차적으로 위법한 수집증거와 구분된 별개의 증거임을 주장하기 위한 것이었다.

이를 위해 항소인(검사) 측은 국내 법원의 관련 판례들을 예시했다. 항소인(검사) 측은 2011년 대법원 판례, 즉 참고인으로 조사받은 수사기관에서의 진술이 갖는 증거능력에 다툼이 있는 사안에서, 적어도 해당 참고인이 자발적으로 법정에 출석하여 증인으로 증언한 내용에 대하여는 최초 수사기관 진술 시부터 수개월 또는 1년 이상 지난 시점에서 법원의 적법한 소환에 따라 자발적으로 공개된 법정에 출석하여 위증의 벌을 경고받고 선서한 후 자신이 직접 경험한 사실을 임의로 진술한 것으로 그러한 법정증언은 유죄의 증거로 사용할 수 있다고 인정한 판례(대법원 2011년 3월 10일 선고 2010도9127 정치자금법위반 판결)를 들면서 본 사건과 그 구조가 동일하여 참고할 바가 크다고 주장했다.

또한 최초 관련 증거 확보 당시 위법이 개재되어 있는 경우 만약에 적법절차에 따라 수사가 진행되었다고 하더라도 그러한 증거가 적법하게 확보되었을 가능성이 있거나, 변호인 조력을 받을 권리 등이 제공되어 사후 증언과 종전 진술과의 인과관계가 단절될 수 있다고 볼 만한 사안 등에서 증거능력을 부여하는 법원의 결정(대전고등법원 2011년 6월 10일 선고 2011노156 특정범죄가중처벌등에관한법률위반 판결 등)이 내려진 바 있음도 제시했다. 이상과 같은 국내 법원의 판례 외에도 미국 연방대법원에서 '별도 발견가능성의 예외The Inevitable Discovery Exception'[7], '오염 정화의 예외The Purged Taint Exception'[8], '독립원천의 예외The Independent Source Exception'[9] 등 '위법수집증거 배제' 법칙의 예외를 인정한 사례를 예시하기도 했다.

위와 같은 '위법수집증거 배제'의 예외를 인정한 한국 대법원 및 하급심의 판례, 미국 연방법원의 사례 등을 거론하면서 항소인(검사) 측은 "여전히 대한민국의 안보를 위협하는 북한과 대치하고 있는 지금도 마찬가지이지만, 그 위험의 정도가 더욱 극심했던 본 건 범행 당시 상황, 그리고 본 건 범죄의 중대성 등을 고려해 볼 때, 위법수집증거 배제 법칙의 예외에 대한 면밀한 검토는 불가피하다"고 밝히면서 특히 윤경숙의 재심(항소심) 법정진술은 위에서 살펴본 예외인정 사례와 유사하게 피고인들에 대한 체포 및 압수수색과는 구별되는 별도의 독립증거임을 주장했다.

나아가 항소인(검사) 측은 윤경숙의 항소심 법정증언이 증거능력이 있음을 전제로 하여 수사기관에서 이루어진 윤경숙의 진술조서와 자술서 등의 진술내용에 대해서도 "임의성에 대한 증명은 충분하다"고 보았다. 이와 함께 2009년 대법원 판례, 즉 "법원이 2차적 증거의 증거능력 인정 여부를 최종적으로 판단할 때에는 먼저 절차에 따르지 아니한 1차적 증거 수집과 관련된 모든 과정들, 즉 절차조항의 취지와 그 위반의 내용 및 정도, 구체적인 위반 경위와 회피가능성, 절차 조항이 보호하고자 하는 권리 또는 법익의 성질과 침해 정도 및 피고인과의 관련성, 절차 위반행위와 증거수집 사이의 인과관계 등 관련성의 정도, 수사기관의 인식과 의도 등을 살피는 것은 물론, 나아가 1차적 증거를 기초로 하여 다시 2차적 증거를 수집하는 과정에서 추가로 발생한 모든 사정들까지 구체적인 사안에 따라 주로 인과관계의 희석 또는 단절 여부를 중심으로 전체적·종합적으로 고려하여야 한다 (대법원 2009년 4월 23일 선고 2009도526 판결 등 참조)"라는 판례를 근거로, 윤경숙을 임의동행 형식으로 데려가 15일가량 수사기관에 두었던 것은 사실이지만, 설사 체포에 불법성이 있다고 할지라도 윤경숙의 피고인 진항식, 진형대에 대한 진술은 자유로운 상태에서 자발적으로 행해진 것으로서 이를 '불법체포에 기인한 2차 증거', 즉 위법한 수집

증거로 간주할 수 없기 때문에 〈표 6-2〉의 진항식과 진형대의 범죄사
실에 대한 증거가 된다는 것이었다.

다음으로 항소인(검사) 측에서 주목한 당시 삼척경찰서 수사관 신정
의 재심(항소심) 법정 증인을 살펴보자. 신정은 법정에 출석하여 "1979년
6월 14일 첩보에 의하여 진항식을 검거했는데, 진항식을 의료법위반
행위로 일단 임원지서로 임의동행했다. 거기에서 먼저 의료법위반을
질의하는 가운데 동행한 김덕우 형사가 돌발적으로 '혹시 집에 북한
에서 온 사람이 왔다갔냐' 묻자, '왔다갔다'고 대답해서 '왔다갔으면
무엇을 주고 갔느냐'고 물었고, '권총과 실탄을 주고 갔다'고 하여, 너
무 황당하고 믿을 수가 없어서 '그러면 또 무엇을 주고 갔느냐'고 물
어보니 '무전기와 암호문을 주고 갔다'고 하여 어디에 있느냐고 했더
니 '무전기는 장롱 속에, 암호문은 장판 밑에 숨겨 놨다'고 해서, 경찰
서에 보고를 하고 나서 진항식을 데리고 집에 가서 판식 무전기를 압
수하고 장판 밑에서 난수표를 압수하는 중에 부엌 쪽에서 요란한 사
람 소리가 나서 뛰어가 보니 진항식 처 윤정자가 부엌의 아궁이에 뭐
를 넣고 성냥불로 불을 붙이고 있었다. 그래서 가마를 들어 올리고 불
을 끄고 집어 걷어차니까 실탄이 나왔다. 조금만 늦었으면 부엌에 있
던 몇 사람들은 세상 사람이 아니었을 거다. 그렇게 해서 진항식하고
윤정자를 연행해서 본서로 데리고 갔다'라고 증언했다.

이와 같은 신정의 항소심 법정증언 중에서 항소인(검사) 측은 진항
식을 체포하여 다른 물건을 압수하던 중에, 윤정자가 다른 곳(부엌)에
서 스스로 아궁이에 '실탄'을 태우려던 것을 경찰관들이 발견한 것에
특히 주목했다. 앞서 소개한 대법원의 판례, 즉 1차적 위법수집증거

에 기초하여 수집된 2차 증거일지라도 1차 증거와 인과관계가 희석 내지 단절된 경우에는 2차 증거의 증거능력을 인정하고 있다는 점, 그리고 미국 연방법원에서 다른 독립된 근원에 의하여 증거능력이 수립될 수 있었던 경우는 파생증거의 증거능력이 인정된다고 했던 '독립원천의 예외'의 판결 사례 등 법리 및 사례에 비추어 보았을 때 진항식을 임의동행 형식으로 임원지서로 데려간 것이 위법성이 있는 체포라고 할지라도, 윤정자가 부엌 아궁이에 '실탄'을 태우려던 것을 경찰관들이 발견한 것은, 진항식의 불법체포와는 단절된 증거로서 증거능력이 있다고 주장했다. 윤정자의 자발적인 증거물 은닉행위는 그에 앞서 이루어진 진항식의 진술과는 구별되는 자발적인 동인에 기초하여 촉발된 것이고, 그 과정에서의 증거물 발견은 진항식의 진술과 단절되는 별도의 절차라고 할 것이기 때문에 그와 같이 간첩죄 또는 간첩방조죄의 물증을 발견했다는 취지의 증인 신정의 법정증언은 그 증거능력을 인정할 수 있다는 것이었다.

이상과 같은 신정의 법정증언과 함께 앞서 언급한 바 있는 윤경숙이 재심(항소심) 법정에서 증언한 내용, 즉 과거 수사과정에서는 진술한 바 없었던 새로운 증언으로서 '(진항식 집에서) 쌀을 푸러 가서 항아리 안에 손을 넣었는데, 뭐가 잡히길래 들었더니 권총이었다'고 진술한 내용에 주목했다. 이러한 윤경숙의 권총에 대한 법정증언과 신정의 항소심 법정증언 등을 종합하여 보았을 때, 피고인 진항식의 범죄사실 중 "1973년 10월 15일경 22시경 위 집(진항식 집)에서 육로복귀차 출발하는 간첩 진현식에게 그가 사용하던 소련제 권총 1정, 동 실탄 16발, 동 탄창 2개, 난수표 1조, 쌍안경 1개, 색안경 1개, 지도 7장 등 각종 공작장비 14종을 인수한 후 동인에게 백시루떡 1뭉치, 청자 담배 10갑 등을 제공하고 피고인 진형대와 함께 진현식을 부축하여 위 집에서 약 150m 떨어진 성황당까지 안내하는 등 간첩을 방조하였다"는 것은 그 입증이 충분하다고 주장했다.

이상과 같이 재심(1심)에서 검찰이 공소사실을 입증하기 위해 제출한 증거들을 위법하게 수집된 증거들로서 판단하여 배척한 판결에 대해 반발한 항소인(검사) 측은 원판결 당시 참고인과 수사관들을 항소심 법정 증인으로 신청하고 증인신문 절차를 진행하여 그들의 법정진술을 통해 증거증력을 인정받고자 했다. 이러한 검사 제출증거의 일부라도 증거능력 및 증명력을 인정받음으로써 피고인들의 범죄사실 중 일부, 즉 〈표 6-2〉에 정리되어 있는 피고인 진항식의 간첩방조, 진형대의 간첩방조 및 찬양고무의 범죄사실이라도 입증하고자 했던 것이다.

이와 같은 항소인(검사) 측의 움직임에 대해 변호인 측에서도 항소심 재판부에 변호인 의견서를 제출하여 대응했다. 먼저 증인 허화명은 증인신문에서 당시 김상회를 체포한 경위에 관하여 체포사유의 고지도 없었음을 자인하여 임의동행이 아니었던 점을 분명히 적시하고 있으며, 무장간첩이라는 지시에 따라 1개 소대 병력을 인솔하여 갔다고 술회하고 있기에 이는 명백히 강제수사의 일환으로서 체포, 감금에 해당하나 영장을 발부받지 않은 불법수사임을 명백히 추단케 하는 것이라고 주장했다. 그리고 이후 압수물에 관해서도 전혀 영장을 받은 사실이 없음을 자인했음도 강조했다.

증인 신정의 경우, 진항식에 대해 무면허의료행위 혐의로 임의동행했다고 하나 임의동행보고서에는 간첩 혐의임을 분명히 기재하고 있고 상당히 구체적인 내용에 이르기까지 혐의사실을 보완하고 있기 때문에 역시 위법수사의 전형적 행태를 보이고 있으며, 영장발부 등 적법절차는 전혀 지켜지지 않았음을 진술하고 있음을 지적했다. 당시 압수물의 현황에 관하여 일부 진술이 있긴 하지만 위 압수 자체도 영장주의에 반한 불법수사의 결과물에 불과한 사실은 변함이 없으며, 실상 그러한 압수물은 진현식과 그 동료가 남파될 때 소지했던 것으로 추정할 수 있는바, 그 현존이 인정된다 한들 피고인 등의 간첩혐의가 입증될 만한 자료는 아님을 역설했다.

마지막으로 변호인 측은 윤경숙의 항소심 법정증언에 대해 "자신은 7살 무렵인 1968년부터 이 사건 재심대상판결 무렵 이후 19살 정도에 이르기까지 진항식의 수양딸로서 진항식의 집에서 식모살이를 하였고, 명확히 기억나지는 않으나 재심대상판결 당시 진항식의 가족들과 함께 연행되어 수십 일간 조사를 받았으며, 진항식의 집에 수상한 사람이 있었던 기억이 있다는 취지, 수사 당시 자술서를 쓸 때 두렵고 무서운 마음이 들었으며 다만, 당시 경찰관들로부터 고문, 협박을 당한 기억은 없다"는 취지의 진술을 했다고 파악했다.

그러한 윤경숙의 증언에 대해 변호인 측에서는 윤경숙이 식모살이를 감내하며 성장 과정에서 겪은 고통으로 인해 진항식 집안에 대한 반감이 적지 않다는 점을 지적했다. 윤경숙은 수양딸이라는 명목으로 진항식의 집안에 들어왔으나, 어린 나이부터 식모살이를 하며 자매·오누이간이라 할 진복희, 진형수 등과의 사이에서 양어머니인 공동피고인 윤정자로부터 차별 대우나 수모를 겪기도 했고, 실제로 진형수에게 많이 얻어맞기도 하여 어린 나이에 친부모와 떨어져 양부모 슬하에서 육체적, 정신적으로 상당한 고통을 받았던 사실을 토로하기도 했음을 밝혔다.

그리고 변호인 측은 윤경숙이 2016년 3월 21일자 공판에서 진행된 증인신문 당시 피고인들의 간첩혐의에 대하여 사실인 양 진술하고 있으나, 스스로 그 취지에 대해 진항식의 형제인 진현식이 북한에서 내려왔는데 이를 숨겨주고 숙식을 제공했기에 그렇게 생각한다는 식의 단순한 의견이나 법률 문외한으로서의 그릇된 평가에 불과한 것임을 자인하고 있다고 판단했다. 이러한 윤경숙의 진술 취지에 대해 변호인 측에서는 재심대상판결 당시 수사 대상으로서 피고인들이 가졌던 죄책감 내지 처벌에 대한 두려움과도 일맥상통하는 것이라고 보았다. 다시 말해, 진항식의 친형인 진현식이 무장공비로 남파되었다가 부상을 입고 의탁할 길이 없어 노모와 형제가 있는 진 씨 일가로 피신해왔고, 이후 진항식이나 김상회의 집에서 은신했던 것은 주지의 사실이며, 피고인들로서도 허심탄회하게 인정하는 부분이지만, 당시 수사관들이 피고인들에게 누누이 주입한 내용이 바로 간첩을 숨겨주고 숙식을 제공하는 등의 행위가 가장 큰 죄라는 식이었기 때문에 피고인 등은 당시 사회상과 맞물려 그러한 행위만으로도 극형에 처해질 수 있다는 두려움에 떨어야만 했음을 환기했다. 윤경숙의 경우에도 재심(항소심) 법정증언 당시까지 진현식을 숨겨준 자체가 간첩죄를 범한 것이기 때문에 피고인 등이 사형이나 무기징역형 등 법정최고형에 처해진 것은 당연하다고 인식하는 것일 뿐임을 지적했다.

마지막으로 변호인 측은 윤경숙이 재심(항소심) 증인신문에서 재차 원판결 당시 자술서나 진술조서에 기재된 내용에 관하여 그 성립의 진정이나 내용을 인정하고 있으나, 당시 윤경숙이 어린 나이에 갑자기 연행되어 수십 일 이상 구금된 상태로 조사를 받았고 계속하여 경찰관들에 의한 주입식 문답을 했던 것으로 추정되며, 그 이후에야 비로소 그 내용을 바탕으로 자술서나 진술조서가 작성된 것으로 보인다는 점을 지적했다. 또한 재심(항소심) 증인신문에서의 신술 자체로 이해하기 어려운 내용을 담고 있기도 하며, 윤경숙 자신이 피고인 등에게 가슴 깊이 반감을 품고 있는 심리적 상태, 기타 이 사건 증인신문에서조차 윤경숙이 여러 차례 자세한 기억이 없다고 자인하고 있는 부분 등 제반 정황에 비추어 볼 때 당시 수사과정에서 작성한 자술서, 진술서의 내용에 대한 진정성립에 관한 진술을 그대로 받아들이기 어렵다고 주장했다.

이상과 같은 증인신문 절차를 비롯하여 항소인(검사) 측과 변호인 측의 법정 공방이 진행된 후 '진항식 외 7인' 사건[2014노262 국가보안법위반(간첩) 등]과 '김태일' 사건[2015노87 국가보안법위반(간첩), 반공법위반]의 재심(항소심)을 담당한 재판부[판사 김재호(재판장), 유기웅, 박성구]는 2016년 5월 23일 두 사건에 대해 각각 검사의 항소를 기각하는 판결을 내렸다.

먼저 재심(항소심) 재판부에서는 피고인들 및 공동피고인들의 법정 진술에 대해 임의성이 없다고 판단했다. 수사기관은 이 사건의 수사과정에서 피고인들 및 공동피고인들을 장기간 불법구금한 상태에서 광범위한 고문과 가혹행위를 자행하여 허위자백을 강요했고, 법정에서의 진술 또한 위와 같은 가혹행위의 영향에서 벗어나지 못한 상태에서 이루어진 것이라고 판단했다. 그리고 법정진술의 임의성을 의심할 만한 사유가 있는데, 검사가 그 임의성의 의문점을 없애는 증명을 하지 못하고 있으므로 증거능력이 없다고 했다. 아울러 공동피고인들에 대한 관련 사건에서도 법원은 피고인들 및 공동피고인들의 법정진술에 임의성이 인정되지 아니한다는 이유로 그 증거능력을 부정하여 공동피고인들에게 무죄를 선고했고, 그 판결이 확정되었음을 지적했다.

다음으로 검사가 증인으로 신청하여 법정에서 증언한 사건 담당 수사관 허화명, 신정, 안철수의 진술에 대해서 그들의 진술에 따르더라도 피고인들에 대한 체포과정이나 증거물의 압수과정에서 위법한 수사가 이루어졌음은 명백하기 때문에, 그에 기초한 피고인들 및 공동피고인들에 대한 피의자 신문조서들이나 압수물들은 모두 증거능력이 없다고 판단했다. 그리고 권상구, 윤남수, 엄상복이 재심(항소심) 법정에 증인으로 출석하여, 당시 수사관들은 수사과정에서 이들 증인들에게 이미 피고인들이 이 사건 공소사실을 자백했다면서 공소사실에 부합하는 진술을 하지 않으면 조사를 끝내지 않거나 자신들에게 불이익한 처우를 할 것처럼 강요하여 허위의 내용을 진술했을 뿐 아니라 원심의 법정에서도 마찬가지 이유로 허위진술을 했다고 증언했음을 지적하고, 이들 제3자들에 대한 수사기관의 진술조사나 제3자들의 원심(재심대상) 판결에서의 법정진술은 모두 임의성을 인정할 수 없다고 판단했다.

마지막으로 윤경숙의 증언에 대해서는 수사기관에서 작성한 진술조서 및 자술서 또는 진술서에 대하여 수사받을 당시 진술한 내용과 동일한 내용이 기재되어 있다고 성립의 진정을 인정했으므로 윤경숙이 작성한 자술서, 윤경숙에 대한 경찰 및 검찰 진술조서의 증거능력이 있다고 판단했다. 하지만 이 사건 당시 윤경숙의 나이가 14~15세에 불과하여 이 사건 공소사실에 적시된 피고인들의 간첩행위가 법률적으로 어떠한 의미인지 명확히 인식한 상태에서 진술했다고 보기 어렵고, 윤경숙을 임의동행의 형식으로 춘천 모처 여관으로 데려가서 가족 및 지인들과 분리하여 수사관들의 감시하에 생활하게 하면서 임의동행일로부터 무려 15일 정도가 지난 이후에야 최초 윤경숙의 진술을 청취했다는 점을 고려할 때 윤경숙의 당시 나이, 지적 수준 및 조사 시점 등에 비추어 위 증거서류들은 윤경숙의 진술 그대로를 기재했다기보다는 여관에서 생활하면서 전문(傳聞)으로 알게 된 피고인들의 진술 내용을 포함하고 있을 가능성이 매우 크고, 수사기관의 의도에 따라 각색 편집한 흔적이 나타나고 있어 유죄의 증거로 삼기 부족하다고 판단했다.

이와 함께 윤경숙의 재심(항소심) 법정진술을 보면, 이 사건 공소사실에 관하여 대체로 수사기관의 조사를 받으면서 전문으로 알게 된 내용을 진술하거나 오래전 일이라 기억이 잘 나지 않는다고 진술했고, 직접 경험한 사실에 관해서는 이 사건 당시 거주하고 있던 피고인 망 진항식의 집 곡간에 낯선 사람이 숨어 있다면서 피고인 진항식의 집에서 북한에서 온 군인을 숨겨주고, 식사를 제공했으므로 피고인 진항식과 그 가족이 간첩행위를 한 것으로 생각한다고 진술한 것이 전부이기 때문에 윤경숙의 진술은 추측성 진술에 불과하므로 그 내용만으로 이 사건 공소사실을 인정할 수는 없다고 판단했다.

이상과 같은 판단에 의거하여 '진항식 외 7인'에 대한 재심(항소심) 재판부는 검사가 제출한 증거들만으로는 피고인들에 대한 이 사건 공소사실이 합리적 의심의 여지가 없을 정도로 증명되었다고 보기 어려우므로, 이 사건 공소사실에 대하여 무죄를 선고한 원심(재심1심)의 판단은 정당하며 거기에 검사의 주장과 같은 사실오인 또는 법리오해의 위법은 없기에 검사의 항소를 기각한다고 판결했다.

한편 '김태일' 사건에 대한 재심(항소심) 판결에서는 먼저 항소심 법정의 증인으로 안철수, 허화명, 신정, 윤경숙, 엄상복, 윤남수, 권상구를 신청하여 증인신문이 이루어졌지만, 이들은 피고인과 공범으로 기소된 진현식, 김태룡, 진창식, 진형대, 김상회, 김건회, 김달회에 대한 공소사실에 대하여만 진술했을 뿐, 피고인에 대한 공소사실에 대하여는 별다른 진술도 하지 아니했음을 지적했다. 나아가 위 증인들의 진술에 따르더라도 이 사건 수사과정에서 영장을 발부받지 않고 관련자들을 체포하고, 증거물을 압수했으며, 관련자들에게 허위진술을 강요한 사실을 인정할 수 있는바, 1979년 원판결에 기재된 증거들이 현존하더라도 그 증거들은 위법하게 수집한 증거들이거나 그 진술에 임의성을 인정할 수 없어 모든 증거능력을 인정할 수 없다고 판단했다. 따라서 재판부는 검사가 제출한 증거들만으로는 피고인에 대한 이 사건 공소사실이 합리적 의심의 여지가 없을 정도로 증명되었다고 보기 어려우므로, 검사의 항소를 기각한다고 판결했다.

제2부 사건 이후의 삶과 재심과정

## 4. 대법원의 재심 무죄판결

2016년 5월 23일 서울고등법원 재판부가 검사의 항소를 기각하는 판결을 내리자 그 직후인 5월 27일 검찰은 진항식 외 7인에 대한 2014노262 국가보안법위반(간첩) 등 사건, 김태일에 대한 2015노87 국가보안법위반(간첩), 반공법위반 사건에 대한 상고이유서를 각각 제출했다.

먼저 '진항식 외 7인'에 대한 검찰의 상고이유를 살펴보면 항소심 재판부가 과거 사건 당시 피고인들의 법정증언이 갖는 증거능력, 압수물의 증거능력, 신정·윤경숙 진술의 증거능력에 대해 인정하지 않았다는 점을 문제 삼고 있다는 점에서 앞서 살펴본 '항소이유'와 큰 차이는 없다고 할 수 있다. 따라서 그러한 반복되는 내용보다는 '항소이유'에 비해 좀 더 부각되거나 강조된 '상고이유'에 대해 살펴보자.

먼저 상고이유서에서는 항소이유에 이어 재차 힘주어 피고인들의 법정증언에 대해서는 그 증거능력을 인정해야 한다고 항변했다. 1979년 원심 당시 피고인들이 법정에서 일부는 자백하고 일부는 부인했던바 "어떤 이유로 자백한 부분만이 허위이고 부인한 부분은 허위가 아닌지", 그리고 "자백 진술을 번복하면 다시 고문행위 등이 있어 허위자백을 할 수밖에 없었다"고 했는데, 첫 공판기일부터 항소심, 상고심에 이르기까지 계속하여 일부를 부인하고 일부는 자백한 피고인에 대해서는 어떻게 설명할 수 있는지 등에 대한 논리적 설명이 없이 피고인들 법정증언의 증거능력을 전부 배척했다고 주장했다.

검찰은 "법정은 공개된 장소이고, 변호인과 면담을 통하여 변론방향을 설정한 뒤 하는 것"이기에 "구체적인 근거 없이 피고인들의 법정진술에 대한 증거능력을 만연히 배척하는 것은 부당하다"고 했다. 재심(항소심) 재판부는 '수사기관에서의 진술이 법정에서의 증언에도 영향을 미쳤다'고 두루뭉술하게 서술하면서 피고인들 법정증언의 증거능력을 모두 배척했으나, 피고인들은 1979년 원사건의 1회 공판기일부터 항소심, 상고심에 이르기까지 모두 변호인의 도움 아래 인정하는 사실은 자백하고, 그 외의 것들은 부인했기 때문에 이와 같은 법정증언은 "수사기관에서의 진술과는 단절되는 것"으로서 임의성이 있음을 역설했다. 가령 피고인 김상회의 진술 중 '경찰에서 자백하라고 하여 그렇게 했고, 검찰에서도 경찰에서 그렇게 자백했기 때문에 자백하였지만, 당 법정에서는 부인한다'는 진술을 보면 피고인 스스로 위와 같은 단절을 인정한 것으로 그 증거능력은 충분히 인정되고, 피고인들의 법정자백은 그 어떤 증거보다 증명력이 높다고 주장했다.

또한 재심(항소심) 판결에서 윤경숙의 자술서, 윤경숙에 대한 경찰 및 검찰 진술조서의 증거능력이 있다고 판단하면서도 "윤경숙의 진술 그대로를 기재하였다기보다는 여관에서 생활하면서 전문(傳聞)으로 알게 된 피고인들의 진술 내용을 포함하고 있을 가능성이 매우 크고, 수사기관의 의도에 따라 각색 편집한 흔적이 나타나고 있어 유죄의 증거로 삼기 부족하다"고 판단한 것에 대해 "자신이 경험한 바를 그대로 수사기관이 옮겨 적었다는 윤경숙의 진술과 정면으로 배치"된다고 하면서 "아무런 근거 없이 윤경숙의 '경험진술'을 '추측성진술'로 왜

곡하여 해석하는 것은 매우 부당하다"고 항변했다.

그리고 신정의 재심(항소심) 법정증언에 대해 앞서 항소심 법정에서 항소인(검사) 측이 내세웠던 주장, 즉 1차적 위법수집증거에 기초하여 수집된 2차 증거일지라도 1차 증거와 인과관계가 희석 내지 단절된 경우에는 2차 증거의 증거능력은 인정되어야 한다는 주장을 반복하면서, 신정이 법정에서 증언한 해당 부분은 기존 압수물과는 별개로 피고인 진항식의 간첩 등 공소사실에 명백히 부합하는 증거라며, 그와 같은 증거가 있음에도 재판부는 그 증거능력과 증명력 일체에 대한 판단을 누락하는 잘못을 범했다고 보았다. 이상과 같은 주장에 근거하여 재심(항소심) 판결은 증거능력, 증명력에 대한 오인 및 유력한 증거에 대한 판단 누락에 기인하여 무죄를 선고한 잘못이 있으므로 항소심 판결을 파기하고 사건을 환송해줄 것을 요구했다.

다음으로 김태일에 대한 2015노87 국가보안법위반(간첩), 반공법위반 사건에 대한 상고이유서 내용의 대부분은 위에서 살펴본 진항식 외 7인에 대한 상고이유서와 중복된 것이었다. 이 사건에 대한 재심(1심) 판결을 검토하면서 언급한 바와 같이, 김태일 사건은 공판조서가 남아 있지 않았기 때문에 '진항식 외 7인', '김순자 외 2인' 사건에 대한 판결에 부수될 수밖에 없는 상황이 반영된 것이라 할 수 있다.

다만, 김태일 사건에 대한 검찰의 상고이유에서 '진항식 외 7인' 사건에 대한 상고이유와 구분되는 독자적인 이유가 한 곳 발견된다. 즉, 재심(항소심) 판결에서 "재심대상판결에 기재된 증거들이 현존한다고 하여도 이는 위법수집증거이므로 증거능력이 없다"고 판시했는데, 재심대상판결을 보면 '증거의 요지'에 재심(항소심) 판결이 적시한 위 증거들 이외에 "피고인의 이 법정에서의 판시사실에 부합하는 진술"이 기재되어 있다는 것이었다. 따라서 재심(항소심) 판결은 피고인의 법정진술의 증거능력에 대해서는 어떠한 판단도 하지 않은 판단 누락의 잘못이 있다는 것이었다.

이상과 같은 이유를 들어 검찰은 재심(항소심) 판결에 반발하여 상고를 제기했지만, 그로부터 4개월이 채 지나지 않은 2016년 9월 23일 대법원 재판부〔대법관 박상옥(재판장), 이상훈, 김창석(주심), 조희대〕는 진항식 외 7인에 대한 2016도8124 국가보안법위반(간첩) 등 사건에 대해 관여 대법관의 일치된 의견으로 "원심판결 이유를 기록에 비추어 살펴보면, 원심이 그 판시와 같은 이유를 들어 이 사건 공소사실에 대하여 범죄의 증명이 없다고 보아 무죄를 선고한 제1심 판결을 그대로 유지한 것은 정당하고, 거기에 상고이유 주장과 같이 논리와 경험의 법칙을 위반하여 자유심증주의의 한계를 벗어나거나 판단을 누락하는 등의 위법이 없다"고 판단하고 검사의 상고를 기각했다.

진항식 외 7인에 대한 대원법 판결이 있고, 한 달 남짓 지나 김태일에 대한 2016도8090 국가보안법위반(간첩), 반공법 위반 사건에 대해서도 대법원 재판부〔대법관 박보영(재판장), 박병대, 권순일, 김재형(주심)〕는 관여 대법관의 일치된 의견으로 "원심판결 이유를 기록에 비추어 살펴보면, 원심이 그 판시와 같은 이유를 들어 이 사건 공소사실에 대하여 범죄의 증명이 없다고 보아 무죄를 선고한 제1심 판결을 그대로 유지한 것은 정당하다. 원심의 판단에 상고이유의 주장과 같이 논리와 경험의 법칙에 반하여 자유심증주의의 한계를 벗어나거나 피고인,

윤경숙, 신정의 각 법정진술 등에 관한 판단을 누락한 잘못이 없다"고 판단하여 검사의 상고를 기각했다.

결론

# 평범한 사람들의 일상을
# 짓밟은 국가폭력

## 막다른 위기 속에 국가가 구사한 간첩 전략

1979년은 한국현대사에서 잊히기 힘든 해임이 분명하다. 18년간 절대권력을 방불케 했던 박정희 정권이 순식간에 무너진 후 그 계승자로 신군부가 등장함으로써 희망과 절망이 교차했다. 정권이 무너졌지만 체제는 그대로 유지되었고 더 많은 피와 희생이 뒤따랐다. 부마와 사북을 거쳐 광주에 이르는 과정은 곧 유신의 몰락 속에서 군부 파시즘이 새롭게 갱신되는 과정에 다름 아니었다. 그 갱신이 유혈을 동반했음은 물론이다. 1970년대를 응축하면서 1980년대를 전망케 해준 해가 곧 1979년이었다.

　1979년 하반기는 유독 비극적 사건들의 연속이었다. YH무역 노조의 투쟁은 신민당사 농성으로 이어졌고 강제 진압은 김경숙 열사의 죽음으로 귀결되었다. 제도 야당 신민당의 저항은 김영삼 총재의 의원직 제명으로 이어졌고 제도 정치권마저 급속하게 얼어붙기 시작했다. 이 와중에 유신체제는 자멸로 이어지는 내부 숙청에 골몰했다. 김형욱의 실종은 김재규의 마지막 충성인 셈이었고 전임자를 제거한 그의 눈빛에는 살기가 어리기 시작했다. 마침내 부산과 마산에서 박정희 정권 18년간 볼 수 없었던 최대 규모의 대중저항이 발생했다. 부마항쟁 현장을 돌아본 김재규는 결국 10·26사건의 주인공이 된다.

10·26사건의 결정적 배경은 부마항쟁이었다. 부산과 마산 거리의 군중은 김재규를 '야수의 심정'으로 물들였다. 권력 암투와 카터의 인권외교 등 중정부장을 흔들 만한 요소는 많았지만 부마의 거대한 군중이야말로 김재규로 하여금 유신체제의 종말을 예감케 하고 그 거사를 실현하게 한 결정적 한 방이었다. 총으로 집권하고 총으로 망한 18년이었다. 요컨대 박정희 정권의 마지막 해인 1979년, 위기의 서막은 YH무역 노조원들의 신민당사 농성이었고 마지막 국면의 봉화가 부마항쟁인 셈이었다.

공교롭게도 YH노조가 신민당사에 돌입하던 8월 9일 그리고 부마항쟁이 시작된 10월 16일은 1979년의 가장 중대한 공안사건 두 개가 발표된 날이기도 했다. 후자는 널리 알려진 남민전 사건이었고 전자는 거의 망각되다시피 한 삼척 간첩단 사건이다. 단순한 우연일 수도 있겠지만 YH와 부마가 가지는 역사적 의미를 생각해보면 공교롭기 그지없다. 더구나 중요한 정치적 고비마다 맞춤형 공안사건들이 자주 일어났던 것을 반추해보면 둘씩 짝지어진 네 개의 사건들 간의 기묘한 함수관계가 무엇인지 궁금하지 않을 수 없다.

삼척 간첩단 조작 사건

날아가는 새도 떨굴 만큼 막강한 권력으로 공포의 화신이었던 중앙정보부가 거대한 정보망을 가동해 무언가 낌새를 차리고 맞춤형 사건 발표를 기획했을지도 모를 일이다. 그러나 두 사건을 인지하고 수사하여 결과를 발표한 기관은 중정이 아니라 치안본부였다. 최고의 정보기구를 자임하고 있던 중정으로서는 뼈아픈 대목이지 않을 수 없었다. 특히 남민전 사건은 그 규모와 지속 기간, 중요도를 볼 때 중정이 결코 간과해서는 안 될 사건이었다. 그럼에도 이에 대해 중정이 전혀 감조차 못 잡고 있었다는 사실은 박정희를 크게 실망시켰다. 이러한 상황이 김재규의 결심을 재촉했을 가능성도 크다. 불과 6년 전 김대중을 납치하고 1년 후에는 민청학련과 인혁당 재건위 사건을 주도했던 중정의 모습은 온데간데없었다.

어쨌든 삼척 간첩단 사건과 남민전 사건은 YH무역 노조의 투쟁과 부마항쟁을 막을 수 없었다. 후자를 막기 위해 전자의 사건이 기획되었든 아니든 두 개의 조합은 유신체제의 정치문법을 상징적으로 보여준다. 내부 위기를 봉합하고 억압하기 위해 외부 위기를 동원하는 전략이 정권의 마지막 순간까지 멈추지 않았다. 간첩은 그렇게 내부와 외부의 위기를 기묘하게 연결하는 뫼비우스의 띠를 닮았다. 이 띠는 기본적으로 남과 북을 이어주는 선이기도 하다. 한국현대사에서 간첩은 기본적으로 남과 북의 갈라진 틈 속에 존재한다. 민족적 동질성과 이념적 적대를 기반으로 한 남북 관계는 전쟁 이래 최고도의 긴장과 경쟁을 반복해왔다. 서로서로 내부 위기를 추동해내는 외부의 위협으로 존재하면서 내부의 외부 같은 실체로 남북의 정치를 규정지어왔다.

이러한 맥락에서 간첩은 남북 간 이종교배의 산물처럼 보인다. 남파건 북파건 간첩은 남북의 협력 없이는 불가능한 존재다. 한쪽이 파견하면 다른 한쪽은 색출하고 척결하는 관계가 무수히 반복되면서 간첩은 체제의 자연스러운 일상처럼 되어버렸다. 간첩은 남과 북이 완전히 단절된 현실을 보여주는 동시에 남북을 잇는 은밀한 통로이기도 하다. 공식적으로 불가능한 남한 내부의 북한, 북한 내부의 남한을 상징하는 존재가 간첩이다. 즉 간첩을 통해 남북은 단절과 연속을 동시에 경험하고 있는 셈이다.

단절과 연속의 변증법은 분단과 전쟁으로까지 거슬러 올라가는 역사성을 띤다. 특히 전쟁은 남북의 결정적 단절을 초래한 역사적 기원이자 은밀한 연속성의 원인이기도 하다. 가장 대표적인 사례가 전쟁을 통해 남북으로 갈라진 수많은 이산가족이다. 가족의 단절과 연속이 국가의 단절과 연속을 반복한 것이다. 전쟁기의 월북이 남파간첩의 기원이 됨으로써 가족의 단절과 연속이 구현된 셈이었다. 다시 말해 가家는 국國의 종속변수가 되어야 했다. 양자 사이의 서열을 따라 비로소 국가國家가 성립했다. 이는 곧 간첩이 전쟁의 연장임을 의미한다. 전쟁 특히 근대 이후의 총력전은 말 그대로 한 국가의 인적·물적 자원을 총동원한다.

전쟁 국가는 하나의 거대한 기계처럼 움직이는 체제를 구축하고자 한다. 전쟁 수행의 주체인 국가를 위해 모든 자원이 집중되는 것은 물론 이 기계의 원활한 작동을 위해 걸리적거리는 모든 것이 제거되어야 한다. 더 효율적인 전쟁기계를 만드는 것이 전쟁의 승패를 가름할 것이기에 총력전은 두 개의 전선을 갖게 된다. 즉 적과의 전투와 함께 내부의 동원 메커니즘을 구축하는 이중의 전선이 필요해진다. 이질적인 요소나 효율적 기계 작동에 방해가 되는 모든 것이 내부의 적으로 재현되고 이 적들을 향한 대대적인 이데올로기 공세와 물리적 탄압이 가해진다. 전쟁기 수없이 반복된 보도연맹, 민간인 학살과 함께 징병제를 위시한 각종 물자 징발은 전쟁기계화된 국가의 모습을 적나라하게 보여주었다.

엄밀히 말해 휴전체제는 전후가 아니다. 전쟁이 지속되고 있다는 사실은 지배세력이 즐겨 강조하던 이데올로기 공세이기도 했지만, 휴전협정 조문상으로나 실질적으로나 전쟁상태가 종결되지 않았음은 누구의 눈에나 분명했다. 특히 지배권력의 입장에서 전쟁상태의 지속은 지배전략의 매우 유리한 조건을 만들어주는 것이 사실이었다. 국가의 전일적 지배를 보장해주는 예외상태를 유지하는 데 있어 전쟁만큼 효율적인 계기는 없다. 한반도에서 살아가는 사람들 대부분에게 여전히 전후는 도래하지 않았다.

이 시기 전쟁의 주된 양상은 냉전의 형태를 취했다. 전 세계적 규모로 확장된 냉전은 간헐적 열전을 동반하면서 한반도의 정세를 결정했다. 평화공존과 체제경쟁 그리고 생산력 경쟁을 포함한 냉전은 또한 간첩과 스파이를 최전선의 전사로 내세우는 전쟁이기도 했다. 포탄이 일상을 파괴하는 전쟁을 상징한다면 일상으로 스며드는 간첩과 스파이는 냉전의 평화를 표상한다. 일상의 파괴 대신 그것을 좀먹고 오염시키는 존재로 상정된 간첩은 비파괴적 전쟁의 한 양상을 이루면서 우스꽝스러운 일상의 전쟁을 추동해낸다.

이유 없이 친절한 사람, 이른 아침 산에서 내려오는 사람, 담배 값을 모르는 사람, 후줄근한 옷차림 등으로 표현된 간첩의 특징은 곧 일상을 전장으로 한 냉전의 코미디가 아닐 수 없다. 그러나 간첩은 절대 웃고 넘길 수 있는 문제가 아니었다. 1960~1980년대에 간첩이 된다는 것은 곧 삶과 죽음의 경계로 내몰리는 일이자 일상이 송두리째 뒤집히는 일이었다. 전시의 융단폭격 대신 간첩은 정밀 폭격의 형태로 특정 개체를 솎아내는 일이기도 했다. 간첩은 일상의 삶을 볼모로 진행되는 전쟁의 최전선에 위치한다.

## 전쟁의 비극에 맞물린 혈연의 정, 그리고 국가폭력

삼척 사건은 전쟁을 기원으로 하여 일상의 삶을 폭력적으로 중단시킨 여러 간첩사건 중 하나다. 한국전쟁 당시 인민위원회 활동 후 월북했던 진현식이 1965년과 1968년 두 차례 남파되면서 시작된 이 사건은 원심과 재심 두 번의 재판을 통해 사형선고가 무죄로 뒤바뀌는 극단적 엇갈림을 보여주었다. 진현식은 남파된 직후 고향 집에서 모친을 모시고 살고 있던 동생 진항식을 찾아갔다. 생사조차 몰랐던 둘째 아들의 귀환에 모친이 크게 기뻐한 것은 두말할 나위가 없었고 이에 가족들 역시 그를 돌봐주게 된다. 1965년 남파는 짧게 그쳤지만 1968년 남파는 예상치 못한 변수들이 돌출하면서 장기 은신으로 이어졌다.

특히 1968년 10월 말부터 시작된 울진·삼척 지역에 대한 대대적인 게릴라 남파는 진현식의 북한 복귀를 가로막는 결정적 요인이 되었다. 북한 당국은 해안선이 봉쇄되자 육로복귀를 명했지만 50대 정치공작원이 전쟁터를 방불케 한 강원도 북동부 지역을 돌파한다는 것은 불가능했다. 결국 복귀 도중 부상을 당한 진현식은 일행이었던 김홍로와 함께 어릴 적부터 친밀했던 고종사촌형 김상회의 집으로 숨어들었다. 김상회와 그의 가족들 역시 이들을 내치지 못하고 숨겨주게 되어 진항식 집안과 함께 간첩사건의 두 기둥을 이루게 된다.

남파공작원의 장기 은신은 두 가족 모두에게 커다란 갈등과 고통을 가져다주었다. 피붙이를 모른 체할 수도 없었지만 그렇다고 무한정 숨겨줄 수도 없는 노릇이었다. 결국 김홍로가 먼저 자신의 친척 집으로 이동해 갔지만 생질의 신고로 경찰에 포위되자 자결을 선택한다. 진현식은 이후에도 몇 년 더 은신했지만 결국 가족들의 분란과 갈등이 악화되는 와중에 북한 복귀를 명분으로 집을 나선다. 이후 진현식의 생사는 확인된 바 없다.

진현식이 집을 떠난 후 북한에서는 두 차례에 걸쳐 공작원을 남파해 진현식의 행방을 확인하는 한편 통혁당 강원도당위원회를 조직하고자 했다. 이에 진항식과 김태룡 등이 연루된다. 북한 공작원의 남파는 1975년이 마지막이었고 4년간 별다른 움직임이 없다가 1979년 진현식이 은신했던 사실이 외부로 알려지면서 경찰 수사대상이 되고 급기야 삼척가족간첩단 사건이라는 이름으로 세상에 알려지게 된다.

치안본부 남영동 대공분실과 강원도경 대공분실이 담당한 수사는 가혹하기 그지없었다. 특히 남영동 대공분실은 최초 수사를 담당해 사건의 대체적 얼개를 구성하는 핵심 역할을 했다. 8년 후 박종철 열사 고문치사 사건으로 세상에 널리 알려진 남영동은 고문과 인권유린의 표본실과 다름없었다. 천재 건축가로 유명했던 김수근이 설계한

이 건물은 밀실수사를 위해 정교하게 고안된 건물이었다. 경찰 대공기구는 체포와 연행과정의 불법은 물론이고 수사과정 역시 구타와 고문에 전적으로 의존했다. 심지어 가족 구성원의 사형을 동원한 협박도 동원되었다.

이렇게 만들어진 수사발표는 앞뒤가 안 맞는 모순투성이였다. 단적인 예로 대학생 데모를 배후조종했다는 발표 내용은 전혀 근거가 없었고 심지어 수사기록에도 관련 내용이 전무했다. 상식적으로 강원도 삼척의 시골 마을에 거주하던 사람들이 서울의 대학생 데모를 조종한다는 것은 상상하기 힘들다. 사건 발표장은 정권이 원하는 각본을 상연하는 잘 짜인 연극무대 같았다. 중앙정보부조차 따돌리고 사건수사를 주도한 치안본부는 공안수사의 새로운 주인공처럼 무대를 휘저었다. 치안본부는 두 달 뒤 남민전 사건 발표를 통해 다시 한 번 권력의 치안을 담당하는 본부 역할에 충실했다.

수사기록에 나타난 간첩단의 활동은 14년간 암약했다는 경찰의 발표에도 불구하고 빈약하기 그지없었다. 군사기밀 탐지는 누구나 버스한 번 타고 돌아보면 알 수 있는 검문소나 군부대 위치 또는 군 복무시절 알게 된 통상적 내용에 불과했다. 삐라 살포를 뒷받침할 증거도 없었다. 조직원 포섭으로 포장된 활동은 계원이나 동네 사람들에게 술과 음식을 제공한 것이 전부였다. 가족과 친인척 외에는 단 한 명도 포섭에 성공한 경우가 없었다.

누구나 조금만 관심을 기울여 진지하게 읽어보면 경찰의 수사기록의 허점을 알 수 있을 정도였지만 사건 관련자들에 대한 사법처리는 가혹했다. 진항식과 김상회에게 사형이 언도되고 집행된 것을 비롯해 구속기소된 모든 사람은 무기형 두 명을 비롯해 전원 실형을 선고받고 복역해야만 되었다. 남민전 사건과 비교해 삼척 사건은 활동내용이나 구성원의 삶과 의식에 있어 천양지차였다. 남민전은 해방 이후 좌파 운동의 역사를 잇는 조직이었다. 특히 4·19 이후 활성화된 혁신계 활동의 연장선상에서 제1차 인혁당, 통혁당, 해방전략당, 민청학련과 제2차 인혁당 사건으로 이어지는 비밀 지하운동의 연장선상에 있었다. 군부독재 정권에 맞서 목숨을 건 투쟁을 결의한 그들은 스스로를 전사와 투사로 규정했다. 혜성대와 전위대를 조직해 재벌 회장의 집을 털었는가 하면 서울 도심에 유인물을 대량 살포하고 청년학생들을 규합하기 위해 노력해 80여 명에 이르는 조직을 만들기에 이르렀다. 1970년대 후반 최대의 비밀 지하조직 남민전은 삼척 사건에 연루된 사람들과 질적으로 다른 혁명단체였다.

그럼에도 사법적 피해는 오히려 삼척 사건이 더 심했다. 사형선고를 받고 희생된 사람은 각각 두 명으로 동일했고 6월항쟁 이후 민주화 효과로 남민전 관련자들은 1988년 모두 석방되었지만 삼척 사건 관련자들이 마지막으로 출소한 때는 1999년이었다. 이재문, 신향식, 안재구, 김병권, 김남주 등 남민전의 핵심 활동가들은 목숨을 건 직업적 혁명가이고자 했지만 삼척의 진항식, 김상회, 김태룡, 진창식 등은 위기에 빠진 피붙이를 숨겨준 게 다였다. 남민전이 사상과 이념에 투철했다면 삼척은 혈육의 정과 사람의 도리에 충실하고자 했다. 남민전이 대부분 대학을 나온 인텔리들이었다면 삼척은 단 한 명의 대학 중퇴자를 제외하고 모두 초등학교나 중등학교 졸업자들이었다. 전자가 대학교수, 시인, 대기업 사원 등 번듯한 사회적 지위를 가졌다면 후자는 농부, 어부, 공장 직원이거나 행상 등으로 생계를 꾸려나가는 사람들이었다.

삼척 사건은 전쟁의 비극과 함께 혈육의 정을 큰 배경으로 한다. 애초 가족관계가 아니었다면 진현식의 남파가 불러올 파장은 크지 않았을 것이다. 이는 북한의 연고선 공작의 의미를 다시 생각하게 만든다. 북한은 남한 출신자들을 선발해 남파공작원으로 활용하고자 했다. 혈연관계를 이용해 활동의 안정성을 도모한 전략일 것이다. 그러나 이는 정치공작의 한계를 분명하게 만들 뿐이었고 애꿎은 피해자를 양산할 위험이 컸다. 정치적 신념이나 사상적 결의 대신 혈육의 정에 이끌려 시작한 '간첩활동'의 한계는 뻔했다. 삼척 사건 관련자들 중 적극적 활동을 편 사람은 전무했다. 심지어 진현식조차 토굴과 다락을 전전하며 활동은커녕 대문 밖을 나서기도 힘들었다. 그는 지하 혁명가라기보다는 지하 토굴에 숨은 도망자에 가까웠다.

북한이 설계한 혈육을 이용한 정치공작은 남한에서 가족간첩단으로 재구성되었다. 남과 북의 전쟁이 가족으로 번진 양상이었다. 남파된 사람 중에는 북에도 가족을 꾸린 경우가 많았다. 진현식 역시 북에 가족이 있었기에 쉽게 자수할 수 없었다. 북한의 대남공작은 북의 가족과 남의 가족 틈바구니를 파고드는 전술인 셈이었다. 남한의 공안기구 역시 가족윤리를 국가 논리로 처벌하고자 했다. 피붙이라 하더라도 간첩인 이상 국가 논리에 따라 대응해야 한다는 것이었다. 즉 남북한 모두 국가의 논리로 가족윤리를 전유하고자 했음을 알 수 있다.

그러나 삼척 사건 관련자들은 간첩이 되어 돌아온 진현식에게 가족윤리로 대응했다. 사상과 정치적 입장을 떠나 그리고 국가의 사법

삼척 간첩단 조작 사건

논리조차 거스르면서 쫓기고 있는 가족을 보호하고 도와주었다. 북에 두고 온 가족들 때문에 자수할 수 없다는 진현식의 말에 신고할 마음을 접기도 했다. 무려 5~6년간 간첩을 숨겨주면서 생활한다는 것은 등에 시한폭탄을 달고 사는 것처럼 위태위태한 일이었다. 조마조마한 마음을 부여잡고 가족과 국가 사이에서 갈팡질팡하던 이들의 끝은 너무나 비극적이었다.

대공분실의 고문수사에 철저히 망가진 관련자들은 경찰 못지않은 검찰의 억지수사를 거쳐 기소되었고 법원 역시 공안기구의 판단을 충실하게 따랐다. 3권 분립의 원리는 물론이고 인권과 가족윤리마저 철저하게 무시되었다. 공안기구의 실적과 정치권력의 이익을 위해 간첩이 절대적으로 필요했고 그 올가미에서 벗어나는 길은 없었다. 결국 삼척 사건은 두 명의 사형집행과 네 명의 자살자를 내는 비극으로 끝났다.

살아남은 이들이라고 삶이 온전할 수 없었다. 억울한 옥살이를 끝마치고 다시 사회로 돌아온 이후에도 '간첩'이라는 낙인 때문에 진 씨와 김 씨 가족들의 삶은 뿌리째 흔들렸다. 억울함과 회한을 이기지 못하고 삶을 스스로 마치는 경우도 있었고 살아 있더라도 사는 것이 아니었다. 경찰의 끊임없는 보안관찰로 인해 제대로 된 직장을 구하기 어려웠고 생활고에 시달릴 수밖에 없었다. 경제적인 어려움으로 가족은 뿔뿔이 흩어지고 어쩔 수 없이 이혼하는 경우도 있었다. 그러한 상황에서도 김상회의 딸 김순자는 자신이 왜 그렇게 누명을 썼는지 진상을 알고 싶어서 민주화실천가족운동협의회를 찾아갔고 '양심수 석방과 국가보안법 철폐를 위한 목요집회'에 참여했다.

그러한 경험은 그녀를 변화시켰다. 그녀는 진실·화해를위한과거 사정리위원회가 있는 것을 알게 되었고 2006년 진실화해위원회에 진실규명 신청을 했다. 그러나 2007년 각하 결정이 내려졌고 2009년 7월 재신청을 했지만 또다시 각하되었다. 하지만 그 경험은 헛되지 않았다. 진실화해위원회 조사로 수사당국이 불법적으로 피해자들을 구금했고 자백을 받아내기 위해 고문을 비롯한 가혹행위를 자행한 것을 밝혀냈기 때문이었다. 진실화해위원회의 조사보고서는 이후 재심 청구를 위한 자료로 적극적으로 활용되었다.

삼척가족간첩단 사건 피고인 중 가장 먼저 재심을 청구한 것은 3인의 여성들이었다. 고 김상회의 딸 김순자와 고 김상회의 아내 고 김경옥(아들 김태룡이 대리), 고 진항식의 아내 윤정자였다. 이들은 재심청구 과정부터 이어지는 재판과정에서 과거 수사관들에게 불법감금과 폭행·가혹행위를 당하며 허위자백을 강요받았고, 임의성 없는 진술을 근거로 간첩행위 등을 했다고 처벌받았음을 밝힌 끝에 최종 무죄를 인정받았다. 무죄판결로 인해 1979년 이래 30여 년이 훌쩍 넘는 시간 동안 이들이 겪었을 뼈저린 고통이 없던 일이 될 수는 없었지만, 적어도 그 분통함과 억울함은 조금이나마 덜 수 있었다. 하지만 이 과정 내내 검찰 측은 지속적으로 자신의 과오를 인정하지 않았다. 21세기로 넘어온 시점에서도 검찰에게는 사건의 진실규명보다, 유신독재 시절부터 이어져온 검찰의 위상과 자신들이 대표하는 '국가 이익' 수호가 더욱 절실한 문제였다.

이후 진항식 외 7인은 2010년 11월에, 군인 신분이어서 군사재판을 받았던 김태일은 2010년 12월에 각각 춘천지방법원에 재심을 청구했다. 재심을 청구하면서 청구인들은 '피의자동행보고' 등 수사기록과 원판결에 관한 재판기록을 입수, 재검토하여 원판결이 청구인들에 대한 장기간 불법구금과 폭행·가혹행위에 의해 이루어진 임의성 없는 허위자백, 수사관의 협박과 강요에 의한 참고인들의 허위진술에 근거한 것임을 주장했다. 이 과정에서 진실화해위원회 조사 결과가 중요한 역할을 했다. 이를 통해 청구인들은 남파된 간첩 진현식이 친인척 관계였기 때문에 인간적 정情으로 인해 은닉을 돕거나 만난 사실이 있을 뿐인데도 공안기관이 고정간첩단 사건으로 조작했다고 주장했다.

'진항식 외 7인', '김태일' 사건에 대한 법원의 재심 결정은 쉽사리 이루어지지 않았다. 재심청구 후 4년이 넘도록 담당 재판부는 결정을 미뤘다. 비슷한 시기에 재심을 청구했던 '김순자 외 2인' 사건의 재심에 대한 대법원 무죄 확정판결이 있은 후 3개월이 지난 2014년 2월 18일에야 비로소 춘천지방법원에서 재심개시를 결정했다. 재심 1심 재판부는 2014년 12월 12일 청구인들의 주장을 받아들여 검사가 제출한 증거들이 불법구금과 고문에 의해 위법하게 수집되었기에 증거능력이 없으며, 피고인들과 증인들의 법정진술 또한 그 임의성을 인정할 수 없다고 판단하여 무죄를 선고했다. 그로부터 5개월 뒤인 2015년 4월 10일 김태일 사건에 대한 재심(1심)에서도 같은 이유로 무죄가 선고되었다.

두 사건의 재심 판결 직후 검사는 불복하여 항소했다. 검사 측은 항소심 법정에서 진항식의 수양딸로서 식모살이를 했던 윤경숙, 그리고 사건 당시 수사경찰관이었던 신정, 허화명 등을 증인으로 신청하여 새로운 법정진술을 통해 증거능력을 인정받고자 했다. 1년여에 걸친 법정 공방 끝에 2016년 5월 23일 항소심 담당 재판부는 1심과 동일한 사유로 각각 검사의 항소를 기각했다. 항소심 판결 후 검찰은 다시 상고를 제기했지만, 그로부터 4개월이 채 지나지 않은 2016년 9월 23일 대법원 재판부는 관여 대법관의 일치된 의견으로 무죄를 선고한 제1심 판결이 정당하다고 판단하여 상고를 기각했다. 그로부터 한 달 남짓 지나 '김태일' 사건에 대해서도 대법원 재판부는 관여 대법관의 일치된 의견으로 상고를 기각했다.

이로써 사건 발생 37년 만에 삼척 간첩단 사건의 사법처리는 무죄로 귀결되었다. 대법원의 최종적인 무죄판결을 받아냈지만, 그 이후에도 삼척 간첩단 사건 피해 가족들의 싸움은 계속 이어져야만 했다. 김순자·윤정자, 그리고 고 김경옥을 대신한 아들 김태룡 등은 대법원에서 해당 3인의 무죄가 최종 확정된 직후인 2013년 12월 10일, 손해배상 소장을 접수했다. 2016년 12월 19일에는 진형대·김태룡 등 나머지 피해 가족들이 손해배상 소송에 돌입했다. 관련자들이 겪은 고통을 생각건대 손해배상 소송은 무죄판결 이후 마땅히 수반되어야 하는 과정이었다.

하지만 국가의 진정성 있는 사과와 금전적 배상을 받고자 한 삼척 사건 관계자들의 간절한 바람은 피고로 소환된 대한민국 정부의 잇따른 청구 기각 요청과 판결 불복으로 또다시 짓밟혔다. 손해배상 청구 소송은 피고 대한민국 측의 연이은 항소·상고로 인해 결국 긴 시간을 소요하며 대법원 판결까지 이어져야만 했다. 국가는 사건 발생 시 공권력에 의한 "불법행위에 관한 입증이 부족하며 과실이 없다"는 주장과 함께 손해배상 청구권의 행사 시효 만료, 위자료 액수 과다 등을 이유로 항소를 이어갔다.

그러나 대법원까지 또다시 지난하게 이어져야만 했던 손해배상 청구재판의 최종 승자는 삼척 간첩단 사건의 가족들이었다. 물론 가족들이 원했던 금액을 모두 받을 수는 없었지만, 사법부는 가족들의 소송대리인 법무법인 정도의 의견을 상당 정도 받아들이며 피고 대한민국 측의 계속된 항소와 상고를 기각시켰다. 이로써 삼척 사건과 관련된 모든 사법처리가 종결되었다. 사건 발생부터 거의 40년이 다 되어가는 시점에서야 비로소 최소한의 사법정의가 실현된 셈이었다.

한편 사건을 수사했던 경찰들은 승승장구했다. 남민전 사건을 수사한 공으로 남영동 대공분실의 경찰들은 특진과 포상으로 보상받았고 그 야만적 수사 행태는 1980년대로 이어졌다. 1985년 민주화청년운동연합의 김근태를 비롯해 수많은 사람들이 남영동에서 생사를 넘나드는 고문을 받아야 했고 결국 1987년 박종철 열사의 고문치사로 이어졌다. 이 사건을 기폭제로 6월항쟁이 발발했음은 역사에 오래 기록되어야 할 것이다.

그럼에도 삼척의 비극을 만들어낸 경찰과 검찰 중 그 누구도 처벌받지 않았다. 민주화 이후 시대에도 과거의 국가폭력과 야만에 연루된 자들의 처벌은 요원했다. 특히 검찰의 행태를 주목해봐야 한다. 검찰은 재심과정에서 사형과 무기형 등 원심의 구형량을 그대로 따랐다. 계속되는 패소에도 굴하지 않고 대법원까지 간 검찰의 인식과 행태는 20세기 야만을 21세기 들어서도 그대로 반복한 셈이었다. 검찰은 과거 자신들의 행적에 대해 단 한 번도 사과하거나 반성을 표하지 않았다. 그들에게 삼척 사건 피해자들은 여전히 사형당해 마땅한 간첩일 뿐이다.

삼척의 비극은 그들만의 것이 아니었다. 전쟁 이후 간첩사건에 연루되어 희생된 사람들은 일일이 열거하기 힘들 정도로 많았다. 납북어부 사건, 재일교포 사건 등등 하루가 멀다 하고 언론 지면에 발표된 간첩사건들은 실상 삼척 사건과 그리 멀리 떨어져 있지 않았다. 간첩이 된다는 것은 기존의 모든 사회적 차이가 없어지고 오직 간첩이라는 동질적 존재로 재구성된다는 것을 의미했다. 벌거벗은 생명으로 권력 앞에 내던져진 간첩은 국가의 권능을 과시하는 대표적 대상이다. 국가가 생사여탈권을 비롯해 거의 무한대의 권력을 행사할 수 있는 대상이 곧 간첩이었다.

간첩을 대상으로 행사된 국가의 야만과 폭력은 곧 모든 사람을 관객으로 하는 일종의 연극이기도 했다. 그것은 누구라도 간첩이 될 수 있으며 간첩은 모든 야만과 폭력이 허용되는 신체임을 보여주려는 것이었다. 이렇게 구성된 공포야말로 이 연극의 최대 성과가 된다. 간첩에 행해진 폭력은 일종의 상징 폭력으로 모든 사람의 뇌리에 지우기 힘든 흔적을 남긴다. 간첩을 만들고자 하는 권력의 의지와 간첩이 아니고자 하는 대중의 공포가 만나는 곳에서 삼척 사건은 끊임없이 다시 공연될 것이다.

삼척 간첩단 조작 사건

주

## 서론: 1979년, 비극의 시작

1  윤정자는 삼척에서 한 달, 홍천경찰서 보호실에서 한 달 정도 머무르며 대공분실의
   조사를 받았다고 한다. 진실·화해를위한과거사정리위원회, 〈삼척고정간첩단 사건
   조사결과보고서〉(이하 진실화해위원회 보고서), 2010, 10~11쪽.
2  김상회의 아들 김태일은 군인 신분으로 7월 11일 체포된 후 7월 20일 구속되어 21일
   에 보통군법회의 검찰부장으로 송치 및 기소가 되었다.
3  《경향신문》·《동아일보》1979. 8. 9. 7면. 치안본부는 24명을 체포했다고 밝혔지만
   앞서 보았듯이 수사기록에 따르면 체포된 사람은 모두 19명이었고 이 가운데 구속이
   12명, 불구속이 7명이었다.
4  《매일경제》1970. 4. 23. 7면.
5  진실화해위원회 보고서, 32쪽.
6  삼척경찰서, 〈진항식 피의자 환경조사서〉(1979. 8. 3.),《수사기록》제6책, 4193쪽.
   《수사기록》은 강원도경 대공분실 중심으로 작성된 수사기록 중 재심청구 시 변호
   인단이 국가기록원으로부터 입수한 자료 일체를 말한다. 즉 모든 수사기록이라고
   할 수는 없지만, 현재까지 확보된 수사기록의 전부라고 할 수 있다.

7 진형대 구술(2020. 8. 20. 면담자: 정무용).

8 광주 대단지 사건은 서울시의 무허가 판자촌 철거와 이주 정책에 따라 현재 성남시 지역을 이주 단지로 조성해 대규모로 도시 빈민을 이주시킨 것으로부터 초래되었다. 주거, 직장, 도시기반시설, 교통 등 아무런 대책 없이 철거민을 이주시켜놓고 토지 불하 약속도 지키지 않자 수만의 주민이 격렬하게 항의하기 시작했고 급기야 1971년 8월 도시폭동 수준으로 폭발하게 된 사건이다. 서울시와 정부는 주민들의 요구를 전폭적으로 수용하겠다고 약속하여 사태를 진정시킨 다음 가혹한 탄압으로 주모자를 처벌하는 이중적 태도를 보였다.

9 고미가 정책은 1960년대 말부터 시행되었는데 농민들에게 시장가보다 높은 가격으로 사들여 소비자에게 시장가보다 낮은 가격으로 판매하는 정책을 말한다. 1960년대 식량부족이 심각해지면서 곡물 수입에 막대한 외국 자본이 소요되자 곡물 증산을 위해 농민들의 생산의욕을 증진시킬 필요가 있어 전경련 등에서도 고미가 정책을 건의할 정도였다. 특히 1970년대 통일벼 등 다수확 품종이 보급되면서 고미가 정책은 농민들에게 상당한 경제적 이득을 가져다주었다. 수확량은 많았지만 품질이 떨어져 시장에서 낮은 가격으로 거래되던 통일벼를 정부가 높은 가격으로 수매해주었기에 그만큼 농민들에게는 유리한 제도였다. 그러나 1970년대 후반 쌀 생산량이 증대되어 자립이 가능해지자 고미가 정책은 점차 사라져갔다.

10 《조선일보》 1979. 8. 10.

11 서어리, 《나는 간첩이 아닙니다》, 한울엠플러스, 2016, 157쪽.

12 《경향신문》 1979. 10. 9.

13 《경향신문》 1979. 10. 16.

## 제1장 한국전쟁, 비극의 기원

1 브루스 커밍스, 김주환 옮김, 《한국전쟁의 기원》 하, 청사, 1986, 193쪽.

2 삼척시지편찬위원회, 《삼척시지》, 삼척시청, 1997, 243쪽.

3 김남현, 《삼척 해방전후사》, 삼척시립박물관, 2019, 29쪽.

4 위의 책, 15쪽. 그런데 《반일 종족주의와 투쟁》이라는 책에서는 임원리 투쟁 당시 주민 3명이 희생당한 것이 근거가 없다고 주장한다. 당시 항쟁과 피해 상황에 대해서는 좀 더 면밀한 조사와 연구가 필요하다고 하겠다. 그러나 어쨌든 임원리에서

큰 규모의 항쟁이 발생했던 것만은 분명하다.

5  일제시기 삼척 지역의 사회운동은 상당한 정도로 발전했기에 관련 연구 성과도 제법 많은 편이다. 조동걸, 《태백항일사》, 강원일보사, 1977, 김점숙, 〈1920~1930년대 영동지역 사회운동〉, 《역사와 현실》 9, 1993, 조성운, 〈일제하 영동지방 농민운동 연구〉, 동국대학교 박사학위논문, 1999 등이 대표적이다.

6  김남현, 앞의 책, 56~58쪽.

7  온유비는 정어리기름을 말한다.

8  김남현, 앞의 책, 52~54쪽.

9  〈치안상황〉 (소화 13년) 제44~47보, 《일제 경성지방법원 편철자료》, 1938. 12 (김남현, 앞의 책, 84쪽에서 재인용).

10  김남현, 앞의 책, 141쪽.

11  브루스 커밍스, 앞의 책, 195쪽.

12  USAFIK, G-2 Periodic Report, No. 115(January 4~5, 1946).

13  삼척시지편찬위원회, 앞의 책, 263~267쪽.

14  김남현, 앞의 책, 3~5쪽.

15  삼척시지편찬위원회, 앞의 책, 263~267쪽.

16  브루스 커밍스, 앞의 책, 197쪽.

17  CIC Report, Ch'unch'on, October 22 and 29 and November 6, 1946(브루스 커밍스, 앞의 책, 230쪽에서 재인용).

18  브루스 커밍스, 앞의 책, 246쪽.

19  리차드 로빈슨, 정미옥 옮김, 《미국의 배반》, 과학과사상, 1988, 150쪽.

20  김남현, 앞의 책, 3~5쪽.

21  위의 책, 199쪽.

22  《평화신문》 1948. 11. 9.

23  《독립신문》 1948. 11. 17.

24  김영기 외, 《삼척의 6·25전쟁 이야기》, 삼척시립박물관, 2016, 38~40쪽.

25  위의 책, 159쪽.

26  위의 책, 214쪽.

27  공보처 통계국, 《6·25사변 중 피살자 명부》 3, 1952.

28  김영기 외, 앞의 책, 261쪽.

29  진실화해위원회, 《제8차 조사보고서》 제5권, 2009, 543쪽.

30  삼척경찰서, 〈간첩 분석상황 보고〉, 《수사기록》 제6책, 4076쪽.

31  김영기 외, 앞의 책, 188쪽.

32  위의 책, 190쪽, 199~200쪽.

33  위의 책, 244~263쪽.

34  위의 책, 260~261쪽.

35  위의 책, 249~250쪽.

36  위의 책, 209쪽.

37  〈진원식 피의자 신문조서〉 (1976. 7. 6.), 《수사기록》 제2책, 820쪽.

38  〈김상회 피의자 신문조서〉 (1979. 7. 11.), 《수사기록》 제3책, 1659~1660쪽.

39  강원도 대공분실, 〈김상회 피의자 신문조서〉 (1979. 7. 11.), 《수사기록》.

40  〈진항식 피의자 신문조서〉, 《수사기록》 제2책, 1292쪽.

41  〈진원식 피의자 신문조서〉, 821~822쪽.

42  목격자들 〈어머니와 간첩〉, 《뉴스타파》 2016. 8. 12(뉴스타파 홈페이지).

## 제2장 삼척가족간첩단 사건의 실상

1  강원도 경찰국, 〈정보사범 검거보고〉 (1979. 7. 13.), 《수사기록》. 기록에 나오는 문경렬, 채현정 등에 대한 정보는 전혀 없다. 채현정은 경찰이 기록한 진원식의 처 채삼랑의 가명이다.

2  진술은 2010년 4월 5일에 이루어졌다(진실화해위원회 보고서, 6쪽).

3  진술은 2009년 9월 27일에 이루어졌다(진실화해위원회 보고서, 6쪽).

4  서어리, 《나는 간첩이 아닙니다》, 한울엠플러스, 2016, 151쪽.

5  진술은 2010년 5월 6일 이루어졌다(진실화해위원회 보고서, 7쪽).

6  진형대의 증언에 따르면 사건이 어떻게 시작했는지 알 수 없었기에 체포된 이후 김상회·김태룡 집안에서 시작된 게 아니냐는 추정까지 했다고 한다. 그만큼 이 사건의 돌출 과정은 특이하고 갑작스러웠다(진형대 구술, 2020. 8. 20. 면담자: 정무용).

7  진형대 구술, 2020.

8  진원식은 6남 3녀 중 5남으로 출생하여 1960년 삼척공업고등학교를 졸업하고 경희대학교 문리과대학에 입학해 1년을 수료했다. 이후 해병대 복무를 거쳐 1966년

동양시멘트 삼척공장에 입사했으나 1975년이 되어서야 정사원이 된다. 이어 1978년
에는 전국화학노조 동양시멘트 지부 부지부장에 선출되기도 했다. 〈진원식 피의자
신문조서〉(1979. 7. 6.), 《수사기록》 제2책, 814~815쪽.

9  〈진원식 피의자 신문조서〉, 822~841쪽.

10 〈진원식 피의자 신문조서 2회〉(1979. 7. 8.), 《수사기록》 제2책, 1118쪽.

11 강원도경 정보과 특별공작반, 〈진원식 수사결과보고〉, 《수사기록》 제2책, 1146쪽.

12 〈채삼랑 진술조서〉(1979. 7. 12.), 《수사기록》 제2책. 870~881쪽.

13 진형대 구술, 2020.

14 치안본부의 기억은 제일 끔찍했다. 진형대는 "치안본부 거기서 원체 심하게 당하다
보니까, 그다음부터는 맞는 거는 이거 보통이고, 잠 안 자고 이거는 그런 것도, 하
여튼 치안본부에서 너무 심했어요"라고 기억했다. 욕조와 야전침대 그리고 원형 탁
자로 구성된 남영동 분실에서 진형대는 무지막지한 고문을 당했다. 보통 세 사람
의 덩치 큰 조사관이 들어와 구타와 물고문 등 각종 고문을 가했다. 그 후유증으로
수영조차 못하게 될 정도로 물을 두려워하게 되었다. 극심했던 고문은 모든 혐의를
인정하고부터는 조금 약해졌다고 한다(진형대 구술, 2020).

15 진실화해위원회 보고서, 14쪽.

16 진실화해위원회 보고서, 16~17쪽.

17 진형대 구술, 2020.

18 진형대 구술, 2020.

19 진형대 구술, 2020.

20 1979년 7월 19일자로 내무부가 강원도경에 보낸 공문은 중앙정보부가 조종한 관
련자들의 신병처리 방침을 담고 있다. 진항식·김태룡·진창식·진형대·진윤식·김
상회·김건회·김달회·김순자 등 9명은 구속, 윤정자·김경옥·진순남·박옥출·진
형수·진원식·진복자·김경분·김숙명 등 9명은 불구속 수사, 윤경숙·김재명·진옥
남·김태옥·채삼랑 등 5명은 훈방으로 처리한다는 내용이었다. 내무부, 〈수사조종〉
(1979. 7. 19.), 《수사기록》 제4책, 2377쪽.

21 진실화해위원회 보고서, 16~17쪽.

22 진술은 2010년 4월 6일에 이루어졌다(진실화해위원회 보고서, 19쪽).

23 진실화해위원회 보고서, 18쪽.

24 강원도 경찰국 정보2과 경위 엄재윤, 〈의견서〉, 《수사기록》 제1책, 8~11쪽.

25 목격자들 〈어머니와 간첩〉, 《뉴스타파》 2016. 8. 12(뉴스타파 홈페이지).

26 〈진항식 피의자 신문조서〉, 《수사기록》 제2책, 1298쪽. 2~4차 남파 당시는 역시 밤 12시경 문을 두드리는 방식으로 만나게 되었다고 한다.

27 〈의견서〉, 21~24쪽. 진항식은 이 불온 책자 7권을 5, 6회 탐독한 후 3회에 걸쳐 부인 윤정자, 동생 진창식 등에 교양하고 마루 밑에 보관했다고도 했는데 신빙성이 대단히 낮은 기술이다. 난해한 마르크스 엥겔스 선집을 첫 만남에서 제공했다는 것 자체가 현실성이 매우 떨어지는 얘기이며 가족들에게 교양했다는 것 역시 믿기 힘들다.

28 김재춘, 〈방첩의 중요성〉, 《최고회의보》 2호, 1961, 142~143쪽.

29 진형대 구술, 2020.

30 서어리, 앞의 책, 144~146쪽.

31 〈심상찮은 북괴 대남책동〉, 《조선일보》 사설, 1979. 8. 10.

32 〈의견서〉, 26~30쪽.

33 〈진항식 피의자 신문조서〉, 1348쪽.

34 진항식 탄원서, 1979. 12. 14.; 진항식 항소이유서, 1980. 2. 25. (진실화해위원회 보고서, 28쪽)

35 〈의견서〉.

36 〈김상회 피의자 신문조서〉 (1979. 7. 11.), 《수사기록》 제3책, 1695쪽.

37 은유, 〈나도 인간, 지도 인간 동등하게 말해야 한다〉, 《폭력과 존엄 사이: 간첩 조작 사건 피해자를 만나다》, 오월의봄, 2016, 25쪽.

38 〈진항식 피의자 신문조서〉, 1366~1368쪽.

39 〈진윤식 피의자 신문조서〉, 《수사기록》 제2책, 1631~1632쪽.

40 〈김상회 피의자 신문조서〉, 1669~1672쪽.

41 〈진형대 피의자 신문조서〉 (1979. 7. 19.), 《수사기록》 제2책, 1435~1436쪽.

42 서어리, 앞의 책, 161쪽.

43 위의 책, 148쪽.

44 삼척경찰서, 〈간첩 분석상황 보고〉, 《수사기록》 제6책, 4076쪽.

45 삼척경찰서, 〈무장간첩 자폭사건 발생 보고〉 (1970. 4. 23.), 《수사기록》 제6책, 4079쪽.

46 《동아일보》 1970. 4. 23. 삼척 모 지역에서 무장간첩 1명 사살 보도가 있는바 이 사

건을 지칭하는 것으로 보인다. 주민신고로 출동하여 포위하고 자수를 권유했으나 불응하여 사살했다고 한다.

47 진형대 구술, 2020.

48 서어리, 앞의 책, 147쪽.

49 〈김상회 피의자 신문조서〉, 1652~1653쪽.

50 서어리, 앞의 책, 148~149쪽.

51 〈김상회 피의자 신문조서〉, 1679쪽.

52 서어리, 앞의 책, 149쪽.

53 〈진윤식 피의자 신문조서〉, 1626~1627쪽.

54 〈진항식 피의자 신문조서〉, 1359~1360쪽. 수사기록에는 진현식이 집을 떠나기 전 권총 1정, 실탄 16발, 탄창 2개, 난수표, 쌍안경, 색안경, 지도 등 각종 공작장비 14종을 남겼다고 하며 지도 이면에 자살한다는 유서를 써놓고 수류탄 1발을 소지하고 출발했으며 진항식과 진형대가 성황당까지 부축한 것으로 기록되어 있다(〈의견서〉, 39쪽).

55 서어리, 앞의 책, 149~150쪽.

56 〈의견서〉.

57 서어리, 앞의 책, 150~151쪽.

58 〈의견서〉.

59 이명춘 변호사 구술(2020. 8. 15. 면담자: 정무용).

60 진창식 항소이유서, 1980. 2. 27(진실화해위원회 보고서, 21쪽).

61 2009. 9. 27. 진술, 진실화해위원회 보고서, 21쪽.

62 진항식 항소이유서, 1980. 2. 25(진실화해위원회 보고서, 21~22쪽).

63 목격자들 〈어머니와 간첩〉, 《뉴스타파》 2016. 8. 12(뉴스타파 홈페이지).

64 〈김태룡 피의자 신문조서〉(1979. 7. 23.), 《수사기록》 제4책, 2784쪽.

65 〈진창식 자술서〉, 《수사기록》 제3책, 1573쪽.

66 〈김태룡 피의자 신문조서〉(1979. 7. 12.), 《수사기록》 제3책, 1932~1933쪽.

67 〈김상회 신문조서〉, 《수사기록》 제3책, 1682쪽.

1 서어리, 《나는 간첩이 아닙니다》, 한울엠플러스, 2016, 160쪽.

2 목격자들 〈어머니와 간첩〉, 《뉴스타파》 2016. 8. 12(뉴스타파 홈페이지).

3 진실화해위원회 보고서, 27쪽.

4 서어리, 앞의 책, 160~162쪽.

5 이재문은 해방 공간에서 여운형이 주도한 근로인민당(근민당) 계열의 유한종 등으로부터 일정한 영향을 받았다. 유한종의 증언에 따르면 자신과 만나면서 이재문이 적극적으로 사상공부를 시작했다고 한다. 유한종이 1971년 대구 민주수호국민협의회 대표를 맡았을 때 사무국장이 이재문이기도 했다(유한종 증언·김광식 면담, 〈혁신계 변혁·통일운동의 맥〉, 《역사비평》 1989년 여름호, 345~346쪽).

6 주미사, 〈남민전 사형수 신향식〉, 《사회평론》 92호, 1992.

7 김세원 증언·한상구 구성, 〈4월혁명 이후 전위조직과 통일운동〉, 《역사비평》 1991년 겨울호.

8 위의 글, 416쪽.

9 위의 글, 420쪽.

10 조희연, 〈1970년대 비합법전위조직의 이념에 대한 연구〉, 《역사와현실》 제5권, 1991, 285쪽.

11 김세원, 앞의 글, 411쪽.

12 조희연, 앞의 글, 288쪽.

13 남민전 사건의 이재문은 사형 집행 전 1981년 11월 고문 후유증과 지병으로 옥사했다.

14 진형대 구술(2020. 8. 20. 면담자: 정무용).

15 서어리, 앞의 책, 175쪽.

16 은유, 《폭력과 존엄 사이: 간첩 조작 사건 피해자를 만나다》, 오월의봄, 2016, 43쪽.

17 서어리, 앞의 책, 146쪽.

18 은유, 앞의 책, 44쪽.

19 위의 책, 28쪽.

## 제4장 '간첩' 그 후

1 윤정자, 〈삼척재심의견진술서〉 등.

2 김태서, '불행한 아버지의 일생(2014. 7. 18.)', 〈삼척재심의견진술서〉 등.

3 '원고 진창식에 대한 신문사항의 답변', 〈삼척재심의견진술서〉 등.

4 김건회(작성: 김태영), 〈삼척재심의견진술서〉 등.

5 김경옥(자녀의 진술), 〈삼척재심의견진술서〉 등.

6 원고 진형대에 관한 신문사항, 〈삼척재심의견진술서〉 등.

7 진창식(원고 진창식에 대한 신문사항의 답변), 〈삼척재심의견진술서〉 등.

8 위의 글.

9 서어리,《나는 간첩이 아닙니다》, 한울, 2016, 164~165쪽.

10 원고 진형대에 관한 신문사항, 〈삼척재심의견진술서〉 등.

11 진창식(원고 진창식에 대한 신문사항의 답변), 〈삼척재심의견진술서〉 등; 진창식의 아내 박금자의 말.

12 원고 김태영(김건회의 자), 〈삼척재심의견진술서〉 등.

13 진술서(김태일), 〈삼척재심의견진술서〉 등.

14 윤정자, 〈삼척재심의견진술서〉 등.

15 은유,《폭력과 존엄 사이: 간첩 조작 사건 피해자를 만나다》, 오월의봄, 2016, 37~39쪽.

16 진창식(원고 진창식에 대한 신문사항의 답변), 〈삼척재심의견진술서〉 등, 진창식의 아내 박금자의 말.

17 은유, 앞의 책, 39~40쪽.

18 위의 책, 40~41쪽.

19 위의 책, 41~42쪽.

20 위의 책, 42~43쪽.

21 위의 책, 43쪽.

22 위의 책, 43~44쪽.

23 위의 책, 44쪽.

24 진실화해위원회 조사3팀, 〈삼척고정간첩단 사건(사건번호 라-10870호) 조사결과 보고서(2010. 5. 11.)〉, 1쪽.

25 기본법 제2조(진실규명의 범위) 제1항 4호 "1945년 8월 15일부터 권위주의 통치시 가지 헌정질서 파괴행위 등 위법 또는 현저히 부당한 공권력의 행사로 인하여 발생한 사망·상해·실종 사건, 그 밖에 중대한 인권침해사건과 조작의혹사건."

26 진실화해위원회 조사3팀은 "1979. 6. 14. 치안본부에서 간첩 진항식 일당 18명을 검거하였다"(46쪽)라는 《대공활동사 I》(국가보안사령부)의 서술을 그 사유로 제시했다. 이 문구로 이들에 대한 구속영장이 1979년 7월 21일에 집행되어 최소 37일 이상 불법구금된 것으로 확인할 수 있다.

27 진실화해위원회 조사3팀, 앞의 자료, 2~3쪽.

28 위의 자료, 32쪽

29 이명춘 변호사 구술(2020. 8. 15. 면담자: 정무용).

30 진술청취 명단은 다음과 같다. 김순자, 김태일, 진창식, 진형대, 진윤식, 김태룡(이상 피해 당사자), 김강연, 윤영자(이상 친척), 윤남수, 정의택, 엄상복(이상 진형대의 친구), 군상구(진창식의 친구), 신○○, 조○○, 홍○○(이상 수사관).

31 2010. 4. 6. 진술청취.

32 2010. 3. 31. 진술청취.

33 2010. 4. 6. 진술청취.

34 진형대 구술(2020. 8. 20. 면담자: 정무용).

35 2009. 9. 20. 진술청취.

36 2010. 4. 5. 진술청취.

37 2009. 9. 19. / 2010. 3. 30. 진술청취.

38 2009. 9. 27. / 2010. 4. 5. 진술청취.

39 2010. 5. 6. 진술청취.

40 위의 진술청취.


## 제5장 다시 법정에 서다 1: 김순자, 윤정자, 김순옥

1 진실화해위원회 보고서.

2 법무법인 청솔, 〈변호인 의견서〉(2012. 1.) 〔삼척소송기록(2010재노77)〕.

3 법무법인 청솔, 《재심청구서》(2010. 11.).

4 김순자(2013. 12.) 〈삼척재심의견서진술서〉 등; 김경옥 어머니(김태룡 2014. 8.)

〈삼척재심의견서진술서〉 등; 윤정자(진항식 처); 은유, 〈나도 인간, 지도 인간 동등하게 말해야 한다〉, 《폭력과 존엄 사이: 간첩 조작 사건 피해자를 만나다》, 오월의봄, 2016.

5 〈변호인 선임신고서〉 (2010. 11.); 〈담당변호사 지정서〉 (2010. 11.) 〔삼척소송기록(2010재노77)〕.

6 법무법인 청솔, 《재심청구서》 (2010. 11.).

7 이상의 내용은 법무법인 청솔, 《재심청구서》 (2010. 11.); 진실화해위원회 조사3팀, 〈삼척 사건 조사결과보고서〉 (2010. 5. 11.) 참고.

8 서울고등법원, 〈서울고등법원 제10형사부 의견요청서〉 (2010. 11. 12). 판사는 이강원 재판장 외, 판사 백승엽, 판사 반정모.

9 법무법인 청솔(담당변호사 김용기, 임종석, 이한본), 〈변호인 의견서〉 (2010. 12.).

10 법무법인 청솔, 〈소송대리인 사임신고〉 (2012. 5.); 법무법인 정도, 〈변호인 선임신고서〉 (2012. 5.); 법무법인 정도, 〈담당변호사 지정서〉 (2012. 5.).

11 서울고등법원 제10형사부, 〈결정〉 (2012. 5. 25.). 재심 결정을 내린 판사는 조경란(재판장), 장찬, 채승원 판사 3인이다.

12 서울고등법원 〈공판기일 통지서〉 (2012. 6. 22.); 법무법인 정도, 〈담당변호사 추가 지정서〉 (2012. 6.).

13 1980년 12월 31일 개정되기 전의 법률 제1151호. 구舊국가보안법 제2조: (군사목적수행) 반국가단체의 구성원 또는 그 지령을 받은 자가 그 목적수행을 위하여 형법 제92조 내지 제99조에 규정된 행위를 한 때에는 그 각조에 규정된 형에 처한다.

14 형법 제98조 제1항: (간첩) 적국을 위하여 간첩하거나 적국의 간첩을 방조한 자는 사형, 무기 또는 7년 이상의 징역에 처한다.

15 1980년 12월 31일 국가보안법에 통합·폐지되기 전의 것. 구 반공법 제5조 제1항: (회합, 통신 등) ① 반국가단체나 국외의 공산계열의 이익이 된다는 정을 알면서 그 구성원 또는 그 지령을 받은 자와 회합 또는 통신 기타 방법으로 연락을 하거나 금품의 제공을 받은 자는 7년 이하의 징역에 처한다.

16 구 반공법 제7조: (편의제공) 이 법 또는 국가보안법의 죄를 범한 자라는 정을 알면서 총포, 탄약, 금품 기타 재산상의 이익을 제공하거나 잠복, 회합연락을 위한 장소를 제공하거나 또는 기타의 방법으로 편의를 제공한 자는 10년 이하의 징역에 처한다. 다만, 범인과 친족관계가 있는 때에는 그 형을 감경할 수 있다.

17 구 반공법 제4조 제1항: (찬양, 고무 등) ① 반국가단체나 그 구성원 또는 국외의 공산계열의 활동을 찬양, 고무 또는 이에 동조하거나 기타의 방법으로 반국가단체 (국외공산계열을 포함한다)를 이롭게 하는 행위를 한 자는 7년 이하의 징역에 처한다. 이러한 행위를 목적으로 하는 단체를 구성하거나 이에 가입한 자도 같다.

18 구 국가보안법 제5조 제2항: (자진지원, 금품 수수) ② 반국가단체의 구성원 또는 그 지령을 받은 자로부터 그 정을 알고 금품을 수수한 자는 7년 이하의 징역에 처한다.

19 형법 제32조 제1항 : (종범) ① 타인의 범죄를 방조한 자는 종범으로 처벌한다.

20 구 국가보안법 제3조 제3호: (일반목적수행) 3. 교통, 통신, 국가나 공공단체가 사용하는 건조물 기타 중요시설의 파괴, 강도, 략취나 유인, 함선, 항공기, 자동차, 무기, 기타 물건의 이동이나 취거의 행위를 한 때에는 무기 또는 5년 이상의 징역에 처한다.

21 공소사실에 대해서는 법무법인 정도, 〈변론 요지서〉 (2012. 12.); 서울고등법원 제10형사부, 〈판결〉 (선고: 2013. 4. 25.) 참고.

22 이상의 내용은 법무법인 정도, 〈변론 요지서〉 (2012. 12.).

23 형사소송법 제325조 (무죄의 판결) 피고사건이 범죄로 되지 아니하거나 범죄사실의 증명이 없는 때에는 판결로써 무죄를 선고하여야 한다. 〔시행 2012. 8. 5.〕 〔법률 제11002호〕

24 이하의 내용은 서울고등법원 제10형사부, 〈판결〉 (선고: 2013. 4. 25.).

25 춘천지방법원 1979. 12. 20. 선고 79고합39판결.

26 제364조(항소법원의 심판) ② 항소법원은 판결에 영향을 미친 사유에 관하여는 항소이유서에 포함되지 아니한 경우에도 직권으로 심판할 수 있다. ⑥ 항소이유가 있다고 인정한 때에는 원심판결을 파기하고 다시 판결을 하여야 한다. 〔시행 2013. 4. 5.〕 〔법률 제11731호〕

27 형사소송법 제325조 (무죄의 판결) 피고사건이 범죄로 되지 아니하거나 범죄사실의 증명이 없는 때에는 판결로써 무죄를 선고하여야 한다. 〔시행 2013. 4. 5.〕 〔법률 제11731호〕

28 2010년 12월 진형대 외 7인은 사건 '2010재고합4,5'로 춘천지방법원 제2형사부로 재심청구가 접수되었고, 김태일 역시 사건 '2010재고합5'로 춘천지방법원 제2형사부에 재심청구가 접수된 상황이었다.

29 법무법인 정도 담당변호사 김용기, 〈변호인 의견서(2010재고합5)〉 (2013. 5.); 법

무법인 정도, 〈변호인 의견서(2010재고합4,5)〉 (2013. 8.).

30 춘천지방법원, 〈2010재고합5 판결서〉 (2014. 2. 18.).

31 〈대법원 제3부 소송기록접수통지서〉 (2013. 5. 2.).

32 이하 서울고등검찰청, 〈상고이유서〉 (2013. 6. 10.).

33 이하 법무법인 정도(담당변호사 이명춘, 김용기), 〈답변서〉 (2013. 6. 27. 접수).

34 재판장 대법관 김신, 주심 대법관 민일영·이인복·박보영, 〈대법원 제3부 판결〉 2013. 11. 14.


## 제6장 다시 법정에 서다 2: 진항식외 7인과 김태일

1 2014년 2월 18일 춘천지방법원 선고 2010재고합4 국가보안법 위반(간첩) 등 사건 에 대한 판결문; 2014년 2월 18일 춘천지방법원 선고 2010재고합5 국가보안법 위 반(간첩) 등 사건에 대한 판결문.

2 2014년 12월 12일 춘천지방법원 선고 2010재고합4 국가보안법위반 등 사건에 관 한 판결문.

3 형사소송법[시행 2014. 10. 15.] [법률 제12784호, 2014. 10. 15. 일부개정](이하 동일함) 제312조(검사 또는 사법경찰관의 조서 등) ③ 검사 이외의 수사기관이 작 성한 피의자신문조서는 적법한 절차와 방식에 따라 작성된 것으로서 공판준비 또 는 공판기일에 그 피의자였던 피고인 또는 변호인이 그 내용을 인정할 때에 한하여 증거로 할 수 있다.

4 형사소송법 제313조(진술서 등) ① 전2조의 규정 이외에 피고인 또는 피고인이 아 닌 자가 작성한 진술서나 그 진술을 기재한 서류로서 그 작성자 또는 진술자의 자 필이거나 그 서명 또는 날인이 있는 것은 공판준비나 공판기일에서의 그 작성자 또 는 진술자의 진술에 의하여 그 성립의 진정함이 증명된 때에는 증거로 할 수 있다. 단, 피고인의 진술을 기재한 서류는 공판준비 또는 공판기일에서의 그 작성자의 진 술에 의하여 그 성립의 진정함이 증명되고 그 진술이 특히 신빙할 수 있는 상태하 에서 행하여진 때에 한하여 피고인의 공판준비 또는 공판기일에서의 진술에 불구 하고 증거로 할 수 있다.
② 감정의 경과와 결과를 기재한 서류도 전항과 같다.

5 형사소송법 제308조의2(위법수집증거의 배제) 적법한 절차에 따르지 아니하고 수

집한 증거는 증거로 할 수 없다.

6   형사소송법 제325조(무죄의 판결) 피고사건이 범죄로 되지 아니하거나 범죄사실
    의 증명이 없는 때에는 판결로써 무죄를 선고하여야 한다.

7   1984년 미국 연방법원이 살해용의자를 상대로 사체의 위치를 물어 사체를 발견한
    사안에서 비록 사체의 위치를 묻는 과정에서 변호인 참여권이 박탈되어 해당 진술
    의 증거능력을 부여하기는 어렵지만, 이미 피조사자를 유력한 용의자로 지목하여
    수사가 진행 중이었고 향후 그 주거지에 대한 압수수색 등이 진행될 예정이었으므
    로 그 진술과 무관하게 사체의 발견 가능성이 존재했다고 하여 발견된 사체의 증거
    능력을 인정한 사례를 말한다.

8   1963년 미국 연방법원에서 피고인의 사후적인 자발적 시인은 종전의 위법 진술을
    희석시킨다는 논리하에 위법한 증거압수수색을 통해 피고인의 자백 진술을 취득하
    여 그 내용을 조서에 기재했으나, 피고인이 그 조서에 서명날인을 거부한 다음 석
    방된 이후 수일이 경과하여 다시 수사기관에 자진 출석하여 해당 조서를 서명날인
    한 사안에서 피고인의 자발적 사후 인정행위로 인하여 종전의 오염이 희석되어 증
    거능력이 인정된다고 판시한 사례를 말한다.

9   1967년 위법한 압수수색을 통해 납치된 14살 소녀가 발견되었고, 피고인의 범행
    에 대한 소녀의 진술이 문제 된 사안에서 이미 소녀의 실종 사실이 부모에 의해 신
    고가 되었고, 그 주거에 살던 자가 유력한 용의자로 지목되던 상황 등을 고려할 때,
    그 소녀의 진술은 위법한 압수수색과는 원천을 달리한다고 판시하여 증거능력을
    인정한 사례를 말한다.

# 삼척 간첩단 조작 사건

1판 1쇄 2021년 7월 30일

지은이 | 황병주, 정무용, 이정은, 홍정완

펴낸이 | 류종필
편집 | 이정우, 이은진
마케팅 | 이건호
경영지원 | 김유리
표지 디자인 | 박미정
본문 디자인 | 박애영
교정교열 | 정현경

펴낸곳 | (주) 도서출판 책과함께
　　　　주소 (04022) 서울시 마포구 동교로 70 소와소빌딩 2층
　　　　전화 (02) 335-1982
　　　　팩스 (02) 335-1316
　　　　전자우편 prpub@hanmail.net
　　　　블로그 blog.naver.com/prpub
　　　　등록 2003년 4월 3일 제2003-000392호

ISBN 979-11-91432-14-5  93910